LA ESENCIA DEL SER RESIDE EN LA SOMBRA

Nathalie d'Arc

LA ESENCIA DEL SER RESIDE EN LA SOMBRA

Cuando el dolor cobra sentido

Ediciones Luciérnaga

Diseño de la cubierta: Planeta Arte & Diseño
Realización: Planeta

Primera edición: marzo de 2026

Ediciones Luciérnaga
Av. Diagonal 662-664
08034 Barcelona
www.planetadelibros.com

ISBN: 979-13-87667-54-2
Depósito legal: B. 508-2026

Impreso en España – *Printed in Spain*

PEFC Certificado
Este libro procede de bosques gestionados de forma sostenible
PEFC
PEFC/14-38-00305
www.pefc.es

A mi tío Pepe, padre energético que despertó
en mí el interés sobre lo oculto.
A mi tía Fina, madre energética que me enseñó
a ver la belleza del mundo y las artes.
A mi clan, por permitirme ser vulnerable y desvelar sus secretos
para expandir la conciencia de otras personas.
A ti. Que este libro te encuentre cuando te canses
de buscar fuera lo que siempre estuvo dentro

Sumario

Barcelona, noviembre de 1993

Un sonido hueco me despierta bruscamente. Miro el reloj en la pared y marca las tres de la madrugada. Siento una leve ráfaga de aire entrar por la ventana. La luz de la calle apenas logra penetrar las persianas. A mi lado, mi hermano mayor duerme profundamente, ajeno a mi sobresalto. Todo está en silencio y parece tranquilo. Reviso cada rincón de la habitación en busca de algo, no sé muy bien qué, pero hay algo extraño en el ambiente. Mi atención se dispara cuando soy consciente de que la habitación está a oscuras, pero mi visión del entorno es perfecta, como si mis ojos fuesen los de un gato. Mi corazón se acelera y mi mente se nubla. Siento unas pequeñas vibraciones en el cuerpo y empiezo a ser más consciente de que algo no va bien. «¡No puedo moverme!», pienso asustada. Intento destaparme, pero no logro coger las sábanas. Mis manos son torpes, sin fuerza y parecen atravesarlas como si no tuvieran materia. Intento voltear hacia un lado, pero tampoco me muevo. Siento como si una cuenta atrás estuviera agotando mi tiempo, como si en unos segundos, cayera rendida a dormir de nuevo. Entonces peleo por no caer en ese estado y de un salto salgo de la cama. «¡Lo conseguí!», pienso. Estoy de pie, pero no noto el frío del suelo en las plantas. Las observo, pero no las veo nítidas, igual que las manos, no las siento. Cuando me dispongo a caminar, en un segundo, me teletransporto como por arte de magia y paso de estar al lado de la cama a encontrarme en el pasillo. «¿Cómo he llegado tan rápido?» La incertidumbre comienza a asfixiarme y empiezo a entrar en pánico. Quiero llegar lo antes posible a la habitación de mis padres, así que intento seguir moviéndome, pero no puedo. Cada intento se siente como si tuviera cuerdas por todo el cuerpo que no me permiten articular.

—¡Mamá! —la llamo desesperada.

Mi voz no suena. Mi boca se mueve, pero no sale ningún sonido. Digo su nombre una y otra vez, en un intento desesperado de salir de esa situación, pero mi voz es sorda y no pueden escucharme. «¿¡Qué me está pasando!?», me pregunto mientras observo esas cuerdas invisibles de mis articulaciones. En un momento, alzo la vista y me veo al fondo de la habitación, dormida, inmóvil. ¿Cómo puedo estar en dos sitios a la vez?

Algo en el ambiente cambia. Como si estuvieras nadando hacia el fondo del mar, cada vez con más presión. Un aura turbia, más si pudiera, enturbia el ambiente. Ya no intento quitarme las cuerdas invisibles, solo me quedo estática intentando averiguar quién es la presencia que hay detrás de mí. Me enderezo, tensa, preparando mis sentidos. Siento que una sombra oscura se alza detrás de mí y llega casi a tocar el techo. Quisiera girarme y cerciorarme de qué es esa amenaza, pero el pánico lo impide y sigo inmóvil en el sitio.

—¿A dónde vas?

Una voz masculina y burlona me rodea con sus brazos indefinidos.

Lo escuchaba en mi mente, como si pudiera comunicarse conmigo por telepatía. Sentí que envolvía mi cuerpo con unos brazos hechos de humo. En un arrebato de valentía quise mirar, pero para mi sorpresa no fue necesario girarme: en aquel espacio extraño, podía ver en 360 grados. Sin saber qué iba a encontrar, lo vi. Era una sombra alta, de unos dos metros, con forma humanoide, pero sin rasgos definidos, como un ser hecho de neblina. Llevaba un sombrero de ala ancha y, aunque su rostro estaba desdibujado, podía sentir que sonreía, burlándose de mi pavor y deleitándose con mi miedo.

—No puedes escapar de mí —dice mientras me aprieta.

—No eres real, ¡déjame! —grito desde lo más adentro de mi alma—: Natalia, despierta, ¡YA!

Introducción

Querida lectora:

Si has abierto este libro con la esperanza de encontrar fórmulas sencillas para arreglar la vida, quizás sea mejor que lo cierres y busques en otra parte.

Lo que tienes en tus manos es un ensayo sobre mi experiencia. Un texto que se adentra en los rincones oscuros de la mente y del alma, donde el crecimiento personal no es un camino recto ni sencillo. Y en este caso, la realidad, muchas veces, supera a la ficción.

Las experiencias personales que aquí comparto pueden resultar perturbadoras, incluso espeluznantes para quienes apenas comienzan a caminar este sendero. Y completamente delirantes para los escépticos. Pero cuando se vive desde el marco del ocultismo, del trabajo con entidades, de la muerte simbólica, el crecimiento auténtico no es suave ni cómodo. Es un proceso de despojo y reconstrucción. Una transformación profunda que desestabiliza certezas, que incomoda, que revienta todo lo que parecía estable.

A medida que avances en estas páginas, no solo encontrarás experiencias difíciles de creer, sino también otra manera de mirar el mundo. Una percepción que tal vez te incomode o una visión que tal vez te libere.

El camino hacia la luz, si es que existe tal cosa, pasa primero por la sombra. Por los secretos familiares, por los patrones que heredaste sin darte cuenta y por los demonios internos que te habitan.

Cada vez que algo nuevo se asoma a la conciencia, aunque sea casi sin querer, se nota una pequeña incertidumbre. Es como si apareciera de repente una piedra en el zapato. No te impide seguir caminando, pero incomoda, y se va formando una pequeña rozadura y entonces te preguntas, ¿hago como que no pasa nada o busco la piedra en el zapato?

Porque cuando esa idea nueva amenaza con desmontar lo que siempre diste por cierto, lo fácil es cerrarse. La mente levanta muros, salta el juicio para defender lo conocido. Porque salirse de la zona segura, pese a que sea un lugar jodido, es perder el control y poner en peligro la supervivencia, al menos mental.

Pero si decides darle una oportunidad, puede que esa idea no sea una amenaza, sino una llave. Una invitación a ver distinto. No porque antes estuvieras equivocada, sino porque ahora estás más preparada para sostenerlo. Porque algo en ti ya no puede seguir igual.

No hace falta hacer grandes esfuerzos. No hay que entenderlo todo. Basta con tener voluntad. Con observar. Con permitir que algunas cosas se asienten en tu interior como quien deja que un huésped extraño se convierta en parte del hogar. Y así, poco a poco, cada nueva perspectiva va moldeando una realidad más amplia. Más honesta. Más tuya.

Lo que leas aquí puede liberar tu mente, pero también perturbar tu tranquilidad. Si estás dispuesta a pagar el precio, sigue leyendo. Si no, cierra este libro y busca consuelo en la monotonía. Pero recuerda, la sombra siempre acecha. Y en algún momento, todos debemos enfrentar los secretos que se esconden en la oscuridad.

Al final, como todo en este libro, no se trata de que me creas. Se trata de que te escuches.

Porque si crees, estás en lo cierto. Y si no crees, también.

Ese momento llegó para mí a los veintiocho años. En diciembre de 2017 ingresé de urgencia en el Hospital de Bellvitge de Barcelona. El ingreso fue inmediato, la reumatóloga del privado tiró de contactos personales para gestionar mi ingreso en el público, saltándose todo protocolo administrativo por la gravedad del caso.

Lo que llevaba años callando, creyendo que era una floja, resultó ser una enfermedad rara, degenerativa e incurable: esclerosis sistémica, también conocida como esclerodermia o, como algunos la llaman, «la enfermedad de la cara de pájaro o momia».

El exceso de colágeno que generaba mi cuerpo había comenzado a invadirlo todo, y endurecía tanto mis órganos internos como mi piel. Esto provocó que los pulmones redujeran su capacidad respiratoria a un 42 por ciento del valor normal en DLCO, lo que equivalía a tener los pulmones de una mujer de noventa años. No podía caminar y hablar a la vez; cualquier mínimo esfuerzo me dejaba sin aliento y obligaba al corazón a trabajar al límite, poniendo en riesgo mi vida de forma constante.

Pero la afectación no se detenía en los pulmones. La piel se volvió una cárcel. Cada centímetro del cuerpo se tensó al extremo, no podía estirar los brazos, abrir las manos ni sentarme como un indio. La piel tiraba tanto que no me permitía articular, ni siquiera para peinarme o sostener un vaso sin dolor. Me costaba agacharme, dormir, ducharme, vestirme. Por las mañanas no podía caminar por la rigidez. La piel del rostro se tensó tanto que eliminó por completo la grasa facial, revelando los huesos y limitando la apertura de la boca, hasta transformarme en una versión que apenas reconocía.

Me dieron una discapacidad reconocida del 47 por ciento. A efectos prácticos, era como si mi cuerpo se hubiera detenido mientras la vida seguía exigiéndome lo mismo de siempre.

Esta degeneración fue progresiva, y durante muchos años me tacharon de exagerada, de quejica, y atribuían mi fatiga y mi dolor a la dificultad emocional de adaptarme a la maternidad. Para ellos, todo era parte del tránsito normal de pasar de «mujer libre» a «madre esclava». Y por eso me di la espalda. Intenté integrar ese dolor, físico y mental, como si fuera parte de la nueva normalidad que me tocaba vivir.

Pero la realidad fue mucho más cruda. Cuando los doctores analizaron mi estado, no hubo lugar para la esperanza y me dejaron claro que la expectativa de vida era muy corta. No hablaban de décadas, ni siquiera de años con cierta calidad de vida. Hablaban de meses inciertos. De una cuenta atrás silenciosa.

Al ser una enfermedad rara, la esclerosis sistémica no tiene cura ni tratamiento específico. Es un campo en el que apenas hay investigación médica, relegado a un rincón donde los recursos no llegan, donde apenas se hacen estudios ni ensayos clínicos. Se prueba con fármacos diseñados para otras enfermedades autoinmunes, a ver si suena la flauta. A ver si a alguien, con suerte, le funciona.

Mi caso era tan grave que la opción más esperanzadora que pusieron sobre la mesa fue el trasplante bipulmonar, mientras esperaban la aprobación de un medicamento de inmunoterapia, que se usa para la leucemia. El trasplante no se trataba de una intervención sencilla ni prometedora. Era una operación extrema que solo se plantea cuando al paciente le quedan, como máximo, dos años de vida. Una medida desesperada para ganar, con suerte, unos cinco años más. Eso, claro, si todo sale bien, si encuentran un donante compatible, si el cuerpo no rechaza los órganos, si sobrevives a la cirugía, si no hay infecciones posoperatorias... Son demasiados «si» cuando lo único que quieres es vivir sin que respirar se convierta en un acto heroico.

Cuando escuché la palabra *trasplante* no pude evitar pensar en que mi cuerpo se había convertido en un campo de batalla en el que cada célula parecía estar en guerra conmigo misma. Me sentí como una huésped indeseada, en mi propio cuerpo, prisionera, encerrada en mi propio caballo de Troya (así titulé el primer artículo de mi blog *Una madre rara*). Y ahí, justo en ese momento, me enfrenté de lleno a la muerte. No como una idea filosófica o como un futuro lejano, no, como una posibilidad real. Como una sombra constante que se sentaba a la mesa conmigo, que dormía en mi cama y que me acompañaba a cada consulta médica.

Fue un golpe devastador. Recuerdo cómo cada noche, en la habitación silenciosa del hospital, la enfermera me traía un diazepam para poder dormir. Aquella pastilla era mi único consuelo. Me dejaba aturdida, grogui, pero también me alejaba, aunque fuera un poco, del dolor físico y del abismo emocional en el que me encontraba. La ansiaba con desesperación. La esperaba como quien espera una salida de emergencia. Y si bien suena cruel, no deseaba que me ayudara a descansar..., deseaba que me hiciera dormir y no despertar jamás.

Pero lo más duro no fue el duelo personal que atravesé, si bien eso ya fue suficiente. Lo que realmente me destrozaba era el miedo. Miedo a no ver crecer a mis hijos. Miedo a que mis padres tuvieran que enterrar a su hija. Miedo a todo lo que estaba por perderse. El sufrimiento no era solo mío, se extendía como una niebla densa sobre mi familia. Verlos intentando sostenerse, intentando sostenerme, con la mirada rota y las palabras atrapadas en la garganta..., eso fue lo más insoportable.

Lo que creímos que sería un diagnóstico puntual y un tratamiento llevadero, se convirtió de pronto en una nueva forma de entender la vida. Y también la muerte. ¿Sabes cuando escuchas historias ajenas que parecen de película, tragedias que crees que jamás te tocarán? Pues esa película me tocó protagonizarla. Y no era de ficción. Era una pesadilla lúcida.

La incertidumbre era una losa. No sabíamos cuánto tiempo me quedaba, pero por lo que las estadísticas hablaban, pocos años. Cada día era una cuenta regresiva sin fecha marcada. Eran las navidades de 2017, y pese a que me dieron el alta para que pudiera pasar las fiestas en casa, la energía de la festividad era pilotada por la melancolía, y las fotos familiares ya no mostraban sonrisas reales, eran retratos de supervivencia, sonrisas tensas, ojos húmedos, abrazos que se alargaban demasiado. En todas ellas había una mezcla de amor, compasión y un duelo anticipado que lo impregnaba todo.

Era muy difícil vivir sabiendo que no había nada concreto que hacer por mí, más que esperar. Era una carrera de fondo hacia un final incierto, en la que el cansancio ya no era solo físico, sino existencial. Sentía que el final llegaría cuando mi cuerpo colapsara... o cuando mi mente ya no pudiera soportarlo más.

Después de meses sumida en el duelo, intenté encontrar el equilibrio necesario para seguir adelante con mi vida y con la responsabilidad que implicaba ser madre. Mis circunstancias habían cambiado drásticamente, pero la vida no se detuvo por ello. No hubo pausas. Tuve que volver al ruedo sin ayuda, lidiar con mi salud mental en ruinas, una discapacidad física severa y unas obligaciones que ni siquiera la desgracia fue capaz de frenar.

Dos años después del diagnóstico, cuando por fin logré aceptar, aunque fuera de forma parcial, el duelo, mi vida dio un giro inesperado. Fue a través de un sueño lúcido, profundamente canalizado, en el que se manifestó una entidad opresora. Un ser de otro plano que había visto cientos de veces en sueños. Aquella experiencia onírica no solo me sacudió, sino que me reveló una comprensión nueva sobre mi realidad. Me mostró el camino o, al menos, una manera distinta de percibirlo, me dio la paz mental que tanto había anhelado.

Creía haber dejado atrás para siempre mis experiencias paranormales, esas que tanto me marcaron en la infancia y adolescencia. Me había esforzado por olvidarlas, por enterrarlas bajo capas de lógica y negación. Pero volvieron a mí, con más nitidez que nunca, justo en el momento más oportuno. Se presentaron como si siempre hubieran estado ahí, aguardando. Desdibujaron los límites entre lo real y lo imaginario, cuestionaron toda certeza y me dieron un mensaje que pronto pondría mi vida patas arriba. ¿Era aquello real? ¿O simplemente una materialización simbólica de mi psique? Tenía que descubrirlo.

Tras aquella revelación, a lo Juana de Arco (Jeanne d'Arc), que al encontrar una espada enterrada en el campo la toma como un mensaje directo de Dios, un símbolo tan claro para ella que no admite otra interpretación, yo también sentí que ese sueño, con toda su carga extraña, era mi señal. Un aviso diseñado solo para mí, como si la vida o algo mucho más grande hubiera decidido hablarme en el lenguaje que sabía que yo entendería, el del símbolo, el del inconsciente.

Y así, igual que Juana empuñó esa espada convencida de que estaba destinada a guiar un ejército, decidí empuñar mi propia verdad, por dolorosa y confusa que fuera. Me prometí que haría todo lo posible por vivir.

No pretendía curarme, aquello era demasiado pretencioso, solo quería morir en paz conmigo misma cuando llegara el momento. Desde entonces, comencé un camino arduo y honesto hacia la comprensión. Me sumergí en la búsqueda de respuestas que me llevaran hacia esa paz, entregándome al aprendizaje con el cuerpo y con el alma.

Descubrí caminos, herramientas y filosofías que me ayudaron a sostener mi nueva forma de ver el mundo. Me formé en *coaching*, kinesiología y psicogenealogía. Me adentré en la psicosomática clínica, la numerología, el chamanismo, el budismo... y tantas otras corrientes que se cruzaron en mi camino. No las tomé como dogmas, sino como mapas. De cada una extraje aquello que podía servirme, que vibraba con mi proceso.

En ese recorrido conocí a profesionales y maestros que me acompañaron en la reconstrucción de mi identidad. A través de sus enseñanzas conecté con nuevas formas de percibir lo invisible. Desmonté creencias heredadas, rompí con moldes que me habían aprisionado, y descubrí partes de mí que ni siquiera sabía que existían.

En lo más profundo de mi oscuridad encontré la verdad más luminosa. Allí, frente a mis miedos, mis heridas, encontré mis demonios, los del plano físico y los del plano astral. Nunca antes había tenido el valor de mirarlos de frente. Nunca me había permitido escuchar lo que tenían para decirme. Y lo que descubrí fue que esas partes de mí no querían destruirme, solo pedían ser reconocidas.

Allí, encerradas en lo más recóndito de mi Ser, esperaban, impacientes. Y entonces lo comprendí, no hay ser de luz que no haya recorrido primero su propio infierno. Cada una de mis heridas fue la materia prima de mi transmutación. Fue gracias a ellas que comenzó el verdadero proceso de encontrar la paz y con ella, de manera inesperada, la remisión de mi enfermedad.

Este ensayo contiene las respuestas que fui encontrando en ese viaje. De cómo el inconsciente se manifiesta de múltiples maneras en diversos planos y cómo, solo si sabes mirar, son la clave para encontrarse tras el abismo.

Por eso, hoy siento el impulso de compartirlo. Quiero dedicar mi tiempo y mi voz a transmitir este conocimiento desde mi experiencia. Unificando ciencia y espiritualidad. Ofreciendo lo aprendido a todas las personas que, como yo, buscan encontrar un equilibrio entre lo terrenal y lo sutil y caminar hacia un despertar profundo de la conciencia.

Capítulo I

Una tirana sin galletas

Llegar a saber quién eres no empieza por ti. Y eso ha sido lo más doloroso que he sostenido en este camino. Nos han hecho creer que el autoconocimiento es una búsqueda hacia dentro, personal e individual. Pero la verdad es que no puedes conocerte si no sabes de dónde vienes. Tu historia no empieza en tu infancia. Empieza mucho antes; antes siquiera de estar en el vientre de tu madre. Está en lo que vivieron tus padres, tus abuelos, tus bisabuelos y todos los jodidos ancestros. En todo lo que callaron. En todo lo que dolió y no se dijo.

En cada círculo en el que me he movido, desde el clan, hasta los grupos de amigos, trabajo y hasta colegio, siempre he tenido un sentimiento de no pertenencia. Tuve una infancia marcada por una herida de abandono que pasó factura a mi conducta y que, en ocasiones, sigue pasando. Pero no me refiero a un abandono físico, nadie nunca me abandonó, me refiero a esa sensación sutil pero constante de no pertenecer, de no ser reconocida y muchos menos, valorada.

Crecí en un barrio humilde, esos que salen en el programa *Callejeros*, de Cuatro. Un lugar en el que abundaba la diversidad cultural, familias de bajos recursos que hacían casi cualquier cosa por sobrevivir.

En los primeros años de colegio fui una auténtica tirana. Allí encontré el único espacio en el que podía ejercer el poder que no tenía en casa, un lugar donde canalizar el caos emocional que nadie me enseñó a gestionar. Me convertí en la autoridad suprema del grupo, como si de mí dependiera la paz mundial del patio de recreo. Adopté un rol paternal autoritario, de esos que no preguntan, solo ordenan. Yo decidía quién jugaba y quién no, a qué, cuándo y cómo. Quién bailaba en el festival de fin de curso, qué canción sonaba y qué personaje le tocaba a cada cual. Montaba mi propia coreografía con la seguridad de quien cree que, si lo controla todo, nada duele.

Y, aunque imponía sin piedad, también sabía usar la compasión. Me dejaba la piel ayudando a quien lo necesitaba, en el juego o en clase, como si con eso pudiera redimirme. Porque lo que de verdad quería era que me vieran. Que me quisieran. Me empeñaba en parecer una líder protectora, tipo Rick Grimes en *The Walking Dead*, pero la realidad es que en más de una ocasión me salió el tiro por la culata, y acabé siendo más Negan que otra cosa. Por fuera parecía tenerlo todo bajo control. Por dentro, solo era una niña temblando de miedo frente al rechazo.

Esa Negan volvía todas las tardes a casa de su abuela, donde se refugiaba del vacío que sentía. Dado que mis padres trabajan todo el día y tenían horarios incompatibles, pasé toda mi infancia hasta la adolescencia viviendo en casa de mi abuela materna junto a mis tíos solteros: Fina y Pepe.

Ellos rompían los esquemas sociales de la época y fueron alimento de mi esencia más pura. Si una construye su identidad a través de quien te cría, podría decirse que para mí ellos fueron grandes referentes, tenían todo lo que yo quería ser, personas libres, sin compromisos, se dedicaban a cultivar sus mentes y cuerpos, adoradores del arte y la belleza, la filosofía y la espiritualidad.

Aquellas tardes pasaba las horas de la habitación de mi tío a la de mi tía, según la energía que tuviera en ese momento. En la habitación de mi tío Pepe se respiraba paz. El minimalismo era su filosofía de vida, una cama, un escritorio y un marco al lado de la pared que reflejaba los diferentes fenómenos extrasensoriales que las personas podíamos desarrollar: clarividencia, proyección astral, telekinesis... Me preguntaba si lo había colgado ahí para inspirarse o si, en realidad, era una especie de espejo velado en el que esperaba que yo, tarde o temprano, me reconociera.

En su escritorio me pasaba las tardes relatando historias y poemas con una máquina de escribir. Recuerdo una de ellas cuyo título era *Eloise* (yo muy fan de Tino Casal). Eloise era una niña de mi edad, colona que vivía con su madre soltera, cuyo *sheriff* del condado la maniató y violó en su cabaña de madera y dejó que su cuerpo se pudriera en su cama. Llevé ese relato al colegio con la esperanza de ganar el primer premio del concurso literario, pero para mi sorpresa lo único que recibí fue una reprimenda por escribir groserías, ignorando por completo cuán significativo era que una niña de mi edad escribiera sobre algo así. Desde entonces supe que escribir sería mi manera de canalizar lo que el cuerpo no sabía expresar. Lo que no podía decir en voz alta... lo convertiría en historia.

Cuando no escribía podía pasarme horas ojeando su extensa biblioteca. Sus libros variaban sobre diversos temas, entre ellos extraterrestres, parapsicología, mitos y leyendas, religiones y autores como Lobsang Rampa. Mi tío era un amante del conocimiento holístico, las artes marciales, las creencias abiertas, sin juicio, albergando siempre la duda sin dar nada por sentado. La curiosidad por el ocultismo y la percepción extrasensorial fue cultivada por su parte.

Pasábamos muchas horas juntos, tiempo de calidad. Ya no solo cuando tenía que cuidarme en ausencia de mis padres, también los fines de semana y vacaciones. Dábamos largas caminatas por Collserola, explorábamos los secretos del bosque junto a mi hermano o mis primos. Caminábamos descalzos, comíamos los frutos de los árboles e incluso me enseñó a tener vínculo con ellos, a comprender que la naturaleza tenía vida y que, si sabías escuchar, los seres feéricos te acompañarían en el camino.

Cuando mi Ser andaba más alborotado, me iba a la habitación de mi tía Fina. Ella se dedicaba a la danza, era una de las bailarinas del famoso Molino de Barcelona. Su habitación era digna de un camerino de una estrella del cabaret. Cuando entrabas en su habitación, automáticamente: «Money». «Money» de *Cabaret* sonaba en mi cabeza y las luces de los focos imaginarios me apuntaban directamente. Espejos por todas partes, fotos de sus actuaciones con gente famosa, pelucas de colores, plumas y lentejuelas..., aquello era una auténtica fantasía. En su mesita siempre había una taza de café del día anterior cuyo aroma se entremezclaba con las pinturas al óleo que tenía a medio terminar en su caballete. En su armario me perdí infinidad de veces. Estaba lleno de abrigos de pieles, zapatos de tacón y ropa de cuero, todo lo necesario para vestir y desarrollar a una *femme fatale*. Cuando ella estaba, siempre se escuchaba una música tranquila, normalmente mantras como el de «Sa Re Sa Sa», de Guru Shabad, al cual siempre le acompañaba un intenso olor a incensio.

Cuando mi abuela tenía un buen día y aceptaba que pudiera estar allí, me pasaba horas frente al espejo, probándome sus trajes y pelucas, disfrazándome y actuando solo para mí. En los momentos en que podía, ponía el VHS de *Showgirls* a volumen mínimo, con las pulsaciones disparadas por el miedo a ser descubierta. Adoraba esa película. Y, aunque era demasiado pequeña para entenderla del todo, había algo en ella que resonaba con mi esencia. Yo quería ser como esas mujeres: poderosas, desafiantes, libres...

Cuando la cosa trataba de no hacer ruido, cogía las revistas sobre arte *creepy* de los años noventa a lo *Tales of crypt*. Amaba aquellos cómics. Su arte gótico y casi gore me producía una sensación de adrenalina que no podía sentir en ninguna otra situación. Ahora que lo pienso, no sé bien si la adrenalina era por los cómics o porque mi abuela desaprobaba por completo mi interés por aquella habitación.

Mi abuela materna tenía una personalidad fría, disciplinaria y autoritaria, no en exceso, pero cuando pensamos en una abuelita todos imaginamos a una mujer rechoncha con delantal haciendo galletas y dando besos y abrazos, y ese no era el caso. Mi abuela era ruda, y si pienso en ella me viene olor a sardina, membrillo con queso fresco y chirimoyas. Ella demostraba su amor con los servicios y jamás con contacto físico. La manera de decir «te quiero» era preparar mi plato favorito, calamares rellenos, mantener el hogar impecable o dejarme decidir qué telenovela quería ver ese día. Dudo que alguien le hubiera dicho en su vida que la amara. Yo sí lo hacía, la amaba con todo mi corazón por muy dura que pudiera ser conmigo en muchas ocasiones. Sentí muchas veces que era su hija en vez de su nieta, y sabiendo lo que sé ahora es muy probable que su maternidad comenzase cuando fue abuela por primera vez.

En muchas ocasiones, cuando me disponía a abrir la puerta de la habitación de mi tía, ella venía corriendo como un rayo y cerraba la puerta con desaprobación.

—Ahí no vayas a entrar. —Cerró la puerta apretando con fuerza la manilla y clavando su mirada de juicio en mis ojos.

—Quiero jugar, yaya.

—Mira cómo está «to'eso». —Abrió la puerta apenas unos segundos—. Lleno de chismes, la cama sin hacer... ¿Ves ese vaso? ¡Lleva ahí dos días! ¿Y la ropa en el suelo? Eso es de guarras. ¿Tú eres una guarra?

Me quedé en silencio, sin saber muy bien qué responder. Ni siquiera entendía del todo qué quería decirme.

—Pero es que quiero entrar, yaya —le insistí, con la voz temblorosa, implorando.

—Tú no tienes que entrar ahí. Tú tienes que ser una buena mujer, ¿vale? Pues ea, ya está. —Cerró la puerta con lentitud, como si al cerrarla también estuviera sellando algo más—. Las niñas solo dan problemas...

—¡Pero, yaya, yo...!

—¡Anda niña, vete al coño! —Me dio la espalda mientras se secaba las manos en el delantal.

Me quedé paralizada. Me enfadaba mucho con mi abuela cuando la oía hablar así de mi tía. O cuando resoplaba con ese desprecio resignado hacia nosotras. Pero lo que más me quemaba por dentro no era su juicio..., era no entrar en su aprobación.

¿Qué era ser una buena mujer? ¿Una que obedece, aunque se pudra por dentro? ¿Una que no curiosea, que no pregunta, que no molesta? ¿Una que no se pinta los labios, que no baila con tacones, que no sueña demasiado alto?

Me quedé frente a la puerta cerrada, sintiendo que no solo se había cerrado un cuarto, sino algo mucho más profundo. Como si me estuvieran enseñando, sin decírmelo del todo, que lo salvaje debía quedarse al otro lado. Que lo deseante, lo artístico, lo libre... era peligroso.

Y yo lo deseaba todo. Las pelucas, los espejos, el olor a pintura y café rancio, el desorden que parecía latir con vida propia. Esa habitación era un portal. Un espacio que me mostraba otra forma de ser mujer. No la que sirve, limpia y calla. Sino la que arde, brilla y se inventa a sí misma. Entonces lo vi claro, no quería ser una buena mujer, quería ser una mala mujer.

Su intento por prevenirme me llevó justamente por el camino que deseaba que evitara. Porque al negarme el acceso a lo que ardía dentro de mí, solo consiguió avivar el fuego. Queriendo protegerme del dolor, sembró en mí la semilla del deseo reprimido, del anhelo no dicho, de la rabia silenciada. Y así, sin quererlo, me empujó a buscar lo prohibido, a habitar lo marginal, a enamorarme de todo aquello que incomoda al molde. Su amor, tan firme y mudo, no me salvó del sufrimiento. Pero me enseñó a mirarlo de frente.

Entonces, quizás no iba tan desencaminada con mi tiranía. Puede que en lugar de una niña difícil fuera simplemente una niña que se resistía a encajar. Que a su manera intentaba proteger lo que quedaba intacto de sí misma. Tal vez Eloise ya estaba hablando de mí, desde esas líneas oscuras que nadie supo leer. No me vendí al molde tan rápido. Goberné con mano de hierro el patio de recreo y construí mi pequeño imperio de supervivencia.

¿Amor? No. ¿Aprobación? Tampoco. Pero poder..., el justo para no desaparecer.

Que a veces, para una niña que nadie ve, ser la mala es la única forma de existir, potenciando la oscuridad antes de mendigar una luz que no era para mí.

Capítulo II

El precio de encajar

La adolescencia es el *impasse* en el que todo se va a la mierda. Es el momento exacto en que entiendes que ser tú tiene consecuencias y que para sobrevivir hay que disimular. Empieza entonces el arte de camuflarse: no demasiado rara, no demasiado brillante, no demasiado débil. Solo lo justo para que no te señalen.

Y en ese equilibrio imposible, algo dentro de ti se apaga un poco cada día.

Cuando entré en el instituto comencé a convivir más con mis padres y mi hermano mayor. Hacía unos años que nos habíamos mudado a un piso nuevo, y desde entonces compartimos más tiempo. Cuando esta nueva etapa comenzó, entre los once y quince años, mi avatar se iba adaptando a las circunstancias de la biodiversidad cultural del instituto. Un instituto en el que cada día a la entrada y salida había dos o tres furgones de los Mossos d'Esquadra por lo que pudiera pasar, imagínate. ¡Bueno no, te lo cuento!

En mi instituto no se celebraba ninguna festividad, ni carnaval ni viajes de fin de curso ni nada parecido. Allí la mitad de los adolescentes tenían antecedentes penales, absentismo escolar y los que no, venían en pijama o bata. Para poder continuar las clases, los profesores dejaban que algunos se pusieran a dormir en el suelo con tal de que no molestaran. La cantina estaba cerrada desde hacía años pues la habían atracado varias veces a punta de navaja. Recuerdo una escena del primer año que todavía me remueve el cuerpo. Bajaba al patio como cada día, esquivando empujones, con el bocadillo a medio abrir, cuando lo vi. A plena vista de todo el mundo, justo al final de las escaleras, un grupo de chicos, los mayores, los que daban miedo de verdad, rodeaban a otro, un chaval de segundo o tercero. Le estaban pateando como si fuera un saco de basura. Y lo que más me impactó fue ver que aquel chico llevaba hierros en las piernas. No podía caminar bien. Se caía al suelo y volvía a levantarse, como podía. Pero ellos seguían. Golpe tras golpe, insulto tras insulto. Nadie hacía nada.

Sin pensarlo, me lancé. Les grité que parasen, que lo dejaran en paz. No recuerdo exactamente las palabras, pero sí el temblor de mi voz. Uno de ellos, un mastodonte que me sacaba como cuatro años, se giró hacia mí con desprecio, me empujó con fuerza y me tiró al suelo como si yo también fuera basura.

Me levanté con lágrimas en los ojos. No por el empujón. Sino por la impotencia. Por ver tanta crueldad y tanto silencio. Eché a correr buscando algún profesor, alguien que pusiera orden. Pero uno de los amigos de mi hermano me agarró del brazo con firmeza. Me detuvo.

—Natalia, ni se te ocurra meterte —me dijo en voz baja—. Déjalo estar. No te das cuenta de con quién te estás metiendo. Si te señalan a ti..., nos arrasarán a todos.

Me quedé paralizada. Quise gritarle que eso no era justo. Que no podía mirar hacia otro lado. Pero no lo hice. Me tragué la rabia. Me tragué las lágrimas. Y entendí, de golpe, cómo funcionaba aquel sitio: aquí sobrevivían los que callaban. Los que sabían cuándo bajar la cabeza.

Ese día entendí que ser valiente tenía un precio. Y que en un lugar así, ser justa podía volverse peligroso. No importaba qué sintieras por dentro. Lo importante era que nadie lo notara. Así que, como tantas otras, empecé a fabricar mi armadura.

Aquello parecía *Los juegos del hambre*. Allí o pisabas o te pisaban. La violencia no era una excepción, era el lenguaje común. Y si quería sobrevivir, debía aprender a hablarlo, aunque al hacerlo me doliera la boca. En mi casa, no me habían criado para empatizar con el débil ni admirar al oponente. La ternura era una debilidad, y la compasión, un lujo que no nos podíamos permitir. Había que ser la mejor siempre. El fracaso no era una opción, pero tampoco lo era el quedarse atrás.

Y entendí el mensaje muy pronto: si quería sobrevivir, tenía que jugar con las reglas del poder. No destacar por fragilidad, sino por inteligencia. No por bondad, sino por estrategia. Y así lo hice. Me convertí en alguien imposible de clasificar, lo bastante popular para que no me aplastaran, lo bastante friki para parecer inofensiva. Nadie podía atacarme si no sabían desde dónde hacerlo.

La autoridad de mi padre y la exigencia por ser la mejor en todo, sin excepciones, me dieron herramientas para moverme entre territorios hostiles. Mi padre era un hombre de carácter fuerte, impulsivo, de los que gritan más de la cuenta. Pero también era inteligente, rápido y con una capacidad brutal para resolver cualquier situación. Había crecido en la calle, capitaneando una pandilla del barrio, y todo el mundo sabía que era el de la Kawasaki ninja.

Desde pequeña me educó en su estilo: artes marciales, lógica estratégica, persuasión y, si hacía falta, manipulación. La ética era un lujo. La supervivencia, una prioridad. Me enseñó a conseguir lo que quería. A no confiar. A no mostrar debilidad.

Y, aunque aquello no era mi esencia, sí fue la manera en que aprendí a serle leal. Porque en el fondo, actuar como él me hacía sentir conectada a su mundo. Como si al replicar su forma de sobrevivir, pudiera ganarme su respeto. No era solo supervivencia, era amor mal aprendido. Era mi manera de sentirme parte de algo. De no ser invisible ante él.

Pero, a veces, saltarme la ética me dolía. Como cuando intenté defender a aquel chico al que pateaban entre todos. Y me lo prohibieron. Callar también me dolía. Ser fuerte me dolía. Pero era el precio de pertenecer.

Intentaba mantener una coherencia para que mi popularidad no se convirtiera en tiranía y que tampoco mi frikismo fuera carne de cañón para el abusador. Un equilibrio forzado que desgastaba más de lo que parecía. Me gané el respeto por el carisma, por la persuasión, por saber adaptarme.

El nivel cultural en el instituto no era precisamente elevado, y la inteligencia emocional brillaba por su ausencia, así que aproveché lo que tenía, me gané a las chicas malas sin ser demasiado mala, y conquisté la simpatía del grupo friki sin ser demasiado friki. Pero sostener esa dualidad era agotador.

Tenía un grupo de amigos «raros» e intelectuales con los que me sentía realmente a gusto, pero al mismo tiempo sabía que los ojos de los populares estaban puestos en mí. Quería destacar, sí, pero sin ser demasiado visible. Porque si la balanza se inclinaba hacia un lado, me arriesgaba al *bullying*; si se inclinaba hacia el otro, perdía la conexión con lo que de verdad me interesaba: la calma, la honestidad, la tranquilidad.

Así que encontré mi lugar en el escenario. Las artes escénicas me dieron un espacio en el que ambas versiones de mí podían convivir. Me gané el favor de los profesores, sobre todo el de mi querida Isabel, mi profesora de Música, que me confió la organización de los eventos escénicos que mi instituto organizaba para Sant Jordi. Gracias a ellos me quedaba algunas tardes en el instituto creando escenografías y coreografías con alumnas que querían participar en los bailes. Era mi oportunidad para acercar a las frikis con las más populares para que en ese entorno que yo pilotaba pudiera haber un acercamiento más seguro, algo que las uniera y esa era mi salida para conectar con mi esencia. Mientras ensayaba cada paso, cada escena, cada frase, era yo quien por fin decidía el relato. Por fin mandaba en el guion. Aunque solo durara diez minutos y tuviera que volver después al personaje de siempre, podía decidir quién era. Podía diseñar mi narrativa. Controlar el relato. Pero fuera de ese foco... todo volvía a desordenarse. Actuar se convirtió en un estado constante. Incluso cuando nadie miraba. Como si desaparecer fuera el precio de no ser señalada.

Tras la bomba emocional diaria a la que me sometía, volvía a casa con un único deseo, encerrarme en mi cueva. Necesitaba aislarme del mundo para poder regular mi sistema nervioso y recomponerme por dentro.

Mi habitación era muy grande y amplia, desordenada y oscura, con las cortinas siempre cerradas. Era mi santuario oscuro. Una especie de templo caótico en el que podía convertirme en nadie. Donde el humo del incienso se mezclaba con el polvo de lo que no se decía y el ruido servía de anestesia para todo lo que dolía.

En casa siempre se había respirado un amor profundo por la tecnología. Fuimos de los primeros en tener internet, teníamos todas las consolas del momento, y si algo nos unía a mi padre, a mi hermano y a mí era el amor por los videojuegos, la ciencia ficción y los mundos imposibles.

Me pasaba las tardes frente al ordenador o la consola, compartiendo partidas con mi hermano y mi padre al *Counter Strike*. Aquello era lo más parecido a una tregua familiar. Una forma de conectar sin palabras, de ponernos al mismo nivel. A veces, mientras disparaba, fantaseaba con que los enemigos del juego eran las chicas malas del instituto. Las que me hacían sentir pequeña, falsa o invisible.

Cuando ellos no podían jugar, me perdía en otros mundos. Me evadía con títulos como *El día del tentáculo*, *Monkey Island*, *Goblins*..., aventuras absurdas y surrealistas en las que el tiempo era blando y las reglas no existían. Mundos donde el miedo no tenía rostro, solo acertijos. Y siempre con los cascos puestos a todo volumen. Linkin Park, Marilyn Manson o Limp Bizkit. Como si el ruido, el caos y la rabia de otros me ayudaran a acallar la mía. Como si la distorsión me protegiera de todo lo que no sabía cómo nombrar, pero que me dolía igual.

Pero en ese silencio lleno de estímulos, siempre acababa volviendo la misma pregunta: ¿por qué es tan difícil encajar? Una pregunta que no pedía respuestas bonitas, ni frases de autoayuda, sino que dolía como una piedra en el estómago.

No encontraba mi lugar en el mundo. Sentía que no encajaba en ningún sitio, que no entendía las reglas del juego. Como si todos hubieran recibido un manual menos yo. Fingía, imitaba, me adaptaba..., pero por dentro, todo era ruido, contradicción y cansancio. Me preguntaba si alguna vez podría habitarme sin miedo, sin máscaras, sin esa sensación constante de estar de paso, incluso en mi propio cuerpo.

Sola en mi cueva, en esos espacios de «paz» construida, me permitía aflojar. Bajar las defensas. Dejar de actuar. Y allí, en el silencio espeso de mi cuarto, cuando nadie me miraba, se abría la compuerta. No era solo agotamiento. No era solo ansiedad. Eran imágenes. Recuerdos. Escenas que no encajaban con nada de lo que me habían contado sobre el mundo. Las experiencias extrañas de las noches anteriores regresaban a mí con una nitidez espeluznante. ¿Y si mi realidad no era la misma que la de los demás? ¿Y si lo que veía no era fruto de mi imaginación? ¿Y si sí lo era..., pero también era verdad? ¿Dónde terminaba el sueño? ¿Dónde empezaba lo real?

Desde los cuatro años, que tuve mi primer encuentro, hasta ahora, los fenómenos paranormales fueron *in crescendo*. Ya no solo eran «pesadillas vívidas» o parálisis del sueño, empecé a experimentar desdoblamientos o, como comúnmente se los conoce, viajes astrales. Aunque duraban poco, la intensidad era brutal. Me veía fuera del cuerpo, flotando, con la capacidad de ver en 360 grados sin necesidad de moverme. Caminaba unos cuantos metros por la casa, pero a cada paso que daba, mi vista se iba nublando más y a mi cuerpo le costaba más moverse, como si perdiera fuerza o mi batería psíquica se quedase a cero. A los pocos minutos de desdoblarme, siempre acababa volviendo al cuerpo de manera agresiva, como si algo me empujara hacia dentro.

Junto con ellos llegaron más parálisis del sueño. Pasé de tener una por semana a tener hasta ocho al mes. Era como vivir en un limbo entre dimensiones. Lo que más me perturbaba era que en muchas de esas parálisis se manifestaban presencias que adoptaban formas familiares. A veces eran figuras humanoides, otras simplemente una energía que se expandía. Pero en muchas ocasiones, aquella cosa tomaba el rostro de mi madre o de mi abuela.

En esas experiencias siempre veía con total nitidez la habitación en la que dormía. Todo parecía exactamente igual: los muebles en su sitio, la luz tenue que entraba por la rendija de la persiana, el leve zumbido eléctrico de la regleta... Pero algo estaba desplazado. Una presencia. Una distorsión sutil que lo convertía todo en una versión enrarecida de lo cotidiano.

Las manifestaciones del cascarón venían de golpe. A veces abrían la puerta de la habitación. Otras, se sentaban a los pies de la cama. En muchas ocasiones venían acompañadas de una música espantosa, como un villancico infantil deformado, una melodía «duendil» navideña que parecía sacada de una pesadilla. Aquella sonoridad grotesca me taladraba la cabeza. Era como si lo tierno se hubiese podrido por dentro.

Yo era una niña. Y aquello me daba un miedo atroz. ¿Alguna vez has sentido que tu mente escondía más puertas de las que eras capaz de abrir? Que, si te atrevías a cruzar el umbral, ya no habría vuelta atrás...

No sabía si estaba soñando, si mi mente estaba fallando, si me estaba volviendo loca. Me costaba separar lo real de lo onírico. Me preguntaba qué eran esas figuras. ¿Un disfraz energético? ¿Una proyección de mi inconsciente? ¿O algo que se valía de mis vínculos emocionales para manifestarse? Pasé años sin poder responderlo.

Una de las escenas que recuerdo con mayor nitidez ocurrió en la habitación que compartía con mi hermano. Dormíamos en una litera en un cuarto enorme, de unos veinte metros cuadrados. Yo dormía en la cama de arriba, de cara a la puerta, que siempre quedaba entreabierta, con vista directa al pequeño pasillo. Me desperté sin saber qué hora era. Me incorporé con cuidado, aún con el cuerpo entumecido, y traté de enfocar la vista en la penumbra.

Y entonces la vi. Mi madre. De perfil. Plantada en el umbral. Inmóvil. Algo en ella no era normal. Estaba completamente rígida, ausente. Reconocía su energía, sí..., pero su cara no era la suya. Era la de mi bisabuela de joven. Llevaba unos pantalones marrones de cuero vuelto, un jersey de cuello alto color hueso y el pelo recogido con un flequillo redondo. Tenía una expresión neutra. Vacía. Como si fuera un robot, una réplica sin alma.

Intenté hablarle. No me salía la voz. Solo podía gritarle desde dentro, suplicarle que dijera algo, que se moviera, que hiciera cualquier cosa que me permitiera saber que estaba viva.

Entonces «ella» giró el cuello hacia mí. Solo el cuello. El cuerpo permanecía estático. Me miró. Fijamente. Y su cuello comenzó a estirarse hacia el techo. Lento. Silencioso. Horrible. Luego volvió a bajar. Y otra vez. Y otra. Como si estuviera atrapada en un bucle, repitiendo el mismo movimiento una y otra vez. Como si su código estuviera dañado. Como si fuera un archivo corrupto que no podía salir del error.

Con el tiempo desarrollé técnicas para salir de esas experiencias: frotarme los ojos, repetirme que estaba soñando, buscar el impulso mental para despertarme. Pero no siempre funcionaban. Muchas veces me quedaba allí, inmóvil, con el corazón desbocado y la mente dividida entre el pánico y la fascinación.

Esa imagen me acompañó durante años. No la comprendí entonces, no supe qué significaba, ni por qué me mostró lo que me mostró. Solo mucho tiempo después, cuando empecé a mirar hacia atrás con otros ojos, aquella escena empezó a adquirir un sentido que en su momento no podía sostener.

Después llegaron otros tipos de fenómenos. Ya no solo ocurrían durante el sueño o la parálisis. Empecé a recibir información mientras estaba despierta. Imágenes breves. Flashazos. Como diapositivas mentales que aparecían sin previo aviso cuando hablaba con alguien. Escenarios de cosas que habían pasado... o que iban a pasar. Y lo más perturbador: siempre se confirmaban.

También comencé a percibir presencias. Seres que no hablaban, pero que dejaban claro que estaban ahí. Generalmente, llegaban acompañados de pequeños *poltergeists*: objetos que caían sin explicación, luces que parpadeaban, ruidos sin origen. Como si me estuvieran avisando. Como si dijeran: estoy aquí, y no puedes ignorarme. No los veía como tales, como si fueran reales en la tercera dimensión, los veía en la mente, como diapositivas antiguas o sensaciones corporales.

Y cuanto más aceptaba estas experiencias como reales, más se multiplicaban. Llegaron los mensajes en sueños. Las premoniciones. Algunas hablaban de muertes, de previsiones o avisos que luego también se materializan. Eran pequeñas cosas, como soñar con ir a casa de la abuela de una amiga y ver con claridad el plato de comida, el salón y lo que había en la tele y luego, igual, ocurría. El mismo plato de comida, un salón idéntico y la misma serie de televisión. En otras ocasiones, una frase, una sensación, color o número que, más tarde, me indicaba el camino en el mundo físico.

Aquel micromundo interior hizo muy difícil que pudiera entenderme e integrarme socialmente tanto en mi familia como en el instituto. En alguna ocasión, cuando la realidad me sobrepasaba, intenté hablarlo con mi tío Pepe, al cual le costaba «creer» que tuviera tanta facilidad para tener aquellas experiencias y renegaba sobre todo cuando le hacía hincapié en las entidades opresoras. Si la única persona que conocía el tema no me daba crédito, ¿qué más podría hacer? ¡Internet!

Lo poco que encontré eran blogs de señoras que firmaban «la bruja de Albacete», llenos de brillitos y GIFTS de hadas cuyo contenido era sobre Wicca, pero me servía, al menos de momento. La primera vez que leí sobre la Wicca tendría doce o trece años, y fue como si alguien hubiese encendido una hoguera dentro de mí. Se convirtió en una obsesión casi inmediata. Por fin había gente que hablaba abiertamente de energía, de rituales, de todo aquello que pudiera acercarse a ese micromundo y que nadie más nombraba.

Me sumergí por completo. Comencé a devorar libros sobre Wicca, brujería, minerales, velas, rituales... Me pasaba las tardes leyendo y tomando notas como si me estuviera preparando una oposición. Mi padre me compró un libro reciclado, con hojas color ocre y la tapa de hojas naturales, que convertí en mi grimorio. Me sentía prota de la película *Jóvenes y brujas*. Y sí, la idea me fascinaba. ¿A quién no le gustaría creerse especial cuando todo lo demás no encaja? ¿A quién no le va a gustar? (Frase mítica de las famosas hermanas del baptisterio.)

Me metí en el *mood* sin dudarlo. Y decidí salir del armario (el de las brujas, el otro me costó más). No quería vivirlo sola. Pensé que, tal vez, alguna de mis amigas también guardaba secretos de experiencias paranormales que no se atrevía a contar. Y no, no tuve suerte, al menos no en ese sentido, pero sí en el sentido de que no me dieron la espalda y, aunque les parecía que hablaba en chino, que todo aquello era muy raro, les hablé abiertamente de lo que me pasaba. Algunas se sorprendieron, otras no tanto, pero no les importó seguir mi plan de convertirnos en un aquelarre.

Y así tuvimos nuestro propio círculo mágico. Nos unimos a través de la «magia» y lo sellamos con un símbolo generacional: los cómics de *W.I.T.C.H.* Cinco adolescentes con el control de los elementos. Cinco personajes que se parecían a nosotras tanto en personalidad como en físico. Lo tenía: mi refugio. Mi círculo seguro.

Parecía que había encontrado mi sitio. Mi manera de vestir cambió, y pese a que mi situación no me permitía ser una *gothic girl*, adapté a mi feminidad un toque bastante *dark*. Comencé a probar con la brujería ritualística, a veces acompañada de mis amigas, pero en su gran mayoría sola. Invocaba a estos seres que veía en sueños para que me ayudaran con mi propósito, pero, aunque parecía que conseguía objetivos y certificación material, siempre ocurría algo peor tras haber conseguido lo que pedía. Un efecto mariposa negativo con un precio muy alto.

Aquello no calmó mi necesidad de respuestas. No bastaba con sentir que tenía la sartén por el mango, era solo un paliativo. Lo que realmente anhelaba era comprender, y si soy sincera, no conectaba del todo con ese tipo de ritos performáticos y tampoco me llamaba nada el mundo de las plantas ni los feéricos.

Feéricos, guías, ángeles, seres elevados, luz..., ¿dónde estaban los míos? En los libros todo parecía brillante, armónico, lleno de propósito. Pero en mis experiencias, nada de eso se manifestaba. Lo que venía era otra cosa, presencias densas, extorsionadoras, a veces directamente hostiles. Seres que no ofrecían paz, sino presión. No traían mensajes amables, sino frases que me removían por dentro, que me dejaban días enteros en un estado de confusión y alerta. Canalizar no era una bendición, era un proceso denso, agotador, a veces incluso enfermizo. Me dolía la cabeza, el pecho, el estómago. Me sentía drenada, perseguida, invadida.

Llegué a pensar que estaba maldita. Que algo en mí estaba roto, sucio, poseído. ¿Por qué mis experiencias eran tan diferentes a lo que decían aquellos libros? ¿Por qué yo no veía la luz, ni sentía amor ni conectaba con la vibración elevada de la que todo el mundo hablaba? Lo que canalizaba venía de otro lado. De una zona más sombría. Más cruda. Más real. Y eso me obligó a cuestionarlo todo.

Las noches se volvieron cada vez más densas, los ataques psíquicos más frecuentes, más vívidos, más tangibles. Hasta que, en un momento de desesperación, con catorce años recién cumplidos y tras llevar a cabo un procedimiento ritualístico tan intenso como imprudente, ocurrió lo que marcaría un antes y un después: un *poltergeist* en plena madrugada, con mi hermano mayor como testigo directo, cuya extorsión duró muchos años.

Quizás lo más inquietante no fue el fenómeno en sí, sino el alivio profundo de saber que ya no era la única. Que mi hermano también lo había visto. Que mi locura, por fin, tenía testigo. A partir de entonces, en casa ya nadie pudo negar que lo paranormal formaba parte de nuestra realidad.

Aquella experiencia, que te contaré más adelante, fue el colmo. Algo en mí se quebró para siempre. No solo por el pánico que sentí, sino por algo mucho más profundo, vi con claridad que aquella obsesión, aquella puerta que había abierto, podía poner en peligro a mi familia. Sentí que había cruzado un límite y que, por mi culpa, algo oscuro había entrado en casa o quizás ya lo habitaba hacía años, solo que ahora había despertado con más fuerza.

Capítulo III

El cuerpo grita lo que la mente calla

Hubo un momento en el que el peso de ser yo misma se volvió insoportable. Como si cargar con mi propia esencia fuera demasiado, un lastre que me arrastraba siempre al borde de lo inaceptable. Me cansé de la diferencia, del miedo constante, del temblor interno que me provocaban las experiencias que no sabía manejar ni explicar. Me dolía sentirme rara. Me dolía sentir, simplemente. Así que opté por lo fácil: cerrarme. Apagar esa parte de mí que siempre había sobresalido demasiado, que incomodaba, que asustaba incluso a los que más me querían. No por valentía, sino por puro agotamiento. Para siempre.

Así que aproximadamente a los veinte años, tras la confusión de no saber cómo sostener aquello, me deshice de todo lo que pudiera recordármelo. Velas, grimorios, minerales, libretas, recortes, amuletos..., todo fue a la basura. No quería saber nada más. Necesitaba paz. Una vida normal. Normativa. Predecible. Así que escogí el único camino que conocía, el único que me parecía seguro: el de cumplir con las expectativas familiares. El de ser quien se suponía que debía ser.

Inconscientemente hice un 2+2 sencillo. No era una deducción profunda ni una revelación espiritual. Solo observé lo que el clan esperaba de mí y lo que otros ya habían hecho antes.

Asumí que, si quería dejar de sufrir, debía cumplir ese guion. Era lo lógico. Lo práctico. Lo seguro. Estaba cansada. Cansada de la incertidumbre, del miedo, de no entender nada. ¿Quién puede sostener una vida que no comprende? Elegí el camino más fácil, sí, pero también el más caro. Uno que se salía por completo de mi esencia, pero que al menos prometía adormecer la mente.

Y no era la única. Toda mi familia seguía ese patrón, y desde fuera parecían felices. En las reuniones familiares nos juntábamos más de treinta personas: los ocho hermanos de mi madre con sus respectivas parejas, dos o tres hijos por pareja, y ese ambiente de mesa larga, frutos secos, cava, risas y halagos constantes. Parecía idílico. Como si la fórmula ya estuviera escrita, sellada y aprobada por generaciones. «Mujer se casa con hombre, hombre trabaja, mujer cría niños, perrito, vacaciones en el mar, ji, ji, ja, ja, jubilación y muerte.» FIN.

Todos mantenían la estructura como un eco repetido (todos menos Pepe y Fina), como un guion familiar que nadie se atrevía a cuestionar. Habían levantado negocios prósperos, muchos con segundas residencias, con trayectorias estables que a ojos de cualquier observador eran sinónimo de éxito. ¿Por qué no iba a querer eso también para mí?

A veces quedaba un ápice de coherencia de Ser en mí cuando mis vocaciones florecían. Estas requieren de esfuerzo y sacrificio, algo que estaba dispuesta a hacer, pero sin el apoyo de la familia, ya no solo económico, sino emocional, era imposible de conseguir. Pero en mi casa, mi madre siempre me dijo que mis vocaciones eran sueños y que los sueños son para los ricos.

Recuerdo el día exacto en que tiré la toalla. Era sábado, mediodía. El sol entraba por las persianas del salón y en casa flotaba ese silencio espeso de los fines de semana. De repente sonó el teléfono fijo. Lo cogió mi madre.

—¿Sí? —dijo con su voz seca, desconfiada.

Me quedé escuchando ya que mi habitación estaba en frente del comedor y la puerta estaba abierta.

—¿Quién pregunta por ella? ¿La academia de qué...? ¿Quién le ha dado este número? —espetó—. No nos interesa.

Colgó de golpe, con una violencia sorda. Me acerqué con enfado, sabiendo que esa llamada era para mí.

—¿Quién era? —pregunté, aunque ya lo intuía.

—Una academia —respondió sin mirarme—. Decían que habías pedido información sobre las oposiciones a policía.

—Sí, esperaba la llamada, ¿por qué has colgado? —fruncí el ceño con desaprobación.

—Que tú no te vas a ir a trescientos kilómetros de casa —espetó, ahora sí clavándome los ojos—. ¡Allí con todo lleno de tíos! ¡Estás loca! ¿Qué crees que es eso? ¡Eso es un oficio de camioneras! Tú no estás hecha para eso.

—Pero es que es lo único que quiero hacer, no hay nada que me guste... —Comencé a desesperarme—. No me dejas ser policía, no me dejas ser artista, ¿qué se supone que tengo que hacer? —Iba aumentando el tono a la par que mi desesperación y frustración.

—Pero ¿qué artista, Natalia? Has grabado unas escenas como figurante, eso no te va a dar de comer. —Ahí se encendió del todo. Fue como lanzar una cerilla en la gasolina—: ¡Ni de coña! —gritó—. ¿Tú sabes lo que es esa vida? ¡Eso es pan para hoy y hambre para mañana! ¡Tú lo que tienes que hacer es hacerte la vida fácil, como todo el mundo! ¿O es que quieres acabar mendigando por ahí?

A continuación, comenzó a describir diversos escenarios catastróficos de lo que ocurriría si elegía el camino de ser policía o artista. No supe qué responder. No porque no tuviera argumentos. Sino porque en su mundo no cabía otro mapa. Y yo... no tenía fuerzas para pelearlo.

Al lunes siguiente, la mujer volvió a llamar y esta vez lo cogí yo.

—¿Diga?

—Hola, ¿con Natalia?

—Sí, soy yo.

—Te llamo de la academia por la solicitud de información a las oposiciones para los Mossos d'Esquadra...

—Ya no me interesa —la interrumpí.

—¿No? Natalia, parecías muy ilusionada cuando viniste a la oficina.

—Lo sé, pero mi madre no me deja.

—Eres mayor de edad, Natalia, tu madre no tiene que darte permiso...

Le colgué. Con lágrimas en los ojos. Lo sabía, pero ya no quería pelear más. Me convenció el miedo. No al fracaso, sino al abandono. Me convenció la sensación de que, si insistía en elegir un camino distinto, me quedaría sola. Que sería una vergüenza. Un problema. Me convenció esa vieja herida que sangra cada vez que no te validan por ser quien eres. Me convenció porque, al final, lo único que deseaba en ese momento era dejar de pelear.

Y con ese «no me deja» comencé a dejarme yo también. A dejarme para después, para otro momento, para otra vida. Empezó ahí el pago. La desconexión. El principio de la enfermedad.

Desde los veinte a los veintisiete, disocié todo lo que pude y más. No quería estudiar, ya no tenía ganas de hacer absolutamente nada. Como no podía hacer lo que me gustaba, lo que quería, opté por estudiar un ciclo de administración con el objetivo de tener un trabajo fácil y poder irme de casa.

Y lo conseguí, a los veintiuno conseguí mi primer alquiler.

Fue algo rápido e improvisado, pero en cuanto vi la oportunidad lo tuve claro: necesitaba huir de casa al precio que fuera, y pese a nuestra corta edad convencí para ello al que era mi pareja y futuro marido. Al poco tiempo me salió un trabajo para una empresa externa que me llevó a ser interina en el Gobierno catalán. Una flor en el culo, como muchos decían.

El entorno laboral era un universo completamente nuevo. Gente culta, con clase... y con un clasismo que se olía a distancia. Un ambiente esnob, sí, pero también adictivo. Como una vitrina luminosa en la que podía fingir que lo tenía todo bajo control.

Recuerdo una comida de trabajo en la que una compañera comentó que tender en las cuerdas de las ventanas te definía como alguien vulgar. Todos rieron. Yo también. Recordando que mi abuela me enseñaba a tender las bragas bien derechas para que las vecinas vieran lo pulidas que éramos. Pero ahí estaba, sonriendo con la copa de vino en la mano fingiendo que yo no tendía en las cuerdas de las ventanas.

Me sentía superior a mi entorno del barrio. Había conseguido una hipoteca a los veintiún años y una propiedad. Mis padres estaban muy orgullosos de mi esfuerzo y trabajo, así que creí ser exitosa por fin. Un trabajo reconocido, una vida independiente, ¿no era eso acaso el éxito? Empecé a confundirme. Me perdí entre lo que era elegancia y lo que era soberbia, entre lo que parecía refinamiento y lo que, en realidad, era manipulación encubierta. Me volví fría. Calculadora. Incluso narcisista. Aprendí a usar la persuasión como escudo... y como espada.

Ese entorno alimentaba mi sombra. Esa parte hambrienta de ser vista, validada, reconocida..., aunque fuera por quienes no me importaban en absoluto. Porque ser vista en un entorno que no resuena con tu esencia es como beberse un chupito de lejía cada mañana: acaba matándote, pese a que al principio te mantiene despierta.

Me convertí en alguien que no era. O tal vez dejé salir partes de mí que siempre estuvieron ahí, esperando un escenario lo suficientemente superficial para brillar sin ser cuestionadas. No es que quisiera pertenecer a ese mundo. En el fondo sabía que no era mi sitio. Pero no tenía fuerzas para encontrar el mío. Solo sabía lo que no quería ser. Y mientras huía del dolor, me sentaba a cenar con él cada noche, con tacones y pintalabios y, aunque no eran los del espectáculo de El Molino, me servían.

Ese disfraz emocional empezó a cobrarse factura en el cuerpo. A los veintiún años comenzaron las señales. Anginas con pus cada quince días. Dos años así. Dos años de dolor físico, de antibióticos que no hacían nada. Ningún médico supo encontrar una causa. Tampoco un tratamiento eficaz. Era como si la garganta estuviera gritando algo que yo no podía decir, o no me atrevía.

Si tuviera que ponerle una imagen a lo que sentía, sería como esa escena de *Del revés*, la película de animación en la que un recuerdo se convierte en núcleo y empieza a teñir a todos los demás con su color. Así viví aquella etapa, como si una sola emoción, la frustración de no poder Ser, hubiera empezado a contaminarlo todo desde dentro. Un punto de inflexión quedó incrustado en mi psique, un momento que, aunque en su día pasé por alto, más adelante entendí como el verdadero detonante de una caída mucho más profunda.

Ese recuerdo, pese a que entonces no lo supe, me preparó para ver lo que aún no estaba lista para aceptar. Y fue justo en ese momento, cuando conocí a la mujer del *office*. Una mañana, en el descanso del trabajo mientras leía, me la encontré.

Me causaba un rechazo tremendo y no sabía por qué. Pero, por alguna razón, parecía que yo la atraía con una efusividad extraña. Era todo lo contrario a mí: luz, espiritualidad de alta vibración, flores de Bach..., y a mí todo aquello, como ya sabes, me daba diabetes cuántica. Por lo que fuera, siempre acabábamos coincidiendo en distintos espacios. Y al final, casi sin darme cuenta, llegamos a poder coexistir.

Ella me hablaba de energías, de Reiki, de alimentación ecológica, de ética, de vibración... Yo ponía los ojos en blanco. Me parecía una paparrucha buenrollista que no iba conmigo. Pero precisamente por eso me removía. Porque era justo lo que no podía sostener. Una luz que me deslumbraba, que mi sombra no soportaba mirar de frente. Y, sin embargo, ahí estaba. Ella, con su voz suave y su manera serena de observarlo todo. Y yo, cada vez más alterada sin saber por qué.

Una tarde, en la sala de descanso, me soltó una frase que me atravesó como un puñal:

—No te operes las amígdalas —me dijo sin rodeos—. Si lo haces, lo que estás bloqueando saldrá por otro lado, y será peor.

Levanté la mirada del té muy molesta.

—¿Perdona?

—Esa amigdalitis crónica que tienes..., no es física. Es emocional. Psicosomática. Tienes demasiadas cosas que no puedes decir. Y tu cuerpo lo está gritando por ti.

Mi cuerpo se tensó al instante. Me dieron ganas de levantarme e irme. De gritarle que quién se creía que era. Que dejara de hacer de chamana de oficina.

—¿Estás diciendo que estoy enferma porque me callo cosas? —le solté entrecerrando los ojos

—No lo digo yo, lo dice tu cuerpo —respondió con calma—. Estás tragando demasiado. Y lo que no expresas, se enquista.

Recuerdo que pensé que personas así deberían estar encerradas. Que era una irresponsable por decir eso. Que yo no tenía traumas, que todo eso era cosa de locos. Me fui con rabia, convencida de que era una metomentodo iluminada. Pero esa misma noche, al cepillarme los dientes, me sorprendí mirándome la garganta en el espejo, buscando algo más que placas. ¿Y si tenía razón? ¿Y si no era solo físico? Intenté quitármelo de la cabeza, racionalizarlo, pero sus palabras se me quedaron ahí, repicando, como una gota persistente en la sien.

Tanto que poco después empecé a meditar. En secreto. Probé con visualizaciones guiadas. Me imaginaba entrando en mi propia garganta, casi como si me zambullera en un pozo rojo, y dándole órdenes directas al cuerpo para que bajara la inflamación. Y funcionaba. Al día siguiente, el pus se despegaba solo y mis amígdalas volvían a su tamaño normal.

No tenía explicación lógica, ni tampoco la buscaba demasiado. Solo sabía que por raro que sonara, aquello aliviaba un dolor que los médicos no habían conseguido quitarme en años. Aunque, claro, nunca se lo conté a nadie. Me daba demasiada vergüenza reconocer que algo tan irracional había sido lo único que me había dado un poco de tregua.

Con el tiempo dejé de verla. No porque ella hiciera nada, sino porque no podía sostener lo que me mostraba. Me dolía demasiado. Y cuando desaparecí de su vida, no insistió. Solo me dejó ir. Porque ya sabía. Porque había visto lo que ni yo quería ver: una sombra negruzca enganchada al cuerpo. Y si bien no podía decírmelo, porque yo no estaba preparada, se las ingenió para que el mensaje me llegara... quince años después.

La cosa no dejó de empeorar. Me casé después de nueve años de relación, a mis veintitrés años. Ansiaba casarme, se podría decir que lo obligué a hacerlo, pero aquellas ansias no eran por el deseo de hacerlo como tal, sino que más bien era lo que había que hacer, porque si no, ¿qué estaba haciendo yo allí? ¿Qué sentido tenía haber escogido aquella vida sin llevar a cabo los pasos que *pertocan*? Estaba en continua persecución social, mis amigas estaban todas prometidas o casadas, alguna hasta con un bebé en camino. No paraba de escuchar las típicas preguntas. ¿Y la boda para cuándo? ¿Y los hijos para cuándo? ¡Se te pasa el arroz! Dios..., teníamos veintitrés años.

Fue la única vez que él me puso un límite claro: no quería casarse. Me lo dijo con firmeza y, aun así, terminamos haciéndolo. Supongo que, al igual que yo, se sintió arrastrado por la inercia de lo que «tocaba», por las expectativas, por el peso invisible de lo no dicho. ¿Qué otra opción había? ¿Qué sentido tenía haber elegido ese camino si no era para cumplir con el guion hasta el final?

Me sumergí en ese matrimonio convertida en una versión de mí misma que no era auténtica. Un personaje construido a base de heridas mal cicatrizadas, silencios acumulados y decisiones tomadas desde el miedo. Con cada paso, me alejaba más de mis sueños, de mi libertad, de mi voz. Me convencí de que era lo correcto, lo que tocaba, lo que haría que todo encajara.

Monté un hogar a imagen y semejanza del que había visto toda mi vida. Un guion antiguo, repetido, sin margen para la improvisación. Y, aunque entonces no lo sabía, lo que estaba haciendo era seguir una coreografía ensayada durante generaciones. Me costó años darme cuenta de que muchas de las decisiones que creía mías, en realidad, solo respondían a lo que creí que debía ser.

Pero en aquel momento no lo cuestioné. Me limité a actuar en el papel que se esperaba de mí. Y si bien la base ya estaba mal construida, el verdadero problema fue que nadie, ni siquiera yo misma, me puso límites, y en medio de ese desastre, yo solo era mi peor versión, herida, enfadada, poseída...

Nos escogimos por que sí, como cualquier pareja joven que no sabe qué quiere, ni siquiera quién es, pero que continúa años y años porque, bueno, no nos va mal, ¿no? Pero una pareja debería ser alguien que escoges de manera consciente, no por guion, que potencie tu esencia, que abrace tu sombra sin miedo, que te empuje a crecer y no a encogerte. Pero nosotros no sabíamos hacer eso. Éramos demasiado jóvenes. Demasiado inexpertos. No sabíamos ser vulnerables, ni siquiera sabíamos por qué deberíamos serlo. No teníamos las herramientas, ni la madurez emocional ni el coraje de enfrentarnos a las preguntas importantes, yo por lo menos, no.

A esa edad, muchas veces se elige por descarte, por presión o por inercia. Y lo que empieza como un «por qué no», acaba convirtiéndose en un «cómo he llegado hasta aquí». En el fondo, no construimos un proyecto de vida, reproducimos uno. Uno que encajaba a la perfección con las expectativas heredadas.

Y así fue como, sin saber muy bien cómo ni por qué, nos vimos en un matrimonio que no supimos sostener... porque ni siquiera sabíamos sostenernos a nosotros mismos.

Tras mi boda, enseguida me operé. Recuerdo el pánico por irnos de viaje de novios a México y que allí me tocara la quincena de la amigdalitis. Sin antibióticos, peleando con el dolor. Pero fue curioso, ya que, tras dos años con continuas infecciones, aquel julio de 2012 fue el único mes que no tuve anginas. Esa pausa en el síntoma me dejó una sensación rara. Como si mi cuerpo, de pronto, hubiera encontrado algo parecido a la calma. No lo entendí. No lo analicé. Pero la pregunta quedó ahí, suspendida: ¿tendría sentido lo que ella decía? ¿Sería mi cuerpo que con su estado emocional en éxtasis apaciguó el dolor? Pero tal como ella predijo, el silencio comenzó a salir por otro lugar.

Tras la operación, unos meses más tarde, mi cuerpo físico comenzó a cambiar de manera exagerada. Me hinché como un globo. La cara, la nariz mucho más ancha, apenas se me veían los ojos. Comencé a sentir dolor articular, mala circulación, problemas digestivos.

Poco después, y tras visitar a muchos médicos en busca de la causa de aquella hinchazón y malestar que parecía no tener nombre ni solución, me quedé embarazada por primera vez. Aquello fue una experiencia traumática considerable.

Desde niña me imaginaba siendo madre. Era una imagen que tenía idealizada, casi como un destino inevitable, uno de esos «cuando sea mayor» que se repiten sin cuestionar. Jugaba a las muñecas, cuidaba a mis primos pequeños, me emocionaba con las películas en las que la maternidad lo redimía todo. Pero justo antes de casarme, algo dentro de mí empezó a cambiar. Tenía claro que no quería. Y no porque no amase la idea que me había montado en la cabeza de niña, sino porque sentía que aquello no era para mí en aquel contexto en que vivía.

Quizás me di cuenta de que, en el fondo, no quería traer a nadie a esa vida que ni siquiera me atrevía a vivir en voz alta. Quizás sentía que no podía cuidar a nadie cuando yo misma no me sentía cuidada por dentro. O quizás simplemente me aterraba repetir patrones que ya conocía demasiado bien: el sacrificio absoluto, la renuncia constante, la autoexigencia vestida de amor incondicional. Me daba pánico perderme por completo, desaparecer en un rol que no tenía espacio para la duda ni para la fragilidad.

Pero no sabía cómo sostener ese «no». Me llené de culpa. Me dije, y me decían, que era egoísta, que seguro se me pasaría. Que eran los nervios. Que era mi función biológica. Siempre se oía en las comidas familiares que todas las primas seríamos buenas «paridoras» porque la abuela pudo sola en la cuadra. Aquello me llenaba de orgullo, ¿podría ser yo como mi abuela? ¿Tan fuerte y admirada por todos? Me convencí de que no tener ganas no era una razón suficiente para decir que no. Porque en el fondo seguía atrapada en el mismo guion, el de la buena mujer que hace lo que toca, aunque se le quiebre el alma por dentro.

Con el embarazo de mi primer hijo, comenzó el primer capítulo de las pesadillas de mi «no vida». Me ingresaron de urgencia cuando a las veintisiete semanas, tras una discusión con mi pareja, una de esas discusiones que ya no son solo peleas, sino terremotos internos, tuve una amenaza de parto prematuro. No fue una tontería. Fue la primera vez que deseé divorciarme. Y la primera vez que supe, con una certeza que araña el pecho, que no debía estar ahí. Pero ya era demasiado tarde. Me miraba la barriga, con el alma encogida, y solo podía repetirme en silencio: ¿a dónde vas a ir? ¿Quién va a ayudarte? ¿Madre soltera a los veinticuatro? Imposible. Inviable. Indecente. Si ellas han podido, yo también. Ellas, las mujeres de mi clan, que sonreían por cortesía ante la incomodidad, que han tragado silencios por no deshacer lo sagrado. Eso es el matrimonio, ¿no? Un altar en el que se ofrecía el deseo, la voz, el cuerpo... a cambio de pertenencia y apariencia.

Pasé ocho semanas en una habitación de hospital, meando y cagando en una cuña, sin moverme de la cama, con una vía en cada brazo y completamente sola. Sola no en el sentido literal, mis padres siempre estuvieron acompañándome en todo momento porque él trabajaba fuera y apenas podía venir. Y yo no lo comprendía, y eso no dejaba de doler. En su ausencia, fue mi padre quien se hizo cargo. El que acudía a las visitas médicas, el que me aguantaba el bolso en las analíticas, el que pasaba las noches en una butaca, vestido y con una manta que apenas lo tapaba, el que escuchaba a las enfermeras, el que cancelaba todo por llevarme y traerme. A veces lo confundían con mi marido. Y yo agachaba la cabeza esperando que él corrigiera aquella afirmación.

No porque no quisiera corregirlo yo, sino porque me dolía reconocer lo que eso mostraba, que, otra vez, estaba reviviendo al padre ausente emocionalmente. Que, en el momento más delicado, el guion se repetía y, de nuevo, me sentía hija de mi propia historia.

Tuve a mi segunda hija con veintisiete años, la misma edad con la que me tuvo mi madre. Y durante todo el proceso me vi criándola sola. Y cuando digo sola, no hablo solo de lo logístico, baños, comidas, noches sin dormir, sino de esa soledad que hay cuando tu manera de educar va en contra de todo el sistema, cuando todo depende de ti. Me ocupaba de todo a tiempo completo, como si el amor pudiera medirse en entrega. Me obsesioné con ser la mejor madre que ellos pudieran tener. No por perfeccionismo, sino por redención. Porque en cuanto los tuve en brazos, mis demonios con la infancia afloraron con una fuerza titánica. Me prometí que no repetiría los errores de mis padres. Que, si algo podía romper el ciclo, sería yo.

Me volqué. Por ellos me convertí en alumna de todo lo que resonaba con una nueva forma de educar. Devoré libros de pediatría como los de Carlos González, asistí a conferencias sobre educación emocional, me sumé a círculos de madres que compartían una mirada más respetuosa, más presente, más humana. Lo llamaban «crianza positiva» y, aunque ese nombre me chirriaba un poco, me fascinaba su esencia: criar desde el vínculo, no desde el miedo.

Pero, claro, todo aquello era un idioma nuevo. Un idioma que en mi entorno sonaba extraño, incluso peligroso. Para muchos, aquella forma de crianza era «una moda», «cosas de modernas» o, directamente, «una mariconada». La vulnerabilidad seguía siendo una amenaza, no una herramienta. Mostrar afecto, contener el llanto, pedir perdón..., todo era visto como un signo de debilidad. Pero esta vez no pasé por el aro. Esta vez lo tuve claro: mis hijos no crecerían en un hogar con gritos, golpes ni silencios helados. Lo supe con una certeza que no pedía permiso.

Claro que salirte del guion tiene precio. No paraban los comentarios, las miradas, los «eso no es criar, eso es consentir». Reproches disfrazados de consejos. Opiniones no solicitadas que apretaban justo donde más dolía: la culpa.

Aunque intentaba hacerlo distinto y me esforzaba por no repetir, estaba metida de lleno en un escenario que se parecía demasiado al que había querido evitar. Repetía sin querer. Como si la lealtad inconsciente pesara más que la voluntad. Como si el guion estuviera escrito a lápiz indeleble en las capas más profundas de mi alma. Lidiar por años con la incoherencia de quedarte por amor, por los niños, por la familia, con el miedo de saber que tienes que salir de allí porque si no, tu misma, te vas a matar.

El deseo de separarme no era nuevo, pero sí era cada vez más difícil de silenciar. Estaba cansada. Cansada de sentirme sola acompañada. Cansada de la exigencia. Del nudo en el pecho. Del miedo a tomar decisiones que lo cambiaran todo. Porque sí, la incertidumbre da vértigo. Porque sí, moverse también duele. El miedo a la acción te inmoviliza. El miedo a quedarte sola, a equivocarte, a romper lo que con tanto esfuerzo habías intentado mantener. Te frena. Te ahoga.

Una noche, con una niña en la teta y el otro pidiendo cuentos, rendida, me derrumbé. Era tarde. Estaban inquietos. Yo tenía el alma hecha trizas. Con los ojos cerrados, y sin fe, pero con desesperación, pedí una señal. Una cualquiera. Algo que me dijera qué hacer. Algo que me diera fuerza para sostener, o para soltar. Se lo pedí a mi abuela, que había fallecido unos meses antes y que, pese a todo, siempre había representado el pilar de la familia. Ella, la que callaba, la que aguantaba. La que me había enseñado, sin querer, que una mujer debe sostener, aunque se rompa por dentro.

Y fue entonces, en ese silencio espeso de la noche, cuando mi hijo, que ya tenía unos tres años y que hasta hacía un momento estaba inquieto y medio dormido, se quedó muy quieto. Lo vi girar la cabeza lentamente hacia la esquina de la habitación. Clavó la mirada en un punto fijo. Muy serio. Como si estuviera viendo a alguien que yo no podía ver. Y entonces dijo, con voz clara y sin titubeos:

—Vete al coño.

Me quedé helada. No por la grosería, aunque era una frase completamente fuera de lugar para su edad, sino porque era exactamente lo que decía mi abuela. Con ese tono. Esa cadencia. Esa forma tan suya de espantar lo que la molestaba. Una expresión suya. Una frase que yo no había repetido jamás delante de él.

Me quedé en silencio. Sin aire. Sin explicación. Con la piel erizada y el corazón palpitando en la garganta. ¿Era una señal? ¿Era su presencia? ¿Era ella diciéndome lo que yo no era capaz de decirme a mí misma? ¿O ella haciéndome saber que tenía que aguantar?

No lo supe entonces. Pero esa noche algo cambió. Porque a veces, las señales no vienen envueltas en luz ni en palabras dulces. A veces vienen así, con la crudeza de lo que no quieres oír, pero necesitas sentir.

Aquello me mató. ¿Dónde estaba la vida que nos habían vendido de la maternidad? Allí solo había cansancio extremo, estrés, llanto, incomprensión y soledad... Una visión que confundía mi papel como madre y mujer. Necesitaba ayuda, pero si por alguna razón la pedía, recibía acusaciones. ¿Sabes por qué? Porque tu abuela tuvo veinte y lo hizo sola, porque vienes de una casta de mujeres fuertes que no lloran, porque una madre puede con todo y más... Decretos resonando, una y otra vez. ¿Por qué tú no eres capaz, Natalia? ¿¡POR QUÉ TU NO!?

Me dolía la vida de una manera desorbitada, y comencé a empeorar. Me costaba respirar, me ahogaba al caminar. Ya no podía caminar y mantener una conversación, la saturación bajaba de manera drástica y mis labios se ponían morados. Me dolían las articulaciones, no podía ni siquiera pelar una patata sin dolor ni escribir con un bolígrafo. Me sentí tan sola, tenía tanto miedo a ser vulnerable, que preferí crear una coraza a mi alrededor antes que escuchar acusaciones sobre mí y mi manera de vivir la maternidad. De nuevo, alimentando mis demonios.

Visité decenas de especialistas durante los años de embarazo y crianza, y todos decían lo mismo. Una frase que parecía una etiqueta genérica para cualquier mujer agotada que no encajase en el molde de madre abnegada: «Depresión posparto».

—Doctor, no puedo más. Cuando me levanto de la cama, mis pies no responden. Tengo que estirarlos varios minutos antes de poder apoyar el peso. Es como si estuvieran muertos.

—Eso es estrés —me dijo sin levantar la vista del teclado—. Estás demasiado tensa. ¿Te has planteado dejar la lactancia materna?

—¿La lactancia? —pregunté, desconcertada—. ¿Y qué tiene eso que ver con que no pueda caminar por las mañanas? Tampoco puedo agacharme, siento que la piel me tira y no puedo sentarme en el suelo.

—El cansancio, las hormonas, todo suma... Quizás necesitas desconectar un poco.

Y así, una vez más, el síntoma físico se disolvía entre diagnósticos vagos y consejos desconectados de mi realidad. Y yo... lo asumí. Asumí que era una floja, que no era digna de llevar ni siquiera una vida normativa, una que ni siquiera deseaba.

Te puedes imaginar lo frustrante que era: pensar que el problema era yo, cuando lo que realmente fallaba era el guion que había comprado para sobrevivir.

Callé y callé hasta que el cuerpo ya no pudo más. Hasta que todo ese silencio acumulado necesitó un lugar donde gritar.

Y lo hizo. No con palabras. No con lágrimas. Lo hizo a través del dolor. A través del agotamiento extremo, de la inflamación constante, de una piel que se endurecía como si quisiera blindarse. Lo hizo rompiendo mi salud, colapsando mis fuerzas, obligándome a parar.

Fue en 2017, poco después de nacer mi hija pequeña. Y, como casi todo lo importante en mi vida, ocurrió de manera inesperada, en una visita rutinaria al pediatra. No fui yo la que habló. Fui mirada. Y, por primera vez, escuchada.

—Mami, ¿te encuentras bien? —preguntó el doctor, mientras me observaba detenidamente.

—¡No! No se encuentra bien —interrumpió mi padre, con un tono que no le había escuchado nunca. Era como si, por fin, alguien le hubiera abierto la puerta para decir lo que llevaba años viendo.

El médico dejó a un lado el historial de mi hija y me miró con atención.

—¿Te cuesta coger objetos?

—Sí.

—¿Sientes la piel tirante? ¿Falta de flexibilidad?

—Sí, también.

—¿Te cuesta abrir la boca? ¿Te falta el aire al caminar?

Asentí cada vez más desconcertada. Su rostro cambió. Se puso serio. Muy serio.

—¿Cuánto llevas así?

Miré a mi padre. Él me sostuvo la mirada. Yo ya había perdido la cuenta.

—No lo sé. Años..., pero he pasado por muchas fases.

El doctor inspiró hondo, como si le costara encontrar la forma de decírmelo.

—No quiero alarmarte, pero reconozco en tu cara los signos de una patología que tiene mi hermana. Se llama esclerodermia. Necesitas ver a un reumatólogo. ¿Tienes mutua? Pide cita. Para mañana.

—¿Para mañana? No puedo..., tengo que cuidar de los niños...

—Para mañana, Natalia —me cortó, tajante.

Miré a mi padre en busca de ayuda.

—Ve. Yo me encargo de los niños —dijo con firmeza.

Y fui. Porque en ese instante entendí algo esencial: si yo no me ponía en el centro, no habría nadie a quien cuidar. No es heroico cargar con todo. No es noble sacrificarse hasta el límite. Muchas veces es solo miedo a soltar el guion aprendido. Que quizás no se trataba de ser fuerte, sino de empezar a reconocer todo lo que había dolido en silencio.

Ese día no solo comenzó el diagnóstico. Ese día comenzó, también, el final de la mentira. La de que podía con todo. La de que estaba bien. La de que callar me protegía.

Porque el cuerpo, cuando ya no puede más, no miente. Y muchas veces la enfermedad... es la voz que nunca nos dejaron sacar. ¿Qué hubiera gritado la tuya si le hubieran dado permiso?

Capítulo IV

Un sueño y un demonio

Era una tarde cualquiera, de esas en las que tienes una hora y media para desconectar antes de volver al ruedo. Me tiré en la cama sin grandes expectativas, solo quería descansar un rato y apagar el ruido.

Desde que a los veinte decidí desconectarme de mi esencia, había conseguido mantener a raya los recuerdos raros, esos fenómenos que me habían acompañado desde siempre. Alguno volvía de vez en cuando, pero lo sentía tan lejano que casi ni me rozaba. Como si recordases una vida pasada y no supieras bien si eran solo ilusiones o ecos reales de algo que sigue ahí, latiendo, esperando a que te atrevas a mirar de frente.

Era la primavera de 2020, unos años después de que el diagnóstico me sacudió la existencia, en medio de aquel entuerto emocional, de tanta confusión acumulada, tuve un sueño lúcido. No uno más. El sueño lúcido.

No fue solo un sueño, fue una canalización. Una experiencia que abrió una grieta en mi percepción y me entregó las respuestas que no sabía que estaba buscando. Y con estas, el comienzo de un trabajo de sombra que, aún hoy, sigue en marcha.

Aquel sueño fue el detonante de mi transmutación de sombra y, aunque produjo en mí una insaciable necesidad de respuestas y esperanza, me aterraba volver a encender esa llama. Esta vez estaba dispuesta a asumir el riesgo, a aceptar por fin esa realidad o descartarla de una vez por todas. El sueño ocurrió así:

Me encontraba en una cala desde la que se podía ver el horizonte rodeado de montañas. Al otro lado, un frondoso bosque interior en el que apenas entraban los rayos del atardecer. Me veía en primera persona caminando por la playa. Estaba descalza, sentía el frío del océano en los pies cuando algo me llamó la atención. Alcé la mirada, a unos metros de distancia había una mujer vestida con una túnica blanca. Una corona de peonías rosas y blancas embellecía su larga melena rubia y rizada. La mujer de las peonías se acicalaba el cabello ante un espejo de gran tamaño cuyo marco tenía un estilo gótico hecho de plata vieja. Su energía era amable, cual princesa de Disney. Derrochaba paz con su sola presencia. Me quedé hipnotizada mirándola, como cuando una niña ve a su madre maquillarse y se queda fascinada de su energía y belleza femeninas. En unos segundos, la mujer de las peonias se percató de mi presencia y clavó los ojos en mí. Parecía asustada y sorprendida, como si yo hubiera irrumpido en su mundo, uno al que no pertenecía. Dejó de peinarse lentamente, y sonrió con un gesto amable, conforme de ver mi presencia en su mundo. Dejó el peine, se acomodó el cabello y con pasos muy lentos se dirigió a mí con una sonrisa amigable. Cuando estuvo delante de mí se quedó mirándome unos segundos, analizando mi presencia con aire curioso e inocente. Parecía tener curiosidad por saber quién era y cómo había llegado allí. Observaba mi cabello, mi nariz, mis ojos, y hacía pequeños gestos de querer tocarlos, como si jamás hubiera visto a otra persona. Tras unos segundos de análisis, fijó de nuevo la mirada en mí, estática, como un robot que se resetea y se queda mirando a la nada. De nuevo volvió en sí, bajó su mirada y la convirtió en seductora. Aquello me incomodó. Se notaba la energía sexual. La mujer de las peonías ahora con la mirada fija y seductora me dedicó una caída de ojos, enfocó mis labios y se dirigió de nuevo a mis ojos. Entonces alzó la mano y dejando atrás su delicadeza, clavó las uñas en mis mejillas con contundencia. Con aquel gesto acercó sus labios a los míos, casi rozándolos y sin dejar de observarlos, a continuación, dijo:

—Perdiste tu esencia hace mucho tiempo. Esto es solo una llamada de atención al despertar de tu conciencia —hizo un breve parón observando mis ojos incrédulos ante aquella escena tan bella, seductora e incongruente—. Buscas respuestas en el «por qué» y debes hacerlo en el «para qué» —continuó mientras arrastraba las uñas hacia mi barbilla.

Aquellas palabras me emocionaron y de mis ojos comenzaron brotar lágrimas.

—¿Quién eres? —le pregunté entre sollozos.

Algo en aquel escenario cambió. Un aura de energía hostil envolvía el ambiente. Por suerte, conocía muy bien esos cambios de registro en los que lo que crees percibir como algo pacífico de repente se vuelve turbio y hostil. Tras mi pregunta, la mujer cambió enseguida la expresión. Me soltó el mentón y sin apartar la mirada fija de mis ojos, se alejó caminando hacia atrás muy lentamente sin perder su sonrisa de lado. En ese preciso momento noté que algo había cambiado en el sueño lúcido. Las acciones que quería emprender como dialogar con ella o caminar, no llegaban a término; algo me estaba paralizando el sueño y notaba que mi cuerpo se volvía más pesado, mi movimiento más lento y mis sentidos no estaban en plenas facultades.

La energía densa se intensificó y comenzó a invadir aquel sueño haciendo desaparecer el escenario pacífico y convirtiéndolo en un espacio en negro, como si estuviera en un cubo de oscuridad.

La mujer apareció con un espejo gigante entre las manos, y en apenas segundos se plantó delante de mí. Tardé un rato en comprender qué quería mostrarme. Observé el reflejo del espejo y no entendía lo que mis ojos estaban viendo, pues no era mi cuerpo físico lo que se reflejaba en él, sino el de la propia mujer de las peonias. El reflejo, aunque no era el mío, imitaba mis movimientos como si de mí se tratase. La mujer, que a su vez sostenía el marco, asomó el rostro por un lateral. El rostro había empeorado aún más. Sus ojos se agrandaron y sus facciones se endurecieron. De nuevo intenté controlar el sueño lúcido, y pude posicionarme y encarar a aquella entidad.

—¿¡Qué quieres que vea!? —le pregunté horrorizada.

Aquel acto de persistencia parecía haber gustado a la entidad de las peonías y me premió con más información. Hizo desaparecer el marco y se posicionó delante de mí, como mi propio reflejo. La entidad no hablaba, al menos no lo hacía con sus labios, se comunicaba conmigo mentalmente y seguía imitando mis gestos.

—¿Somos el mismo Ser? —le pregunté insegura.

La entidad de las peonias se arqueó hacia atrás y comenzó reír a carcajadas. Daba vueltas y vueltas a sí misma, bailando cual mujer celta mientras se alejaba de mí. En un acto desesperado por no dejarla marchar y casi anhelando su compañía, grité desesperada:

—¡Dime tu nombre! —dije entre lágrimas.

La entidad de las peonías dejó de danzar y se mantuvo firme observando con desaprobación. Se desvaneció entre humo de su posición y apareció delante de mí cogiéndome nuevamente de las mejillas, pero de forma más agresiva.

—¿Quieres saberlo? —dijo mentalmente con tono lascivo.

Desapareció emitiendo una carcajada maligna, dejando un rastro de humo y tras ello, el sueño se volvió de nuevo pacífico. Cuando el humo se difuminó por completo, pude ver un nombre escrito en la arena de la playa: «Claudia».

Desperté de golpe. Aquella siesta lo cambiaría todo. Recuerdo esa tarde como si fuera ayer. Sentí que algo en mi había cambiado. Incertidumbre, esperanza..., ¿habría sido real aquel sueño? Sequé mis lágrimas, que habían traspasado los muros del sueño a la realidad. Reconocí al instante esa mezcla extraña de temblor y certeza, esa sensación tan mía que solo aparece tras lo inexplicable. Hacía años que no la sentía, pero mi cuerpo la recordaba mejor que mi mente. Me quedé un rato pensativa, y es que aquello no había sido un sueño normal, sino una canalización en sueños con alguien a quien yo ya conocía. Necesitaba saber más y comprender, algo en mí iba más allá de la razón, pero a su vez tenía mucho miedo.

Aquella tarde, tras el sueño, pedí desde lo más profundo de mi Ser una señal de que aquel sueño era real, una señal que me confirmase que no estaba sola, que aquella entidad se había manifestado para mí y que su mensaje era verídico. Le pedí tan fuertemente ver una pluma en las próximas horas que cuando volví a la realidad me dio vergüenza. Le puse mente y raciocinio.

—¿Qué estás haciendo?, ¿por qué te montas tus películas? Das vergüenza —me dije muy frustrada.

Cogí mis cosas y me dirigí a la salida del colegio a buscar a mis dos hijos. La voz en mi cabeza no paraba de machacarme y hacerme sentir estúpida.

—¿Una señal?, patético —volví a repetirme.

Desganada y muy baja de energía, seguí mi rutina de siempre y me dispuse a recoger a mis hijos del colegio. Una vez en la puerta, ojeaba nerviosa el reloj, estaban tardando más de la cuenta en abrir las puertas. Cuando alcé la vista, delante de mí una mujer caminaba en mi dirección. Observé una camiseta de color azul cielo y acaparando el pecho, dos alas de ángel brillaban con pedrería. En el medio, la palabra *ángel*.

—Tu pluma —dije irónica—. Madre mía, Nath —pensé para mis adentros—. ¿En serio? ¿Una camiseta con unas alas es tu señal?, olvídalo.

Recogí a mis hijos con peor energía que antes. Algo en mí deseaba que de verdad esa realidad fuera cierta y a la vez prefería que no lo fuera.

A la salida fuimos a la zona de juegos enfrente del colegio. Cerca hay una iglesia pequeña, una parroquia, con unos bancos y árboles que dejan pasar el sol entre las ramas. Al llegar vi a Bruno con su madre, que corría hacia nosotros alegre de vernos.

—Mirad, ¡es Bruno! —les dije a mis hijos.

Bruno acababa de reincorporarse a las clases tras un duro diagnóstico de cáncer cerebral. Pasó su aniversario de los tres años entre cirugías y recuperaciones, y tras dos años, por fin pudo recuperarse y volver a la normalidad sin apenas secuelas.

Su madre, Pamela, y yo nos habíamos hecho amigas hacía ya unos años, en el parvulario. Nada más vernos congeniamos, como si nos conociéramos de toda la vida. Así pues, nuestros hijos se conocían desde prácticamente el nacimiento, jugaban a menudo e iban juntos a clase, por lo tanto, Bruno sabía perfectamente cuáles eran nuestros nombres, pero ese día, justo ese día y en ese preciso instante, Bruno se paró frente a nosotras, y al saludar a mi hija...:

—¡Hola, Claudia! —le dijo.

El tiempo se paró. Me pareció ver la realidad al ralentí. Un hormigueo me invadió las manos y sentí que la adrenalina del cuerpo activó todas mis funciones.

—¡Claudia! —grité para mis adentros con los ojos abiertos como platos.

Apenas podía articular palabra. ¿Qué acaba de pasar? Pamela, que vio mi reacción, se quedó muy extrañada.

—Ey, Natalia, ¿estás bien? —me dijo preocupada.

—¡La ha llamado Claudia! —dije eufórica.

—Sí, lo he oído..., se ha equivocado... —dijo confusa—. Pero ¿qué...?

—¡No se llama Claudia! —la interrumpí.

—¡Ya sé que no se llama Claudia! —se contagió de mi euforia—. ¿¡Qué te pasa!?

Conseguí enderezarme y contarle lo que había ocurrido esa misma tarde y el motivo por el que era tan importante que Bruno hubiese llamado así a mi hija. Ella sabía de algunas experiencias que yo misma le conté antaño y, aunque no era muy mística, siempre había confiado y creído en mí. Anonadada e impactada, quiso saber más.

—Bruno, ¿por qué la has llamado Claudia? —le preguntó señalando a mi hija.

—No la he llamado Claudia. No se llama Claudia —contestó mientras miraba al infinito, y se fue corriendo.

Nuestras caras eran un poema. Ambas habíamos escuchado que la llamó Claudia, pero parecía que no lo recordaba, como si no hubiese sido él quien la había mencionado.

Para mí aquello fue una señal. Un mensaje directo de confirmación, lo que yo ahora llamo un justificante cuántico. Aquello era el comprobante que había pedido, la veracidad de mi realidad. Algo en mí cambió ese día. Mi percepción de la realidad se vio modificada por nuevas perspectivas que necesitaba seguir indagando. En realidad, fue un punto y aparte, mi miedo a caer en realidades que intentasen paliar mi vacío emocional me impedía creer firmemente en todo aquello, necesitaba más pruebas, más confirmaciones, necesitaba sentir e integrar aquello como una posible realidad.

Para más inri, diversos sucesos continuados de aquella experiencia con el nombre Claudia seguían afirmando esta CAUSALIDAD. Recuerdo que varios días después, mientras preparaba el desayuno para mis hijos, iba pensando en todo esto, aun titubeando si era real o estaba haciendo que fuese real. Mi hija (de nuevo) interrumpió mis pensamientos y me ofreció una galleta.

—Toma, para ti —me dijo con su lengua de trapo.

—Mamá no puede comer galletas, llevan gluten, ya lo sabes —le dije extrañada.

—Es para ti —insistió.

Cogí la galleta creyendo que únicamente quería jugar y hacer como que me la comía. Cuando le di la vuelta me quedé boquiabierta. La galleta era de la marca Tostarica, y en ocasiones los niños pueden enviar sus dibujos junto con su nombre y la marca las imprime en las galletas. En ella había dibujada una bailarina de *ballet*, ¿y sabes qué nombre tenía la galleta? Claudia, de nuevo.

A partir de ese día me prometí a mí misma no volver a dudar de mí, de mi intuición ni de mi esencia. Me prometí que agotaría todas y cada una de las maravillosas experiencias que tenía por vivir. Que fuese el que fuese el tiempo que me quedase aquí, merecería la pena haber hecho el esfuerzo por querer vivir.

Pero no bastaba con sentirlo. Ahora necesitaba comprenderlo. Sentía que la vida me estaba hablando en un idioma que intuía, pero que todavía no sabía descifrar. Y para eso, tenía que empezar desde el principio. Destruir para reconstruir.

Capítulo V

Destruir para reconstruir

Ante aquella situación quise ir todo lo rápido, pero a su vez, todo lo lento que necesitaba para conseguir las respuestas que me quemaban por dentro. Había algo que tenía muy claro: antes de volver a investigar sobre lo paranormal, necesitaba saber quién era yo. Por qué vivía aquellas experiencias. Cuál era su propósito. Y qué parte de mi esencia había sido sepultada para que todo eso emergiera con tanta violencia.

Y cuando decides hacerte esa pregunta en serio, el universo responde. De forma poco amable, a veces. Pero responde.

Comenzaron a aparecer personas, muchas de ellas ajenas a mi mundo, otras, traídas por conocidos. Gente que te cruzas en una cafetería y, por alguna razón, te cuenta su historia como si te conociera de toda la vida. Gente *random* que aparece por «causalidad». Esas causalidades que uno ya empieza a entender como señales.

Cada una de esas personas traía consigo una pieza de un rompecabezas que ni siquiera sabía que estaba armando. Cada una con su mirada, con su creencia, con su filosofía. Reiki, Wicca, brujería tradicional, numerología, kinesiología, medicina oriental, nutrición, psicología, psicogenealogía... Algunas me convencieron más que otras. Todo dependía de lo que mi nivel de conciencia estaba preparado para comprender.

Pero todas me hicieron preguntarme: ¿quién tiene la verdad? ¿Qué es la realidad? ¿Y cuánto de esa realidad estaba condicionada por el dolor?

Sentía que debía poner orden en mi caos interno. Como si hubiese una habitación dentro de mí en la que todo estaba revuelto, con cajas apiladas, polvo y recuerdos que no eran del todo míos. Y necesitaba entrar ahí, abrir cada caja y ver qué había dentro. Saber qué guardar, qué quemar, qué devolver al remitente.

La búsqueda del yo no era un lujo espiritual. Era una urgencia vital. Algo dentro de mí sabía que, si no reconstruía desde el hueso, me iba a quebrar. Y quise creer que, si el cuerpo se había enfermado por vivir en incoherencia, tal vez, solo tal vez, podía comenzar a sanar si empezaba a recordar quién era en realidad. No para tener todas las respuestas, sino para empezar a hacer las preguntas correctas.

Y entonces para poder entender qué parte de mí había estado hablando a través de la enfermedad, tuve que empezar por lo más básico: ¿qué era la realidad que estaba habitando?

Porque la realidad no es solo lo que ocurre afuera. Es también y, sobre todo, la forma en que lo percibimos. Esa mirada interna que da sentido a lo que vemos, sentimos y vivimos. Una mirada moldeada desde la infancia, entre lo que nos permitieron sentir y lo que aprendimos a ocultar, entre lo que el mundo mostraba y lo que se esperaba que viéramos. La realidad no es objetiva, es un espejo. Y el reflejo que devuelve depende de quién se esté mirando. Ese «yo» es la lente a través de la cual todo se interpreta, se moldea y se vive. No es solo identidad, es estructura perceptiva. Y cuando esa estructura se arma desde el miedo, el juicio o la culpa, la realidad se distorsiona. Y entonces enfermamos. O nos rompemos. Porque no hay cuerpo que aguante una realidad que no se siente habitable.

Freud decía que el «yo» es el mediador (el ego). Ese que está entre lo que deseamos (el ello), lo que creemos que deberíamos ser (el superyó) y lo que el mundo nos exige ser. Es como estar todo el rato haciendo malabares. Y sentía que llevaba años en ese número de circo, con una sonrisa pintada y la espalda encorvada por el esfuerzo. Intentando que nada se cayera, ni las pelotas ni los platos ni la máscara.

Entonces entendí algo clave, la forma en que vemos la realidad está condicionada por ese ego. No vemos el mundo como es. Lo vemos como somos. Como creemos que somos. Como nos dijeron que debíamos ser.

Nuestro sistema de creencias funciona como unas gafas que nos colocan desde niños. No las elegimos, simplemente nos las ponen. Y a través de ellas aprendemos a mirar el mundo, a nosotros mismos y a los demás. Están hechas de todo lo que absorbimos sin filtro en los primeros años de vida: de lo que vimos, de lo que no vimos, de lo que se dijo, de lo que no se dijo, de lo que dolió y se enquistó y de lo que nos hizo sentir valiosos. E incluso antes del nacimiento, con las memorias uterinas. Aunque estas gafas nos las dan por puro amor y protección, en muchas ocasiones lo único que sucede es que distorsionan nuestra esencia.

Y aquí es cuando aparece una de mis metáforas favoritas para entender el sistema familiar: el clan como si fuera Inditex. Tú no entras a trabajar en Zara con tu *curriculum vitae* que avala tus estudios para obtener el cargo. No. El puesto ya está asignado desde antes de que nazcas. El clan proyecta sobre ti un papel en función de su historia, de sus heridas y de sus aspiraciones no resueltas. Si las generaciones anteriores vivieron en la carencia, se esperará de ti que hagas lo necesario por generar esa abundancia, y cualquier vocación menos estable, como ser artista, será vista como un riesgo innecesario.

Como me pasó a mí cuando decía que quería escribir o actuar, escuchaba cosas como: «Eso está muy bien, pero no da de comer». O la más lapidaria: «Eso es para la gente rica o para los que no tienen otra cosa que hacer». Aprendí pronto que mis intereses eran vistos como un lujo innecesario. Que expresarme no era prioridad. Que vivir del alma era un riesgo. Que, si no tenía nómina, la pasión se llamaba capricho. Y así aprendí que no solo estaba mal desear libertad, sino que hacerlo era, en cierto modo, traicionar al clan y devolverle sus miedos: pobreza, penurias y escasez.

Si hubo padres ausentes, se favorecerá la idea de formar una familia «normal» y encontrar amor y comodidad a cualquier precio o, en su defecto, se levantará un matriarcado en el que no se necesite a nadie.

Si en un linaje alguien ha sido exiliado, ya sea por amor, por rebeldía o por no cumplir con lo que se esperaba, el inconsciente familiar guarda ese suceso como una herida abierta. Y entonces, generaciones después, aparecen descendientes que sin saber por qué se sienten fuera de lugar. Que no logran encontrar su sitio en ninguna parte. Que huyen del amor por miedo a perderlo o se quedan donde no deben por miedo al destierro.

Si en el árbol hubo generaciones de niños que tuvieron que dejar de serlo demasiado pronto, porque faltaba el padre, porque la madre no podía sola, porque había que trabajar, cuidar hermanos o sostener la casa, es muy probable que esa carga se transmita. Son los llamados «niños adultos», pequeños con mirada seria, que aprenden a contener lágrimas para no preocupar, a resolver lo que ni siquiera entienden, a ser útiles para merecer cariño. Y luego crecen. Y son adultos hiperresponsables, hiperexigentes, siempre disponibles para todos..., menos para sí mismos. No saben jugar, ni parar ni pedir ayuda. Porque en su sistema, detenerse es peligroso. Y relajarse..., una culpa. Heredan una vida vivida en función de lo que toca, no de lo que sienten. Y el cuerpo, tarde o temprano, pasa factura. Porque nadie puede vivir sosteniendo a todos... sin derrumbarse por dentro.

Cada historia no dicha, cada dolor mal cerrado, se convierte en una expectativa silenciosa. Y tú, sin saberlo, te ves viviendo una vida que no elegiste, cumpliendo un destino que no escribiste.

Y cuando una intenta cambiar ese papel asignado, aparecen las resistencias, las críticas, las miradas raras. Porque estás rompiendo con el contrato invisible. Estás traicionando al sistema. Y el clan, como toda empresa jerárquica, penaliza la desobediencia.

A eso súmale el momento en el que tus padres te reciben. Porque no es lo mismo llegar al mundo cuando tu madre está entera... que cuando está rota. No es lo mismo nacer fruto de un deseo profundo que de un descuido. Y eso, aunque no se diga, se nota. Se cuela en el vínculo, en la mirada, en los gestos, en lo que se permite y en lo que se evita.

Siempre me encuentro señoras con más de un hijo que explican la maravilla de hijo que tienen y lo comparan con otro que es un desastre. «No sé qué ha podido pasar, si los he criado igual». Mentira. A los hijos se les cría según el momento vital de los padres. Según su nivel de miedo, su nivel de estabilidad, su nivel de sombra, el género de los hijos y las circunstancias vitales.

No es lo mismo criar cuando estás en plenitud que hacerlo desde el cansancio, la tristeza o la carencia. Incluso siendo los mismos padres, cada hijo recibe algo distinto. Porque no es lo mismo tener un hijo después de años buscándolo que uno que llegó sin aviso, en mitad de una crisis de pareja o de una deuda que ahoga.

Si a tu padre acaban de echarlo del trabajo, si la nevera está medio vacía, si la ansiedad ya no lo deja dormir..., ese miedo se queda. Se imprime en la barriga de tu madre. En su manera de tocarte. En la manera en que luego ella misma se sostendrá, o no, mientras te cría.

Tampoco es lo mismo si naces con genitales masculinos o femeninos. Aunque nadie lo diga en voz alta, eso lo cambia todo. Porque en muchos clanes, lo femenino sigue teniendo un valor condicionado, al igual que en lo masculino unas expectativas de lo que es ser hombre. Lo que espera el clan de ti depende de lo que representas para su supervivencia.

Si eres niña, y naciste en una familia en la que las mujeres han sido las que sostienen, las que aguantan, las que reman, aun si se están desangrando..., entonces bienvenida. Acabas de heredar el mandamiento sagrado de la contención.

Si eres niño, y vienes de un linaje en el que los hombres han sido fríos, ausentes o proveedores emocionales fallidos, entonces tal vez el clan proyecte en ti el anhelo de «un hombre de verdad». Uno que proteja. Que no llore. Que resuelva. Que no se caiga. Que cargue con lo que otros no pudieron. Pero, ojo..., si lloras, si dudas, si eres sensible, entonces te convertirás en la decepción silenciosa de quienes esperaban otra cosa.

Y si encima eres la primera hija en un sistema que esperaba un varón, el mensaje es doble: no solo no eres lo que se esperaba..., sino que ahora, sin decirlo, tendrás que compensarlo. Y con tal de que te vean, probablemente obtendrás un rol masculino accionador, fuerte y rebelde que realce que el clan proyectó en el hijo que no llegó. Serás la valiente, la decidida, la que no se permite caer. La que no puede mostrar debilidad porque debe estar a la altura del hijo soñado. Y en el intento de compensar esa ausencia, te desconectarás de tu feminidad, de tu ternura, de tu necesidad de ser cuidada. Aprenderás a dar sin recibir, a resolver sin pedir ayuda, a endurecerte por dentro para demostrar que valías el lugar que ocupas. Y mientras tanto, seguirás buscando, inconscientemente, que alguien te mire y te diga: «Aunque no fuiste el niño esperado, estoy feliz de que hayas sido tú».

Estos mensajes no vienen en palabras. Vienen en gestos. En una mirada. En la diferencia de trato con un hermano. En lo que te exigen a ti, y lo que le permiten a él. En cómo te vistes, en cuánto puedes hablar, en lo que se espera que estudies, en lo que se te prohíbe soñar.

Y así, con todo eso encima, empezamos la vida creyendo que elegimos libremente. Pero no. Lo que hacemos es intentar encajar en el molde que el clan diseñó para nosotros. Porque el clan no quiere que seas libre. Quiere que seas útil para su supervivencia.

Por eso, cuando una empieza a mirar su historia con los ojos abiertos, no para buscar culpables, sino para entender el mapa..., algo cambia. Te das cuenta de que muchas cosas no empezaron contigo. Que muchas veces no eras tú la rota. Que simplemente te parieron en un clan roto.

Todo eso arma tu sistema de creencias. Como una especie de código fuente que luego rige tus decisiones. Qué eliges. Qué callas. Qué deseas. Qué toleras.

Y entonces, cuando una se enferma o se rompe por dentro, muchas veces no es porque «algo falla en ti», sino porque hay una incoherencia entre ese yo que mostraste al mundo... y lo que realmente eres. Hay incoherencia entre lo que piensas, lo que dices y lo que haces. Incoherencia entre la mente y el corazón.

Y si algo tenía claro era que yo ya no podía seguir cargando con unas gafas que no eran mías. Tenía que ver con mis propios ojos. Tenía que recordar mi visión. Mi verdad. Tenía que hacerme las preguntas que nadie me hizo. Y buscar las respuestas en los secretos del clan. Aunque eso doliera. Aunque eso me dejara sola. Aunque eso me expulsara del sistema.

Fue justo ahí, cuando empecé a despojarme de todo lo impuesto, que algo aún más profundo se reveló: muchas de esas heridas no eran nuevas, venían de mucho más atrás.

El trabajo de sombra y el transgeneracional

Cuando encontré la herramienta del transgeneracional sentí que por fin había encontrado la herramienta que daba sentido a mi historia, a mis síntomas, a mis decisiones y a todos esos hilos invisibles que me habían llevado una y otra vez al mismo lugar sin entender por qué.

Tenía tal sentido para mí que necesité saber cómo funcionaba y aplicarlo. Y como buena hija de mi padre, cuando algo se me mete entre ceja y ceja lo llevo al límite. Horas y horas de lecturas, documentales, pódcasts de autores que controlaban la herramienta: Salomon Sellam, Marta Salvat, Enric Corbera... Por supuesto, los creadores y grandes referentes en el campo: Bert Hellinger y Anne Ancelin Schützenberger.

De manera autodidacta me puse a integrar conceptos y a crear mi propio genograma...[1] ¿Por dónde empezar? La enfermedad era lo más urgente, pero para poder llegar allí, debía

1. Un genograma es una representación gráfica del árbol familiar que no solo muestra quién es quién, sino que expone los vínculos emocionales, los secretos, las repeticiones y los traumas heredados. Es mucho más que un árbol genealógico: es un mapa del inconsciente familiar, una cartografía que revela cómo los hilos invisibles de nuestro clan siguen vivos en nuestra piel, nuestros miedos y nuestras decisiones.

encontrar primero otras fuentes de conflicto. ¿A quién le debía lealtad en mi árbol y, a su vez, a quién eran ellos leales?

Entender la historia de mi árbol fue como darme cuenta de que toda mi vida había estado hablando un idioma sin tener ni idea de lo que decía. De pronto, cada pieza encajaba. Cada silencio familiar tenía un porqué. Y en medio de ese puzle, ahí estaba yo, doble reparadora, por partida doble. Por el lado de mi madre y por el de mi padre.

El doble transgeneracional puede aparecer de mil formas, y una de ellas es a través de la numerología. Las fechas de nacimiento y hasta de concepción son pistas que delatan hilos invisibles entre generaciones. En mi caso, nací en mayo, pocos días después del cumpleaños de mi madre y solo dos días después del de mi padre. Vamos, que era la heredera emocional de lo que ellos no pudieron resolver. El marrón que no sanaron ellos, me tocaba a mí.

En mi familia no se cuentan las miserias, porque las cosas que no se nombran, no existen. Mostrar vulnerabilidad era romper el código sagrado del clan. «Que no te vean llorar», me repetían una y otra vez. Y así lo hice. Hasta que el cuerpo gritó lo que yo no sabía decir.

Por parte de madre, vengo de una familia que tuvo una buena posición social en Baena. Eran una familia bien avenida, con servicio en casa y cierto prestigio, comodidades y buena posición económica. Mi abuela materna era la pequeña de cuatro hermanos y a los catorce años la prometieron con el joyero del pueblo. Pero decidió escaparse con mi abuelo, un hombre veinte años mayor que ella que trabajaba para su familia.

Se casó seis meses antes de cumplir los veinte años. Mi abuela eligió el amor antes que el confort, y eso nos pasaría factura a todos los descendientes. Por seguir a su corazón, fue desheredada y exiliada del clan. Su familia no aprobó esa relación y tuvo que renunciar a todo por amor.

Con aquella decisión comenzaría el verdadero exilio, una vida de miseria en el campo, donde la comida era escasa y sobrevivir costaba más cada día. Vivían en un cortijo que su propia madre le otorgó cerca de su casoplón, al mirar ambas fincas podías discernir la diferencia entre la opulencia maquillada y la resignación disfrazada de regalo. Porque su madre, esa mujer que venía de la nada pero que supo trepar casándose bien, una y otra vez, era ahora una señora altiva, clasista, que usaba el dinero como castigo. Que dejaba entrar a sus nietos a su casa solo para ponerlos a trabajar de criados y recordar una y otra vez a mi abuela: «Ahí viene la coneja». Porque, para colmo, desde sus veinte años hasta sus cuarenta y tres, mi abuela tuvo veinte partos, casi uno por año. Y, aunque en la cartilla de registro solo constan los trece que vivieron, mi tía mayor afirma que entre los vivos, nacían bebés que morían a los pocos meses. Veinte hijos a sus espaldas. Pariendo sola o con la ayuda de alguna vecina en un cortijo andaluz.

Aún hoy, en algunas sobremesas familiares, se sueltan comentarios como quien no quiere la cosa: «A la abuela la miraban y se quedaba preñá», y todos ríen. Risa ninguna. A mí no me hace ninguna gracia. Dudo mucho que una niña de dieciséis años soñara con quedarse embarazada una y otra vez, parir sola en un cortijo sin asistencia médica y ver morir a más de siete de sus hijos. Enterrados debajo de una encina envueltos con trapos suicidios. Dudo de que alguien elija ese destino con ligereza.

No era fertilidad, era una vida de miseria, sin elección, sin recursos, sin tregua. Y detrás de esa frase que ahora provoca carcajadas, hay una historia de dolor silenciado, de cuerpos usados como herramientas de supervivencia, de mujeres que criaban en duelo constante, mientras la vida seguía sin preguntarles ni siquiera si ellas querían seguir.

Y ahora la miro con nostalgia y deseo honrarla. Mi abuela era una mujer fría. Distante. Siempre lo fue. Nunca la vi llorar. Nunca la vi temblar. De esas que te acarician el pelo y al mismo tiempo te advierten con la mirada que no preguntes más de la cuenta.

Durante años pensé que era así por naturaleza, que simplemente no tenía la capacidad de ser cariñosa. Pero ahora sé que esa frialdad era su única coraza. Su forma de resistir al mundo después de haber sido exiliada por amor, abandonada por su propia madre y condenada a una vida de miseria por seguir su corazón. Era su modo de sobrevivir sin quebrarse del todo.

Porque si mostraba ternura, si abría el pecho, si confesaba que dolía..., ¿qué quedaba entonces de ella? ¿Quién la sostendría? Nadie. Ser frágil era un lujo que no podía permitirse. Así que se endureció. Se volvió eficiente. Incuestionable. Rechazando muy profundamente el riesgo de no ser una «buena mujer».

Y entonces entendí por qué aquella tarde en la que abrí la puerta prohibida, mi abuela me gritó con frustración que una buena mujer no hacía esas cosas. No era solo miedo a lo desconocido..., era la voz de todas sus renuncias hablándome. Porque para ella, ser una buena mujer era no repetir su error. No arriesgarse. No desear. No abrir ninguna puerta.

A veces pienso que en el fondo mi abuela creyó que había sido una mala mujer. No por huir, no por amar, no por parir veinte veces en la pobreza..., sino por no haber cumplido con lo que su madre, y el mundo, esperaban de ella. Si se hubiese casado con el joyero, con aquel prometido que representaba la estabilidad y el apellido, su vida habría sido otra. Más cómoda, menos humillante. Sin embargo, eligió el amor y con ello la desprotección y el desamparo, la miseria y la escasez.

Para ella, ser «buena mujer» fue algo que nunca pudo experimentar. Ser buena era no poner en peligro el sistema, adaptarse para no sufrir, servir para no ser expulsada. Y esa culpa..., esa culpa por haber elegido el deseo en vez del deber, la arrastró toda su vida e inevitablemente nos la heredó. Porque después de ella vinieron mujeres que dejaron de amar para no quedarse solas. Mujeres que aguantaron, que criaron sin ayudas, que se casaron por miedo y no se separaron por culpa.

Creo que, en el fondo, ella nunca se perdonó haber elegido el amor por encima del deber. Ni haber pagado tan caro ese atrevimiento. Nunca se perdonó perder el amor de su madre, ese que nunca volvió a mirar igual después de su decisión. Desde entonces, se convirtió en la hija descarriada, la oveja negra, la desheredada. Y cuando una madre te exilia, el castigo no se queda en ese momento. Se clava por dentro, se queda a vivir en ti y termina volviéndose culpa hereditaria.

Quizás por eso siempre decía que las niñas dábamos problemas. Porque ella los dio. Por querer ser. Por haber amado donde no tocaba. Por haber roto la norma. Y a veces pienso que esa frase, dicha en voz baja, no era un reproche a nosotras..., sino a sí misma. Una forma de recordarse que, si volvía a amar su deseo, la condena volvería a repetirse. Que ser mujer y desear, ser mujer y elegir, era la receta perfecta para perderlo todo. Así que nos enseñó a callar. A encajar. A no molestar. A no elegir nada que no estuviera bendecido por el clan. Y así, sin quererlo, nos dejó en herencia su miedo más profundo: la vergüenza de haber querido ser libre.

Aquello también me hizo entender que no era que mi madre no quisiera que yo fuese artista. Ni que me convirtiera en policía. Lo que no quería era que yo sufriera. Que me expusiera. Que me señalaran. Que viviera fuera del guion. No quería que me convirtiera en una mujer libre, porque en su sistema de creencias, ser libre era sinónimo de soledad, de castigo, de desprecio. Me lo dijo muchas veces, sin decirlo nunca: «Hazte la vida fácil». No porque creyera realmente que esa era la felicidad, sino porque la otra opción, la de ser tú misma, la de nadar contracorriente, le parecía una condena que ninguna madre debía permitir que su hija cargase con ella.

No me cortaba las alas por capricho, me las cortaba por amor. Un amor herido, distorsionado. Me quería tanto que prefería verme estable, aunque fuera en una vida que no era mía, a verme volar hacia un destino incierto.

Comprendí que mi lucha no era contra ella, sino contra todo lo que la moldeó. Contra las cadenas invisibles que atan a tantas madres a la idea de que proteger es controlar. Y ese día, en lugar de odiarla por no dejarme ser, empecé a perdonarla por no haber podido ser ella.

Até cabos y hubo algo que me llamó la atención y que siempre se repetía en mi familia: la edad que se llevaban mis abuelos. Cuando los médicos me diagnosticaron, me dijeron que por la sintomatología probablemente llevaba enferma unos siete años. Es decir, empecé a enfermarme a los veinte. Justo a los veinte. La edad de mi abuela cuando se casó y cuando empezó su vida de exilio. La edad en la que ella fue expulsada del clan y comenzó su descenso hacia la supervivencia. Como si, sin saberlo, mi Ser hubiera replicado aquel umbral. Como si a los veinte, mi linaje hubiera despertado en mí su propio duelo. En el transgeneracional lo llaman un programa de reparación.

Ese número, veinte, no fue casual. Era una coordenada. Porque a los veinte años también se casó mi madre, justo cuando tras una infancia en la que no hubo seguridad a ninguno de los niveles eligió como marido a un hombre que le ofrecía lo que más anhelaba: protección. Y a los diecinueve lo hizo mi abuela, después de haberse exiliado por amor a un hombre veinte años mayor, sin protección.

Ese mismo número que marcó la diferencia de edad entre mis abuelos, veinte años, se repite con una exactitud inquietante en los hitos más significativos del linaje femenino. Veinte, como una firma energética, como un sello que anuncia el inicio de un ciclo de renuncias.

En transgeneracional, esto se conoce como «síndrome del aniversario», un fenómeno en el que ciertas edades o fechas marcan la reaparición simbólica de traumas familiares. No es magia, es memoria inconsciente.

Nacida en ese contexto, mi madre eligió la protección antes que cualquier otra cosa. Mi padre no era un hombre de títulos ni estudios, al menos, no académicos, pero tenía todos los que la calle podía otorgar. Sabía resolver, guiar, sostener. Le ofrecía lo que su niña interna más necesitaba: sentirse segura y protegida. Pero esa protección también venía cargada de su propia sombra. Cuando era niño, a mi padre lo atropellaron. Salió de su cuerpo, se vio desde arriba rodeado de gente que trataba de reanimarlo, y despertó solo en una cama de hospital, donde pasó dos semanas sin ningún adulto que lo acompañara. Mi abuela no podía quedarse con él, iba a visitarlo cuando podía, pero en su ausencia, una mujer empezó a visitarlo cada día, a llevarle regalos, hasta que el día del alta dijo que era su madre y pretendió llevárselo. Imagina lo que eso significa para un niño que el único lazo afectivo en medio de un trauma resulte ser una desconocida. Mi padre jamás volvió a mostrarse vulnerable. Aprendió que sentir era peligroso, que depender de otros, era peligroso. Y así, sin querer, fue el pilar firme que mi madre necesitaba, pero también un muro que mantuvo a raya todo lo blando, lo emocional, lo vulnerable.

Y yo, heredera de esa búsqueda, renuncié a mi individualidad para tener una vida estable, aunque fuera una jaula. La herida de exilio se transformó en el mandato de permanencia. Y el deseo de libertad, en traición al clan.

Para ver cómo el síndrome de aniversario hace su magia a través de mi historia y la de mi clan, podemos ver que las edades de los hitos de bodas, intentos de divorcio y maternidades se repiten a las mismas edades, abriendo programas de reparación y lealtades hacia los dobles: abuela-madre e hija.

Cuando mi abuela tuvo a mi madre, tenía cuarenta y un años, el doble de veinte, la misma edad que tenía mi abuelo cuando fue padre por primera vez. Y a esa misma edad, a los cuarenta, a mi madre la operaron de urgencia. La vaciaron. Le quitaron la matriz. Y eso es una metáfora, un grito psicosomático.

En el transgeneracional, las enfermedades no son solo achaques del cuerpo; tienen un peso simbólico. Son bloqueos emocionales que se quedaron sin salida, llantos que nadie escuchó, exilios que nadie digirió, abusos silenciados, traiciones familiares que acabaron incrustándose en los órganos como último recurso para decir «aquí pasó algo». Mirarlas desde la psicosomática no es solo entender el cuerpo, es entender el drama que arrastra todo el árbol.

El cuerpo no traiciona, el cuerpo traduce. La enfermedad es el altavoz del inconsciente familiar. Y solo cuando nos atrevemos a descifrar ese mensaje con compasión, podemos empezar a soltar no solo nuestra propia historia, sino también la de todas las mujeres que llevamos dentro. Aquella matriz extirpada no era solo un órgano físico; era el grito de toda una línea materna pidiendo cerrar un ciclo. Le quitaron el lugar simbólico de la creación, el útero, la raíz. Justo a la misma edad de su madre cuando ella llegó al mundo, hija de una mujer que había sido exiliada por amor. Como si ese útero, roto por tantas historias sin resolver, ya no pudiera sostener ni un peso más. Como si se apagara el órgano en que dormía la memoria del clan.

Y no lo vi de golpe. Lo fui entendiendo poco a poco. Cada historia me devolvía una imagen mía. Y quizás por eso cuando decidí silenciar mi esencia, cuando quemé mis velas y escondí mis cuadernos, sentí esa mezcla tan extraña entre tristeza y alivio. Porque no era solo yo la que me estaba apagando, era una reparación torcida. Era mi intento de ser una «buena mujer», como hubiera querido mi abuela.

Por eso no fue casualidad que a los veinte el cuerpo empezara a gritar con aquella amigdalitis que no me daba tregua. Las amígdalas se inflamaban una y otra vez porque había demasiado que callar, demasiado que no me atrevía a decir. Era el momento exacto en que el linaje esperaba que yo eligiera, que repitiera o que rompiera, que me hundiera o que dijera basta. Y atrapada en mi programación y lealtad del clan, enfermé. Primero por el silenció y luego por el exceso de colágeno, inmovilizando, porque todavía no estaba lista para la otra opción: ser libre.

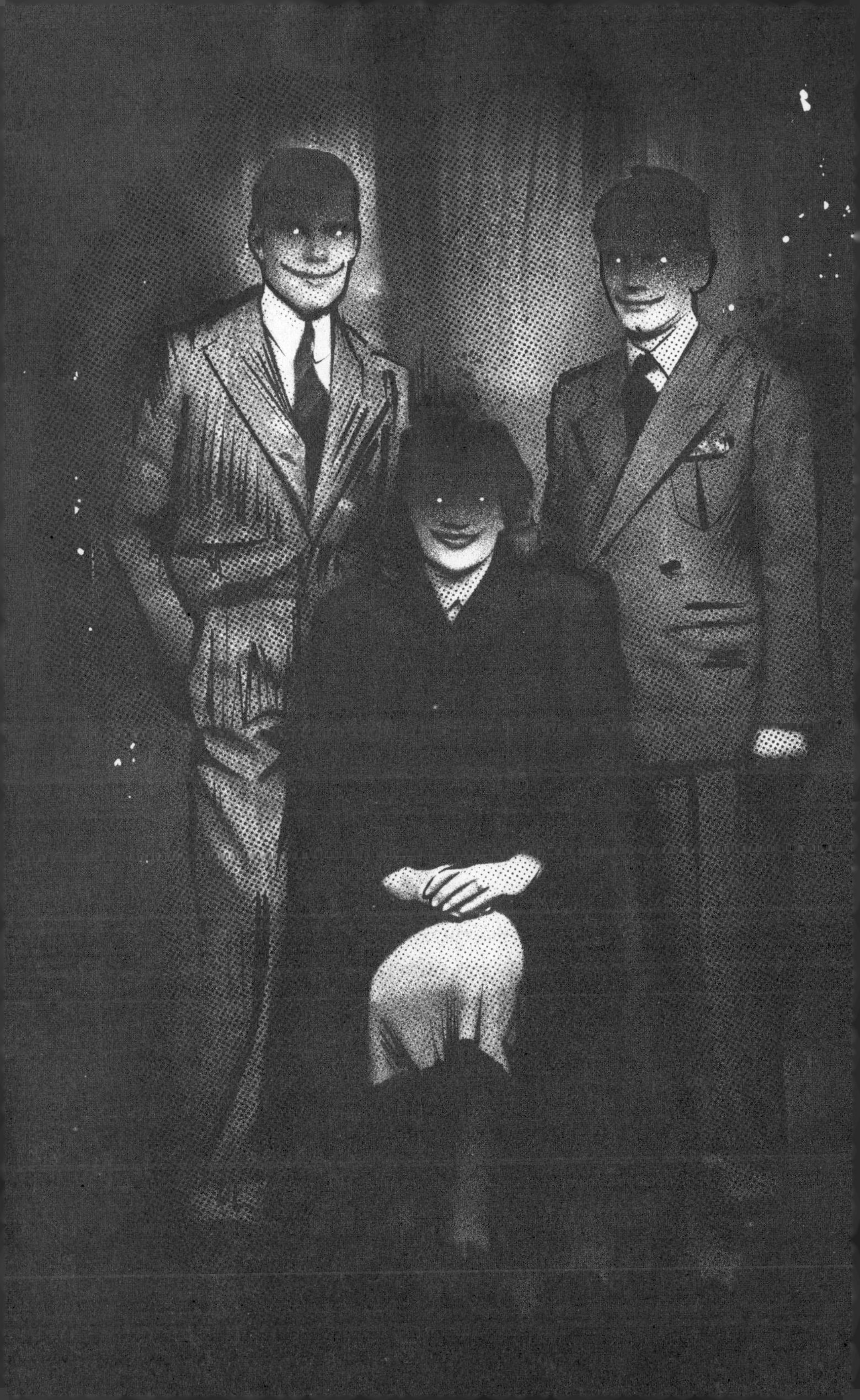

El trabajo de sombra y la kinesiología

La kinesiología me ayudó a ponerle cuerpo a todas esas repeticiones invisibles. Porque una cosa es entenderlo con la cabeza, conectar los puntos, darle forma narrativa a tu historia... y otra muy distinta es mover ficha con eso que ya sabes. No bastaba con reconocer que ese dolor no era solo mío, ni con honrarlo o envolverlo en palabras bonitas. La pregunta real era: ¿y ahora qué hago con todo esto?

Había que actuar. Cambiar hábitos, creencias, vínculos. Reprogramar todo lo que hasta ese momento me había dado una falsa sensación de estabilidad. Y eso significaba tomar decisiones incómodas, romper estructuras, dinamitar la vida tal como la conocía. Se trataba de saltar a otro nivel de conciencia.

Ahí la kinesiología se volvió un puente. Un lenguaje para dialogar con mi inconsciente a través del cuerpo. Esperaba que esta herramienta me ayudara a mover lo que ya había comprendido con la mente. A desbloquear el cuerpo, a entender el lenguaje inconsciente que hay detrás de cada debilidad muscular y cada órgano afectado.

Mi profesor, Joan, sin conocerme, podría hacer una lista de todos los demonios que habitan en mi inconsciente sin siquiera yo saberlo. ¡Aquello me causó mucha inseguridad y enfado!

Recuerdo que en clase Joan ponía ejemplos prácticos con los alumnos para comprender mejor el proceso, porque otra cosa no, pero entender la kinesiología es de máster. Mi actitud ya era casi desafiante. Cada clase que daba, Joan me sacaba algo nuevo, algo que no quería aceptar y que me avergonzaba que los demás supieran. Pues nada, como no estaba dispuesta a colaborar, y el universo responde a tus peticiones, en una de esas prácticas Joan decidió sacarme como ejemplo.

—A ver, Natalia, ven, vamos a hacer una práctica contigo —dijo con tono fresco.

«Lo sabía...», pensé mientras me dirigía con mala actitud a la camilla.

—Túmbate. Dime, ¿dónde sientes dolor? —me preguntó.

«¿Dolor? ¡Soy de piedra! —dije para mis adentros—. Cálmate...» E intentando ser colaborativa:

—Me duele la piel, me tira, como si tuviera cuerdas atadas en el cuerpo, un vendaje o mono de neopreno dos tallas menores. Tengo una patología que crea exceso de colágeno —le dije por decir algo.

—¿Cuándo apareció por primera vez la enfermedad? —preguntó Joan.

—Dicen que está activa desde los veinte años —contesté seria.

—¿Qué sucedía en tu vida a esa edad? —prosiguió.

—Mmmm..., no sé, nada en especial —le contesté sabiendo perfectamente qué ocurría.

—¿Puedes intentar hacer memoria? Es importante porque es el origen detonante —agregó.

Me puse tensa, como si fueran a destapar un crimen.

—Vale, tranquila, vamos a probar otra cosa. ¿Qué te impide hacer ese dolor? — preguntó.

—Pues... prácticamente todo. Me impide cocinar, peinarme, agacharme, moverme libremente... —dije con cierta inseguridad.

—¿Moverte libremente...? ¿Qué harías si pudieras moverte libremente? —quiso saber.

Me petrifiqué. Mi cuerpo se tensó y las pulsaciones comenzaron a aumentar, y noté un calor que venía desde el estómago. Decenas de pensamientos vinieron a mi mente en forma de bombardeo, apenas podía entenderlos, no sabía por qué estaba recibiendo toda esa información y no pude gestionarla. Me eché a llorar.

—Tranquila, estás en un espacio seguro —dijo Joan.

Esperé unos segundos para organizar la mente y ver cuál de esos pensamientos era el gran titular y el detonante de mi llanto.

—Me siento atrapada, siento que no puedo avanzar. Quiero echar a correr, pero me siento atada —conté entre llantos.

—¿Hacia dónde quieres ir? —me preguntó.

—Solo quiero estar en paz —seguía llorando.

Joan se quedó pensando unos segundos. Como terapeuta, y en un momento de máximo estrés para el consultante, es vital hacer las preguntas correctas para no acabar en un bloqueo mental.

—Tu piel es dura, extremadamente dura, como una armadura, como un vendaje o yeso. Esto nos indica que te estás protegiendo de algo, que estás... —Hizo el gesto de acariciarme el brazo, a lo que respondí esquivándolo—. ¿Ves...?, no te dejas amar.

—No me gusta que me toquen —le dije seria, muy seria.

—¿Por qué el amor duele, verdad...? —me preguntó con cariño

Y venga otra vez a llorar..., ¿qué cojones me pasaba? ¡Qué manía te estaba cogiendo, Joan!

—¡No me gusta el contacto y siempre se me ha reprochado! ¡No soy una persona cariñosa y no me gusta serlo, y punto! —respiré profundo—. Me tenso cuando alguien quiere abrazarme o darme amor... —Joan me interrumpió.

—¿Te tensas? ¿Cómo tu piel? —me dijo con aire de haber descubierto algo.

—Sí —contesté seca y harta de que atase tantos cabos.

—El ser humano es un ser sociable y experimenta el amor a través de muchos factores, pero uno de ellos es el contacto. Y si no hay otros problemas, tocar, besar y abrazar a tus seres queridos no debería ser motivo de tensión, Natalia... —me explicó mientras lo interrumpí.

—Bueno, es que tampoco pienso que no sea cariñosa, beso y abrazo a mis hijos y no me siento incómoda —le dije medio enfadada y con aire burlón.

—¿Y con quién te sientes incómoda? —me preguntó sabiendo que había dado en la clave.

Y venga perico al torno, de nuevo, llanto-babas-mocos. Esperó un rato a que pudiera tomar aire.

—¿Crees que puedes contestar? —me animó.

—Sí —dije sin poder mirarle a la cara—. Con mi marido y mis padres —añadí avergonzada mientras intentaba apaciguar mi dolor.

Miré a mis compañeros y compañeras. Muchas de ellas, tenían lágrimas en los ojos, lágrimas de empatía y amor que me ayudaron a recomponerme.

—¿Entiendes por qué sientes la piel así? ¿Ves la relación con la creencia limitante de no poder moverte y el amor?

La sala quedó en silencio. Sentía todas las miradas puestas en mí y, aunque me sentía vulnerable, algo en mi interior empezaba a soltarse.

—No sé..., creo que sí... —respondí entre sollozos, tratando de conectar las piezas que Joan estaba uniendo frente a mí—. Es como si..., como si mi cuerpo hubiera creado esta barrera física para protegerme del dolor... —me quedé pensando—, del dolor que siento por... no poder Ser —dije aliviada.

Joan asintió con suavidad, dándome espacio para procesar mis pensamientos.

—¡Es que no sé qué hago aquí! ¡No siento que sea mi sitio! ¡Jamás lo he sentido! No me siento cómoda con el círculo social que tengo, ¡no tienen nada que ver conmigo! ¡Es todo, una mentira! ¡Una mentira, Joan! —comencé a entrar en pánico.

Joan puso la mano encima de mi pecho para tranquilizarme.

—Natalia, necesito que te calmes. A veces nuestro cuerpo refleja lo que nuestra mente y corazón no saben cómo manejar.

Tu piel, esa rigidez que sientes, es una manifestación física de una necesidad profunda de protegerte, de mantener a los demás a distancia para evitar ser herida. Esa herida también te ha ayudado a construir lo que ahora tienes, pero esa construcción no es consciente, forma parte del ego, forma parte del dolor.

Me quedé en silencio, intentando no perderme en esa maraña de emociones que empezaba a aflorar. Las palabras de Joan comenzaron a hacer eco en mi mente. ¿Era posible que todo ese dolor que sentía, esa rigidez, fuera algo más que solo una cuestión física?

—No es casualidad que tu dolor te impida moverte libremente, tanto física como emocionalmente —continuó Joan, observando mis reacciones—. Tienes derecho a sentirte segura, a protegerte, pero también tienes derecho a ser libre, a vivir sin esas ataduras invisibles. A veces necesitamos reconocer y soltar esas armaduras que hemos construido para poder avanzar y permitirnos recibir lo que realmente precisamos: amor, apoyo, conexión... y paz.

—Pero eso significa que tengo que romper con todo, y no puedo —repliqué casi susurrando como si no tuviera fuerzas ni para verbalizarlo.

—¿Qué te lo impide? —me preguntó serio.

—La lealtad —contesté segura.

—La lealtad te está matando —dijo casi molesto—. Mírate. Los valores que tenemos no son válidos si no están en concordancia con lo que hacemos y sentimos.

Me quedé reflexionando y di con la llave.

—La lealtad la estoy basando en la creencia que tengo sobre la familia y la pareja... —afirmé mirando a la nada.

—Y el cuerpo y la mente te lo están mostrando. No puedes quedarte en el lugar en el que has enfermado —respondió con una sonrisa compasiva, complacido por ver que había integrado el proceso.

Las lágrimas seguían cayendo, pero esta vez no eran solo de tristeza o frustración, sino de una especie de alivio. Era como si, por primera vez en mucho tiempo, alguien estuviera hablando directamente a mi alma, tocando esa parte de mí que había estado gritando y pidiendo ayuda en silencio.

Joan no dijo nada más en ese momento, y dejó que mis emociones hicieran su trabajo. No había necesidad de más palabras. Lo que había dicho era suficiente para que entendiera que la rigidez en mi piel, en mi cuerpo, era solo una parte de la historia. La otra parte, la más importante, estaba dentro de mí, en mis miedos, en mis creencias, en esa barrera que había levantado para protegerme, pero que ahora me estaba aprisionando.

Respiré hondo, sintiendo el aire llenar los pulmones con una nueva claridad. No sabía cómo, pero algo me decía que este era el comienzo de un cambio. Quizás no sería fácil, quizás me llevaría tiempo, pero ahora entendía que la verdadera liberación no vendría solo de tratar mi piel, sino de empezar a desarmar esas barreras emocionales que había construido.

—Gracias... —susurré, sin estar segura de a quién le daba las gracias. Tal vez a Joan, tal vez a mis compañeros, o tal vez a mí misma por finalmente permitirme abrir esa puerta.

Joan me sonrió con calidez, y tras aplicarme el testeo muscular y reequilibrar mi cuerpo y mi mente, me levanté de la camilla. Sentí una oleada de apoyo de todos los que estaban en la sala. No estaba sola en este camino, y en sí mismo eso ya era un gran paso hacia la libertad que tanto anhelaba.

Y entonces supe que algo tenía que romperse.

Una nueva era

Deconstruí mi avatar. La identidad que había construido con esmero, ladrillo a ladrillo, se desmoronó delante de mí. Ese avatar no era falso, era mi mejor intento de encajar. Pero ya no podía seguir viviendo para sobrevivir. Ahora quería vivir para Ser, aunque fuera por poco tiempo.

Esto me causó un terrible dolor y a su vez un gran alivio. Ver que todo lo que fuiste no era un error, sino un peldaño necesario, tiene al mismo tiempo algo de triste y algo de hermoso. Fue duro asumir que la vida que había levantado con tanto empeño, en la que creí que sería feliz, no estaba alineada con lo que realmente era. Y más duro aún fue darme cuenta de que para sostenerla arrastré conmigo a las personas que más amaba. Sabía que todo lo que había construido debía ser derrumbado, porque si no lo hacía y caía por su propio peso, me hundiría en mis propios escombros.

Así que, en 2021, tras dieciséis años de relación y nueve de matrimonio, me vi con fuerzas para tomar la decisión más difícil de toda mi vida: divorciarme. Esa Natalia que alguna vez sintió que encajaba en el sistema de creencias del clan, ahora se sentía extraña en su propia piel, dura, vacía. Ya no resonaba. Ya no creía. Ya no quería pertenecer. Porque lo que estaba emergiendo de mí no cabía en aquel molde.

Comprendí que no podía amarme ni amar en un escenario del cual ya no formaba parte, y esto era muy injusto tanto para mí como para la persona con la que compartí tanto tiempo. Se merecía a alguien que la amase por quien era, alguien que compartiera su misma visión de la vida y que estuviera dispuesta a acompañarla en su camino, y estaba claro que yo ya no era esa persona. Nunca lo fui del todo. Había confundido comodidad con amor, estabilidad con felicidad. Me había contado que aquello bastaba, que era suficiente, mientras dentro de mí la esencia pedía a gritos algo más profundo, más libre, más verdadero.

Aunque consciente, el divorcio fue un parto sin epidural. Me rompí en mil fragmentos. Pero también fue el acto de amor más grande que he hecho. Porque a veces, amar de verdad es saber soltar cuando ya no puedes sostener. No aferrarte a lo que fue, sino honrarlo y dejarlo ir.

Fueron muchos meses de tristeza y desgarro. De desenredar miserias, de hablarme hasta el agotamiento, de enfadarme con todo y con todos, sobre todo conmigo. Cada cajón que abría dejaba al descubierto otros dos y esos dos, otros más, como si el alma fuera un laberinto infinito lleno de puertas que no recordaba haber cerrado. ¿Cuándo se termina? ¿Cuándo se siente alivio?

Pero a pesar del cansancio, seguí. Porque una vez que ves, ya no puedes desver. Y con cada capa que quitaba, con cada herida que dejaba de negar, algo empezaba a tomar forma. Algunas heridas se fueron cerrando. Otras, al menos, ya sabía que estaban abiertas.

Y tras romper todo patrón, tras atravesar la sombra y vivir el duelo más crudo, algo comenzó a pasar. No solo dentro de mí, también en mi cuerpo. Como si cada célula empezara a respirar diferente. Como si la verdad, mi verdad, tuviera el poder de reescribir mi biología. Los médicos ya no hablaban de trasplante de pulmón. Ni siquiera del autotrasplante de médula que teníamos como plan B. Poco a poco, mis valores pulmonares mejoraron. Volví a respirar con fuerza. A cerrar las manos sin dolor. A caminar con naturalidad sin tener que masajearme los pies por las mañanas. La piel cedió, como si el colágeno que me aprisionaba entendiera que ya no necesitaba protegerme.

Cuando mis creencias, mis pensamientos y mis acciones por fin dejaron de pelearse y empezaron a hablar el mismo idioma..., todo empezó a cambiar. No de un día para otro, aún estoy en camino, pero poco a poco, las mejoras son asombrosas.

Y cuando la niebla se despejó un poco, surgió una pregunta que me quemaba por dentro: ¿era realmente posible que la mente pudiera influir tan profundamente en el cuerpo? ¿Puede realmente cambiar la biología con la fuerza de la conciencia?

Mi experiencia parecía decir que sí. Pero aún no encontraba todas las respuestas.

Capítulo VI

Recuerdo desbloqueado del más allá

Antes de aceptar que la mente podía sanar el cuerpo, tenía que averiguar si otras realidades también podían ser ciertas: mis experiencias paranormales. Porque si me atrevía a validar una verdad invisible solo por haberla sentido en el cuerpo, ¿por qué iba a negar la otra que también me había atravesado, aunque no encajara en ningún marco lógico? ¿Dónde estaba la línea que separa la certeza de la imaginación, lo vivido de lo que me cuento para sobrevivir? ¿Qué parte era intuición y qué parte era miedo o autoengaño? Algo dentro de mí siempre lo supo, pero solo ahora estaba preparada para mirar esas vivencias sin juicio. Empezaba a entender que la coherencia no era solo entre lo que pienso y lo que hago, sino también entre lo que siento y lo que me permito creer.

Me daba miedo. Lo reconozco. Me daba miedo caer en la fantasía, usarlo como un nuevo disfraz espiritual para no mirar lo que todavía dolía. Pero, al mismo tiempo, algo en mí susurraba que ese canal, ese «otro lado», siempre había tenido algo que decirme, pero ¿qué? De repente, entre tantas experiencias, una sobresalió y vino a mi recuerdo.

Tenía cinco o seis años. Estaba en el salón de casa viendo la película *La cenicienta*. Recuerdo perfectamente la escena. Los ratones le estaban haciendo el vestido, y una ratoncita cantaba mientras estiraba un metro de costura: «Cinco, seis, siete... y ocho», decía con su vocecilla aguda.

Y en ese momento, algo se activó en mi cabeza. «¿Cuándo llegaré a tener ocho años?», pensé. Siempre quise ser mayor. Más autónoma, más libre. Ansiaba llegar a esa edad que, en mi mente, traería la libertad absoluta. Por eso pasaba el tiempo imaginándome de adulta, deseando que llegaran los cumpleaños solo para ver pasar la infancia como si fuese una fase incómoda que había que superar.

Pero justo en medio de ese pensamiento, recibí una respuesta: «Llegarás a tener treinta y dos años». Y no, no vino de mi mente. Era otra cosa. ¿Alguna vez has tenido un pensamiento respondido por una voz que no es tuya? Una certeza que llega de la nada, como si el universo te hablase en silencio. Así fue.

Esa frase se quedó tatuada en mi memoria. Aquella sensación me impactó tanto que esperando a los treinta y dos, la recordaba en cada cumpleaños. Pero cuanto más crecía, más miedo me daba. ¿Y si esa frase era una sentencia? ¿Y si los treinta y dos eran el final? Cada cumpleaños empezó a doler un poco. Soplar las velas era un recordatorio de que el tiempo avanzaba..., y que se acercaba «esa» edad.

Y entonces, claro, cuando me diagnosticaron estaba a punto de cumplir veintinueve, y ese recuerdo vino en el momento, y me dije: «En tres años me muero. Justo como decía mi predicción». Le daba vueltas en la cama del hospital, en silencio, sin compartirlo con nadie. Creí que moriría.

Pero no morí, ahora tenía treinta y dos años y estaba viva. ¿Qué fue aquello entonces?, me pregunté.

Entonces volvió a pasar, tras ese pensamiento, me vino a la mente una voz externa que me dio la respuesta: «Sí, moriste, pero no físicamente».

La misma sensación de estar conectada con algo más que los sentidos, puedes ver por un microsegundo, esa sensación te hace sentir como si fuera una unificación con el todo y la nada.

«Sí. Morí», repetí lentamente con los ojos como platos.

Sentía alivio y paz, claro que morí, pero no como yo imaginaba, morí espiritualmente. A los treinta y dos rompí con todo. Me elegí, costase lo que costase. Y renací. Esa fue mi muerte, una que me dio vida.

Eché la vista atrás, y para buscar más validez y de nuevo esa sensación de verdad, comencé a hacer un riguroso estudio de todas mis experiencias. Aquello me dio más fuerza para darle un voto de confianza a mis experiencias. Pero aún necesitaba una prueba, una validación que no viniera de dentro. Una persona externa que me dijera: «Sí, lo que viviste fue real».

Así que hice algo que me costó mucho: pedí ayuda. Llamé a mi tía Fina. La recordaba vagamente hablando de «cosas raras» que le pasaban en casa de la abuela, y creí que, tal vez, si alguien podía entenderme sin juzgar era ella. Sentía miedo, pero más miedo me daba seguir dudando de mí.

Le conté todo. Mi sensación constante de estar habitada por algo invisible. Las respuestas que no buscaba y que me llegaban solas. La predicción de los treinta y dos, la muerte simbólica...

No hizo falta insistir demasiado. En cuanto sintió que hablaba desde la verdad, me contó una de las experiencias que vivimos juntas:

Estábamos en casa de la abuela. Yo tenía tres o cuatro años y afirmaba constantemente ver a un señor en la cocina. Me contó que lo describía con detalle; la ropa, el rostro, los actos y hasta la voz. Me contó que le llamó mucho la atención cuando asustada, le decía que aquel hombre me daba miedo porque hablaba, pero no movía la boca, «hablaba en el aire», le decía.

Al parecer, este señor quería darme caramelos siempre que

lo veía, y yo con las lecciones bien aprendidas jamás aceptaba nada de extraños. Así pues, cada vez que veía al señor en la cocina, me dirigía al primer adulto que viera por la casa para pedir permiso y coger los caramelos. Podéis imaginaros la cara de espanto y sorpresa de mi familia que siempre iba a comprobar que allí no había nadie. La última vez que ocurrió, mi abuela, harta de escucharme, me abofeteó.

Cuenta mi tía que fui a buscarla desconsoladamente, y que, ante aquel acto, tomó la decisión de abrir un álbum de fotografías familiares para comprobar si reconocía al hombre de la cocina. Y pese a que en las fotografías había muchas personas, no tardé en señalarlo muy firmemente. Cuenta mi tía que se le escurrieron las lágrimas de la emoción. El hombre que yo señalaba era su padre, mi abuelo, al que jamás conocí. Ella me cuenta que me sostuvo un rato en brazos y consoló mi llanto excusando a mi abuela por golpearme.

—La abuela se ha puesto nerviosa, cielo. El abuelo siempre estaba ofreciendo caramelos —dijo.

Recuerdo emocionarme al volver a escuchar aquella historia. ¿Cómo te habías olvidado de ti, Natalia? Mi mente se había adormecido, como un borracho que no recuerda del todo qué pasó la noche anterior. Me sucedió lo mismo con aquellas experiencias paranormales, las recordaba, sí, pero era como si estuviesen escritas en un idioma que ya no sabía leer. Como si una parte de mí las hubiera envuelto en bruma para poder seguir adelante. Estaba disociada. Desde los veinte hasta el diagnóstico. Como si mi conciencia hubiera cerrado la puerta a todo lo que no encajaba en la vida que había elegido por inercia. Y fue en ese momento, al oírla a ella, que algo se desbloqueó. Como si una parte de mí hubiera estado esperando esa llave todo este tiempo.

Me tomé un rato para asimilar aquello, y tras aquel recuerdo desbloqueado empecé a enlazar todas y cada una de las experiencias parecidas que he tenido. Comencé a escribirlas una tras otra, hasta encontrarme más de cien manifestaciones y premoniciones, entre otras muchas, que había vivido durante toda mi vida. Pude ver que no todas las experiencias tenían el mismo origen, ni la misma densidad ni la misma magnitud, así que me propuse etiquetarlas de manera que pudiera vincular su origen espiritual, el tipo de entidad manifestada, el mensaje y lo que tenía que ver conmigo en ese momento terrenal. Pero ¿de dónde sacaba esas etiquetas? ¿Cómo iba a clasificarlas? ¿De dónde sacaba la terminología para hacerlo? Solo había libros que hablaban de ángeles, seres de luz, guías, ancestros que bajan mensajes con amor... No existía. No existía en ninguna parte nada que hablase de lo que yo había y seguía viviendo. Dejé a un lado el juicio de nuevo y comencé a aceptar que no tenía manifestaciones con esos seres. Así pues, me propuse crear yo misma esas etiquetas.

Capítulo VII

Religión y espiritualidad

Ponerle etiquetas a algo no es tan fácil como parece. Al final, etiquetamos para eso, para intentar ordenar lo que no entendemos, hacerlo manejable, sentir que tenemos cierto control sobre lo que nos sobrepasa. Pero para poder etiquetar, primero hace falta un lenguaje que lo nombre, una estructura que le dé forma y le otorgue sentido. ¿Cómo le pones nombre a algo que nunca nadie ha nombrado? ¿Cómo encasillas una experiencia que no cabe en ninguna categoría conocida?

Lo que más a mano tenía para referirme a estas entidades era la religión. La etiqueta más próxima que conocía era la palabra «demonio». Al final, estas cosas se parecían bastante a lo que salía en las películas: seres que se manifestaban en sueños, con un carácter perturbador, denso, a veces directamente hostil. Pero más que considerar que aquello era *un demonio* en el sentido literal o religioso, me centraba en lo que esa palabra representaba. No era tanto el término en sí, sino el adjetivo implícito que traía consigo: oscuro, invasivo, distorsionador. Esa palabra era la única que evocaba mínimamente lo que yo sentía al vivir esas experiencias. Y, aunque sabía que no era del todo exacta, me servía como contenedor simbólico de lo que no podía entender ni nombrar de otra forma. Porque cuando no hay lenguaje, cuando no hay referentes, lo que queda es el miedo. Y el miedo siempre necesita una forma para poder sobrevivirlo.

El concepto del demonio, como lo entendí en mi infancia, fue uno de esos puntos clave que caló profundamente en mí. En mi mente, el demonio no era una figura abstracta, sino algo con forma y propósito, algo tangible y real que acechaba en las sombras. Y fue justamente a través de esa figura que empecé a construir mis primeras creencias, de forma inconsciente. Acepté que todo lo malo, lo oscuro, lo temido, tenía una raíz «demoníaca». Pero ¿por qué había algo tan oscuro en mí?

La religión cristiana retorció por completo el concepto de «demonio». En sus raíces griegas, el «daimón» no tenía nada que ver con el mal, eran fuerzas intermedias, ni divinas ni humanas, que influían en la vida y en el orden del cosmos. Pitágoras los veía como guías espirituales, Sócrates hablaba de ellos como esas voces internas que le marcaban el camino y para Platón eran algo así como mensajeros entre dioses y humanos, portadores de conocimiento y sabiduría. Pero con la llegada del cristianismo, sobre todo a partir del Nuevo Testamento, todo eso se tergiversó. Los daimones pasaron a ser demonios, siervos del mismísimo Satanás. Así, lo que antes era neutral o incluso positivo, terminó convirtiéndose en el símbolo máximo del mal, clavado en esa narrativa cristiana de pecado, redención y guerra eterna entre luz y oscuridad.

Mi relación con el cristianismo fue algo curioso. No era de esas familias que iban a la iglesia todos los domingos, pero a mi madre la fascinaban las iglesias, en las que sentía paz. Yo sentía una emoción y necesidad de sabotear esa paz otorgada de manera casi demoníaca. Me revelaba ante ello. Creo que no me gustaba verla sumisa ante nadie y mucho menos ante un ente que ni siquiera existía.

Una mañana de paseo, al entrar en la iglesia, y como siempre hacía, con un gesto inconsciente mojó el dedo en el agua bendita, me lo puso en la frente y trazó una cruz. Yo trataba de resistirme. No me gustaba esa sensación, sobre todo porque no comprendía por qué, siendo ella la que más me protegía, confiaba tanto en algo externo para sentir esa protección. Ese día me quedé a su lado, forzándome a escuchar el sermón del cura, y en cuanto comenzó, empezó a picarme la piel de la frente. Creyendo que simplemente me estaba limpiando el agua, mi madre me regañó y me bajó los brazos con fuerza. Me picaba, insistí. Pero ella abrió los ojos como platos cuando vio lo que estaba pasando. Donde me había puesto el agua en forma de cruz, la piel comenzó a enrojecerse. Alarmada, lo interpretó como un signo de «maleficio» por mi resignación. Creyendo que algo malo estaba sucediendo, que yo estaba siendo atacada por algo oscuro, por algo demoníaco, su mirada se llenó de miedo.

Esa experiencia quedó grabada en mi memoria como una señal, aunque por entonces no entendiera muy bien por qué. Solo recuerdo el miedo, la vergüenza y esa sensación de haber hecho algo malo sin saber exactamente qué. Pero, a su vez, eso me encantaba. Ir en contra de lo bueno o lo normativo era mi estilo, y lejos de acojonarme por pensar que podría estar poseída, me fascinaba la idea. Quizás porque, en el fondo, siempre sentí que lo prohibido tenía un magnetismo especial, algo que la historia misma se encargó de alimentar, el relato del cristianismo es también la historia de cómo se demonizó todo lo que no se entendía. Las cacerías de brujas no fueron solo un linchamiento de mujeres, fueron un plan meticuloso para borrar lo que no se podía controlar. Conocimientos antiguos, prácticas naturales, la conexión con los ciclos, el cuerpo y los elementos..., todo lo que se escapaba a la lógica patriarcal o no encajaba en el orden religioso se tachó de peligroso y, por lo tanto, de maligno.

A esas mujeres las llamaron brujas. Pero eran sanadoras, comadronas, sabias, mujeres libres. En un mundo gobernado por el poder masculino e institucional, su autonomía era una amenaza. Así las convirtieron en el símbolo del mal. La bruja terminó fundida con la imagen del demonio, alimentando un miedo colectivo que sirvió para sostener el orden. La Inquisición no solo cazaba herejes, cazaba todo lo que se salía del guion. Lo distinto, lo invisible, lo incomprendido fue destruido o ridiculizado. Y así se construyó un relato en el que lo que no seguía el dogma debía desaparecer. No porque fuera malo, sino porque no podían someterlo.

Cuando se demoniza a alguien o a algo, se le proyecta un poder que no es suyo. Se lo convierte en chivo expiatorio. La bruja no daba miedo por lo que hacía, sino por el eco que despertaba, autonomía, intuición, poder interior, vínculo con lo invisible. Lo que el sistema no podía tolerar no era ella, el problema era lo que ella reflejaba.

Y entonces comprendí mis propias sombras, esas que durante años quise esconder o castigar. No eran maldad, eran partes de mí que también habían sido expulsadas por no encajar en el molde.

Con este marco, religioso, moral, racionalista, no sorprende que cuando una vive fenómenos paranormales hostiles, lo primero que haga sea llamarlos así: demonios, castigo, posesión. No porque lo sean. Sino porque no tenemos otro lenguaje para nombrar lo que se escapa a la razón.

Durante mi adolescencia intenté comprender lo que me ocurría, pero estaba atrapada en ese lenguaje heredado. Sin herramientas, sin referentes, sin espacios seguros en los que poder explorar lo que vivía sin ser juzgada. Nadie hablaba de estas cosas. Y cuando lo hacía, era desde el miedo o la burla.

Así nació una pregunta que me quemó durante años: ¿y si lo que experimento… es una posesión?

Y no era que quisiera creerlo. Es que no tenía otra opción. Porque desde el paradigma cultural que nos han enseñado, lo inexplicable solo puede tener dos explicaciones: locura o maldad. Y justo cuando por fin empezaba a abrirme a nuevas respuestas, recordé algo que en vez de ayudarme casi refuerza el miedo…

La cruz del exorcista: historia personal

Hacía pocos meses que me habían diagnosticado, y como quien se agarra a un clavo ardiendo decidí escribir. Crear algo que me ayudara a digerir todo aquello. Abrí un blog y lo llamé *Una madre rara*. Sin ninguna pretensión. Solo necesitaba un lugar para vomitar mis miedos y tal vez, con suerte, encontrar a alguien que también estuviera nadando en el mismo mar. Y funcionó. Empecé a conectar con personas en mi situación, con profesionales de la salud, terapeutas holísticos, pacientes y hasta me invitaron a hablar en entrevistas, radios y eventos. Fue bonito. Me sentí útil. Sentí que tenía voz.

Hasta que llegó él.

En agosto de 2018 me citaron para hablar de mi enfermedad en un programa de radio para contar mi experiencia con el diagnóstico y mi manera de ver la vida en ese momento. Cuando acabó la entrevista, el presentador, como buen periodista, se había leído el blog de arriba a abajo poniendo especial atención en un artículo titulado «la parálisis del sueño».

Escribí ese artículo en un contexto que, a primera vista, parecía no tener mucho que ver. Mi blog nació como un espacio para recoger memorias y emociones vinculadas a mi proceso con la enfermedad, una especie de cuaderno de bitácora emocional. Sin embargo, en ese mismo camino, en algún momento sentí la necesidad de incluir estas experiencias más alternativas, más simbólicas. No fue casualidad. En el fondo sabía por qué lo escribía, aunque no era del todo consciente del propósito o las expectativas que había detrás. Solo sentía que formaba parte de algo más grande. Algo que, pese a no poder explicar del todo, tenía sentido en el hilo invisible que unía mi cuerpo, mi historia y aquello que me rodeaba. Y si bien intenté mantenerme neutral, sin afirmar ni negar, había una parte de mí que ya intuía que todo estaba conectado.

El caso fue que el artículo llamó su atención y quiso indagar más sobre qué opinaba yo y mis experiencias. Al parecer, el periodista acababa de venir de un viaje revelador directo del Vaticano que cambió su perspectiva ateísta por una teísta. Ahora era fiel creyente del cristianismo. Aseguraba que esta nueva percepción se debía a una serie de experiencias vividas allí en unos rituales de exorcismo en vivo, en los que afirmó ver cosas que jamás creería. Su fe era tal que consideró que esta podría ayudarme. Me dijo que mi enfermedad era el detonante de algo maligno y que estaba poseída. Mi expresión facial cambió por completo, y el ayudante del presentador, que estuvo presente en todo momento, lo notó enseguida.

—Bueno, son creencias; cada uno tiene las suyas... —dijo, restándole importancia al asunto.

—¿Crees que estoy poseída? —le pregunté, con un tono cortante, mirando directamente al presentador.

—¿Me dejas probar algo? —me pidió con calma—. Cierra los ojos y pon las manos en la espalda.

Esperando un gesto que me ayudara a tomar una decisión, fijé la mirada en el ayudante. Estaba entre reírme de sus creencias o salir corriendo con una patada voladora, pero, sorprendentemente, me quedé paralizada y obedecí. Con los ojos cerrados, pero los oídos bien abiertos, noté cómo rebuscaba en una mochila, y poco después me colocó un objeto pesado en las manos.

—¿Qué sientes? —me preguntó.

—Nada —respondí seria.

Palpé el objeto. Era frío y pesado. Parecía tener grabados en su metal. Al instante, abrí los ojos y observé el objeto que sostenía.

—¿Qué es esto...? —le pregunté alzando la mirada con una ceja levantada.

Sabía perfectamente qué era, pero no podía creer lo que acababa de hacer.

—Es la cruz de un exorcista, traída directamente del Vaticano —dijo, orgulloso.

—Ajá, ¿y cuál es el objetivo? —pregunté, vacilante.

El presentador comenzó a exponer sus puntos de vista, y a medida que su discurso se alargaba, mi expresión se tornaba más incrédula. Por suerte, el ayudante pareció darse cuenta y cortó el discurso del presentador lanzando un salvavidas a mi favor.

—Bueno, a veces la realidad supera la ficción, y estas cosas pues nunca se saben... —dijo un tanto confundido.

—Ya... —asentí algo indignada.

—Toma, aquí tienes la tarjeta del padre Bartolomeo. Es un gran exorcista y creo que podría ayudarte —dijo sonriendo.

—Lo llamaré, al menos para un café —respondí incómoda y con un tono medio burlón.

Cogí mis cosas, le agradecí su tiempo y me marché.

Aquella experiencia me enfadó profundamente. La detonación de mi ira surgía, principalmente, de la injusticia y del escaso respeto que mostraba aquella persona hacia mis circunstancias. En primer lugar, no le había pedido su opinión, y claramente no estaba preparada para recibirla. En segundo lugar, ¿cómo se atrevía a darme lecciones sin tener idea de por lo que estaba pasando? ¿De verdad me estaba sugiriendo que mi enfermedad se curaba con un exorcismo? O sea, *whaaat*? Me sentí atrapada en una burbuja de incredulidad, con una mezcla de frustración y asombro. La insensibilidad de su comentario me dejó sin palabras; como si el simple acto de creer en algo pudiera borrar la realidad de mi sufrimiento. La falta de empatía me resultó desconcertante, y no pude evitar preguntarme cómo alguien podía ser tan ciego ante el dolor ajeno.

La situación me hizo reflexionar, sobre todo, en el origen real de mi enfado. ¿Es que no pararía nunca de volver a aparecer? Cada vez que creía haberme olvidado de todo aquello, la vida me ponía experiencias y personas que me lo recordaba una y otra vez.

Aquella experiencia me removió durante semanas. No por lo que insinuó, sino por lo que despertó en mí. Porque, aunque me ofendí, una parte de mí... dudó.

Y ahí entendí algo importante. No era la cruz lo que más me incomodaba, era mi miedo. Porque algo me perseguía desde pequeña y me había acompañado en los momentos más oscuros, ¿y si eso no se iba?, ¿y si tenía razón?

Realmente, aquel hombre tenía y no tenía razón. De alguna manera y tras mi experiencia, me he dado cuenta de que todos hablamos de lo mismo desde distintos sistemas de creencias. Los practicantes lo llaman magia, los escépticos lo llaman casualidad, la ciencia lo llama física cuántica, la religión lo llama fe. Y en el fondo, todos estamos buscando lo mismo: sentido, pero ¿puede tener sentido si no se puede demostrar?

Capítulo VIII

Espiritualidad frente a ciencia

Remángate Mariana, que se viene capitulazo…

Durante mucho tiempo intenté encajar lo inexplicable en los marcos que pudieran sostener mi razón. Siempre he necesitado comprender. Ponerle nombre a lo que sentía. Darle un marco lógico a lo que me desbordaba. Y durante años pensé que eso me volvía racional, escéptica, coherente. Pero ahora sé que muchas veces esa necesidad de entender era solo miedo al vacío.

Quería que todo tuviera explicación. Y lo buscaba en libros en los que autores científicos como Amit Goswami,[1] Rupert Sheldrake,[2] Julia Mossbridge,[3] Karen Barad…,[4] científicos que

1. Físico cuántico indio conocido por integrar la física cuántica con la espiritualidad. En *The Self-Aware Universe* (1995) propone que la conciencia es la base del ser, y no la materia, abriendo un puente entre la ciencia y la experiencia espiritual.
2. Biólogo británico que desarrolló la teoría de los campos mórficos, según la cual existe una memoria colectiva que influye en la forma y comportamiento de los seres vivos. En *Morphic Resonance* (1981) y *The Science Delusion* (2012) desafía los dogmas científicos y abre paso a una comprensión más holística de la realidad.
3. Neurocientífica cognitiva que investiga la precognición y el tiempo no lineal. En *The Premonition Code* (2018), apoyada por estudios controlados que desafían la visión lineal del tiempo, analiza la posibilidad de que la mente humana acceda a información futura.
4. Física teórica y filósofa de la ciencia, creadora del enfoque de «realismo

no renegaban, que hablaban de conciencia, de entrelazamiento cuántico, de realidades múltiples, de campos de información en los que todo está conectado. Ensayos en teorías complejas que costaba mucho integrar y que jamás lograré integrar del todo (¿quién entiende la física cuántica?). Pero necesitaba meterlo en la cabeza, como si entenderlo fuera a salvarme. Como si encontrar una fórmula me permitiese defender que no estaba loca y tener argumentos para respaldar mis experiencias.

Pero me harté. Comprenderlo todo se volvió una trampa. Porque tanto la ciencia como la espiritualidad pueden ser prisiones si se convierten en dogmas. Todas las explicaciones que te das, incluyendo el método científico, no dejan de ser una creencia más cuando excluyen todo lo que no pueden medir.

Creí que la ciencia tenía todas las respuestas. Que, si algo no podía medirse, observarse o repetirse en un laboratorio, entonces no existía. La ciencia, al fin y al cabo, se dedica a eso: a estudiar el mundo desde la lógica, a entender cómo funciona lo que vemos. Lo hace con reglas claras: observa, mide, predice. Organiza lo invisible en fórmulas y ecuaciones que pretenden explicar cómo se mueve el universo. Y lo hace desde fuera, como si el observador fuera algo completamente separado de lo que está observando.

Ese enfoque funciona muy bien... hasta que algo te rompe los esquemas. Y entonces entendí la diferencia: la ciencia mira hacia afuera. La espiritualidad, hacia adentro.

La espiritualidad no necesita microscopios. No busca datos. Busca significado. Y lo hace desde un lugar mucho más íntimo, en el que no existe separación entre quien observa y lo observa-

agencial». En *Meeting the Universe Halfway* (2007) plantea que la materia y la conciencia están entrelazadas en un proceso de cocreación del mundo, una visión profundamente afín a la espiritualidad no dualista.

do. En una experiencia espiritual real, no hay distancias, eres tú sintiéndolo todo, en carne viva. Y cuando cuerpo, emoción y mente se alinean, ya no hay forma de distinguir qué parte es qué. Solo queda la experiencia, el sentimiento, y en el caso de que haya sido una experiencia agradable, la sensación de pertenencia.

Con el tiempo entendí que ambas cosas me hacían falta. Que la espiritualidad sin método puede volverse evasión, una historia a la que agarrarse para no hacerse cargo y vivir en Narnia..., pero la ciencia sin alma se vuelve ciega, incapaz de ver más allá de lo evidente, estricta, sin vida. Una sin la otra cojea. Pero juntas... abren una puerta que ningún dogma, por sí solo, puede ofrecer. Un equilibrio perfecto en el que sentir es mágico y entender no deja que te pierdas.

El universo es fractal.[5] No es solo una figura geométrica que se repite. Es un patrón que sin importar cuánto lo amplíes o lo reduzcas, contiene en cada parte una copia del todo. El mismo diseño se replica a diferentes escalas, si observas los bronquios de los pulmones, verás una estructura que se abre en ramas cada vez más pequeñas, igual que un árbol desde el tronco hasta las hojas. El sistema circulatorio, con sus arterias, venas y capilares, también sigue esta lógica de ramificación. Lo mismo sucede con los relámpagos o las raíces de una planta, todos responden al mismo patrón de repetición autosimilar. Son expre-

5. La teoría fractal, desarrollada a partir del trabajo del matemático Benoît Mandelbrot, describe estructuras que se repiten a diferentes escalas, mostrando autosimilitud. En cosmología y física, algunos modelos sugieren que el universo posee características fractales; es decir, patrones estructurales se replican desde la escala subatómica hasta la cosmológica. Esto implica que fenómenos observados a pequeña escala pueden reflejarse en escalas mayores, contribuyendo a la comprensión de la organización y dinámica del cosmos.

siones distintas de una misma arquitectura universal que se reproduce en todos los niveles, como si la vida estuviera dibujada con una plantilla cósmica común.[6]

El universo está hecho de simetrías ocultas que se repiten en distintos niveles de la existencia. Por eso se dice que lo que es arriba es abajo, lo que es dentro es fuera, porque todo está conectado a través de estos patrones que nos hablan en lenguajes de repetición y resonancia. Esa repetición no es casual, es una firma, una especie de código que el universo utiliza para recordarnos que lo pequeño contiene al todo, y que lo que ocurre en lo más ínfimo también ocurre en lo inmenso.

Como ya intuía Einstein, la materia es solo una forma más de energía.[7] Todo lo que vemos, incluso lo que llamamos sólido, tiene frecuencia. Nosotros también. Estamos hechos de piel, y la piel de tejido, y el tejido de células, y las células de moléculas, y las moléculas de átomos... y los átomos, de energía. Somos energía vibrando, entonces cada emoción que sentimos modifica ese campo vibratorio, cada emoción que sentimos no solo afecta a nuestro campo energético, sino que modifica sutil pero profundamente el entorno. El corazón modifica su

6. David Bohm, físico cuántico, desarrolló el concepto de orden implicado, una propuesta en la que toda la información del universo está contenida en cada una de sus partes. Según él, la realidad que vemos es solo la parte desplegada de una totalidad invisible.

7. La teoría de la relatividad de Albert Einstein revolucionó la física al demostrar que la materia es simplemente una forma condensada de energía. Su ecuación emblemática, $E=mc^2$, expresa cómo una pequeña cantidad de masa puede convertirse en una enorme cantidad de energía. Esta comprensión desmantela la idea de la materia como algo sólido e inmutable, y revela un universo dinámico en el que la energía y la materia son intercambiables y están en constante transformación.

campo electromagnético,[8] las células se contraen o se expanden, los órganos responden. Cada emoción que sentimos transforma nuestra vibración, y con ella, el patrón que sostenemos. Porque no somos solo forma: somos frecuencia. Y esa frecuencia no se limita a repetir, sino que puede modificar el diseño mismo del que formamos parte.

Cada parte está conectada con el todo. Que lo que sucede dentro de ti, en tus emociones, en tus pensamientos, en tu cuerpo, no está desconectado de lo que ocurre fuera. Como un holograma, en el que cada fragmento contiene la imagen completa, tú también contienes el reflejo de ese todo.[9] Por eso cuando transformas una emoción interna, estás alterando también el entramado del afuera. Cada acción, cada elección, cada vibración que emites, está influyendo, aunque no lo veas, en la forma en que se organiza tu realidad.

Este principio no es solo una idea poética. La física cuántica, con todas sus paradojas, ha empezado a rozar estos bordes. La teoría de cuerdas, por ejemplo, propone que todo en el universo no está formado por partículas puntuales, sino por cuerdas diminutas que vibran. Y esas vibraciones, según su frecuencia, crean la materia tal como la conocemos. Como si el universo

8. Nikola Tesla, pionero en el estudio de las ondas electromagnéticas, investigó cómo las ondas electromagnéticas pueden influir a distancia en la materia, un principio que también se refleja en la interacción energética de nuestro cuerpo. Así, nuestro sistema biológico funciona como una red electroquímica y electromagnética compleja que conecta mente, cuerpo y emociones.
9. Karl Pribram, neurocientífico, propuso que el cerebro no almacena recuerdos como una biblioteca lineal, sino como un holograma: cada parte contiene la información del todo. Su trabajo con Bohm sugiere que percibimos la realidad como una proyección holográfica del universo.

entero fuera una gran sinfonía, y nosotros, instrumentos en ella.

Estas cuerdas no vibran solo en las tres dimensiones que percibimos. Para que sus ecuaciones funcionen, necesitan al menos diez dimensiones. Algunas de ellas están tan «plegadas» que no podemos verlas ni medirlas, pero existen. Están aquí, ahora. Lo que ocurre es que nuestros sentidos no están calibrados para detectarlas. Como una emisora de radio que está fuera de nuestro dial.

Y si esas dimensiones existen, entonces también existen planos de realidad que no vemos. Espacios en los que podrían habitar entidades, conciencias, informaciones... Todo eso que en nuestras experiencias más profundas e inexplicables aparece como presencias, símbolos, mensajes, manifestaciones.

En física cuántica hay un concepto que lo pone patas arriba, el colapso de función de onda. Dice que una partícula subatómica[10] no tiene una posición fija hasta que alguien la observa. Vive en un estado de probabilidad, en todas partes a la vez, hasta que la conciencia la observa y «colapsa» en un punto determinado. Es como si tuvieras todos los ingredientes para cocinar mil platos, pero hasta que no eliges uno y te pones a cocinarlo, ninguno existe realmente. De igual modo, la realidad no está definida hasta que alguien, una conciencia, la mira.[11] Antes de

10. Las partículas subatómicas son las unidades fundamentales que componen los átomos, como protones, neutrones y electrones. Estos últimos forman el núcleo y la «nube» que rodea el núcleo del átomo. Como todo en el universo está formado por átomos, también nuestro cuerpo está compuesto por partículas subatómicas. Aunque no son visibles ni palpables, son la base de toda la materia, viva o inerte.

11. El experimento de la doble rendija, realizado por primera vez por Thomas Young en el siglo XIX y posteriormente investigado en profundidad en la física cuántica, demuestra que las partículas subatómicas, como los electrones, se comportan de manera diferente según sean observadas o no. Cuando

eso, todo son posibilidades suspendidas en el aire que esperan una mirada que las convierta en hecho. Y eso nos coloca como participantes activos de la realidad, no simples espectadores. ¿Y si la realidad también funciona así? ¿Y si no es que el mundo está hecho, sino que lo estamos creando con cada observación, con cada creencia, con cada pensamiento?

Entonces, la conciencia no es un producto de la materia. Es al revés: la materia obedece a la conciencia.[12] Y si eso es cierto, entonces todo lo que experimentamos, incluidas las entidades, los síntomas, los sueños, las visiones, puede ser entendido como un reflejo de cómo estamos vibrando. Como si nuestra conciencia fuera una antena que sintoniza distintas capas del fractal según su estado. No es que las inventes con tu mente, sino que tu mente y vibración determinan a qué parte del fractal accedes y, por lo tanto, con qué tipo de entidad puedes coincidir.

El microcosmos y el macrocosmos podrían no ser solo una forma poética de decir que todo está conectado.[13] También podrían ser, literalmente, manifestaciones distintas de una

---

no hay observación, actúan como ondas que interfieren entre sí; al ser observadas, se manifiestan como partículas con posiciones definidas. Científicos como Niels Bohr, Werner Heisenberg y Richard Feynman estudiaron y reconocieron la importancia de este fenómeno, que evidencia que la conciencia del observador influye en el comportamiento de la materia, sugiriendo una conexión profunda entre percepción y realidad.

12. Danah Zohar, física y filósofa, introduce el concepto de inteligencia espiritual cuántica y defiende que la conciencia es un campo cuántico que interactúa con la materia y puede transformarla desde la intención.

13. Rupert Sheldrake, biólogo y bioquímico, introdujo la teoría de los campos mórficos, estructuras invisibles que organizan la forma y el comportamiento en la naturaleza, y que permiten que exista una resonancia entre organismos del mismo sistema, incluso a través del tiempo y el espacio.

misma matriz de información. Cabe la posibilidad de que las realidades a las que accedemos en ciertos estados de conciencia, como los sueños lúcidos, las canalizaciones o incluso los *déjà vu*, no sean simples alucinaciones o proyecciones del inconsciente, sino aperturas a otros niveles del fractal. Otras realidades posibles. Otras líneas de tiempo. Versiones paralelas de lo que ya fue o podría haber sido. Porque si el universo es una espiral que se replica en infinitas escalas, entonces cada decisión, cada emoción, cada pensamiento, podría estar generando una nueva ramificación. Y quizás, en ciertos momentos de apertura, logramos asomarnos a una de esas ramas. No como un viaje literal, sino como una sintonización vibratoria. Como si por un instante accediéramos al eco de otra vida que también es nuestra, aunque no la estemos viviendo aquí y ahora. Así que el microcosmos y el macrocosmos ya no están separados. Lo que hay dentro es igual a lo que hay fuera. Y por eso cuando ordenamos nuestro mundo interno, el externo comienza a reflejar ese cambio.

Comprender e integrar esto no fue fácil, requirió aceptar que la lógica a veces es solo una forma de defendernos del vacío. Pero también me abrió una puerta, la de entender que nada de lo que vivimos es aleatorio.

Parecía que solo podía elegir entre dos caminos, el del dato medible o el del misterio. Como si tuviera que decidir entre la ciencia y la espiritualidad, como si fueran opuestos irreconciliables. Y, claro, el miedo a parecer ingenua, a que invalidaran mis vivencias por no poder demostrarlo con un gráfico, me empujaba una y otra vez al lado más lógico, más racional, más aceptado. Pero había algo que era mucho más potente que la lógica.

Porque cuando hay emoción, no importa la razón. No nos apetece sumergirnos en la explicación cuando se te eriza la piel y se te caen las lágrimas cuando escuchas a Pavarotti alzando la voz. O por qué te quedas embelesada mirando cómo se cuela la luz entre las hojas de un árbol, como si el universo entero se estuviera asomando a saludarte.

Solo quieres sentir e integrar esa magia, como cuando caminas hacia la orilla y el agua te toca los pies como si te saludara, como si sintieras que perteneces a ella. La arena cede bajo tus pasos, y cada ola que se arrastra parece venir de muy lejos, como si llevara mensajes antiguos que ya conoces. No piensas. Solo sientes cómo el corazón se calma, como si volvieses a casa tras una batalla interminable. Alzas la vista, con el sol en la cara, cerrando los ojos ante su luz. Observas el horizonte, tan lejano abriéndose ante ti, y por un instante desaparece todo: los problemas, los nombres, la historia, el tiempo, incluso tú. Solo queda la respiración y esa inmensidad que no pide nada, pero lo contiene todo.

Cuando eso sucede, cuando todo tu sistema vibra con algo que no puedes explicar, pero que sabes que es puro, identidad, esencia, entonces entiendes que no todo lo que importa se puede medir. Porque la energía también habla y el universo te responde. Y a veces, lo hace tan fuerte que ni la razón puede seguir fingiendo que no oye.

La escala de la conciencia de Hawkins

Buscando comprender si habría alguna manera de etiquetar, hilando más fino, las emociones, busqué respuestas en La Casa del Llibre de Paseo de Gracia, donde me pasaba la mayoría de mi tiempo de desayuno tras mi parón laboral. Allí fue me encontré con un autor: David Hawkins, psiquiatra y autor del libro *El poder contra la fuerza*. Propuso una escala de la conciencia que ordena las emociones humanas en función de su frecuencia vibratoria. No es una jerarquía moral, sino energética. Desarrolló esta escala midiendo la vibración de cada emoción a través de la kinesiología. Según sus investigaciones, toda emoción tiene una frecuencia energética específica que puede testarse muscularmente. Y esa vibración, no lo que dices, no lo que aparentas, sino lo que emites desde dentro, determina el tipo de realidad con la que vas a conectar.

En la base se encuentran emociones como la vergüenza, la culpa, el miedo, la ira..., vibraciones densas que nos contraen, que nos desconectan del cuerpo y del Ser. Hawkins las llama emociones de fuerza, porque exigen resistencia, porque te empujan a sobrevivir desde la intolerancia. En cambio, en la parte alta de la escala están el amor, la alegría, la compasión, la paz..., lo que él llama emociones de poder. No porque dominen, sino porque transforman. Porque no requieren lucha, sino presencia. Vibraciones expansivas que te conectan con una conciencia más amplia de ti y del mundo.

No es solo una frase bonita eso de que «las emociones tienen frecuencia». Es literal. Cada emoción que sentimos modifica nuestra bioquímica, pero también nuestro campo electromagnético. El corazón, que por cierto tiene su propio sistema neuronal,[14] genera el campo eléctrico más potente del cuerpo, y ese campo cambia según lo que sentimos. No es lo mismo vibrar desde la rabia que desde la compasión. Y dependiendo del estado emocional, el cerebro, por su parte, emite impulsos eléctricos que se agrupan en distintas ondas, alfa, beta, theta. Es decir, lo que sentimos, literalmente, se convierte en energía.

14. El Instituto HeartMath ha investigado extensamente la inteligencia del corazón y ha demostrado que este órgano posee un sistema nervioso independiente conocido como el sistema nervioso intrínseco del corazón, compuesto por unas 40.000 neuronas. Este «cerebro del corazón» tiene la capacidad de sentir, recordar y tomar decisiones de forma autónoma. Véase McCraty, R., y Childre, D. (2010), *Coherence: Bridging Personal, Social, and Global Health*, HeartMath Research Center.

Y esa energía no se queda dentro, se proyecta. Somos como una antena viva, sintonizando con una frecuencia que afecta lo que atraemos, lo que vivimos y lo que resonamos.[15] En muchos sentidos, se alinea con lo que plantea la física cuántica, en especial con el principio del colapso de la función de onda ya mencionado antes, en el que el estado de conciencia del observador influye en lo observado. Si nuestras emociones emiten una frecuencia, esa frecuencia actúa como un filtro, una antena, una fuerza creadora. Y lo que proyectamos al mundo, consciente o no, se manifiesta de vuelta.

Entender esto me cambió la vida. Porque durante mucho tiempo pensé que las cosas simplemente me pasaban. Que era cuestión de mala suerte, de destino, de energías externas, personas y situaciones que me acechaban. Pero la realidad es que esas experiencias estaban resonando con mi frecuencia interna, con las emociones que no estaba sabiendo mirar.

Vivir en emociones de baja vibración es como habitar un mundo denso, como ver la vida a través de un cristal sucio. No necesariamente tienes que ser un triste, alguien que habita en emociones de fuerza puede ser una persona que aparentemente siempre está alegre. Pero, aun así, cuando se enquista ese modo, te conectas con patrones de dolor, con personas que reproducen tu sombra, con situaciones que alimentan la herida. ¿Te has planteado alguna vez porque siempre atraes al mismo tipo de pareja? ¿Por qué siempre tropiezas una y otra vez con la misma piedra? Normalizas el sufrimiento y a su vez, lo atraes. Porque todo el sistema ha sido diseñado para mantenernos ahí. Para

15. Véase McCraty, R., *et al.* (2001), *Science of the Heart*, HeartMath Institute; también los estudios de EEG sobre ondas cerebrales asociadas a estados emocionales.

hacernos creer que sentir culpa es responsabilidad, que vivir con miedo es madurez, que reprimir la rabia es autocontrol.

En mi caso, esa baja frecuencia fue sostenida durante años por un sistema que me dijo cómo debía ser una «buena mujer». Heterosexual. Suave. Femenina. Sonriente. Una niña bien adaptada al molde. Pero yo no encajaba en ese molde. Y, aunque mi madre siempre me apoyó a la hora de vestir, más masculina, con chándal, pelo recogido, «aficiones de niños»... Siempre había alguien que le decía: «¿Por qué tu hija no va con faldas y vestidos? ¡Parece un niño! ¡Tiene que ser más femenina, cielo!». A lo que mi madre siempre respondía: «Ella se pone lo que quiere». Siempre haciéndome la cobertura ante tales acusaciones que me hacían sentir tan fuera de lugar.

Pero quieres encajar y lo intenté, por amor, sobre todo en los eventos en que se exige ponerse ese vestido rosa con flores que te había comprado la abuela bajo el decreto: «Te lo ha comprado con mucho cariño y vale mucho dinero». Y, claro, ¿cómo decir que no? ¿Cómo atreverte a incomodar, a herir, a desafiar ese gesto que supuestamente es amor? Así se aprende a tragar. A sonreír con el cuerpo contraído. A callar la incomodidad porque te anulan lo que sientes porque «no es para tanto» o «es solo una niña y no se entera».

Así que acabas por vestirte con el dichoso traje de flores, y encima debes aguantar a la tía Dolores, a la que la ves de higos a peras, que te tira del moflete y te elogia, aunque, en realidad, no es por ti, sino como gesto de acercamiento al adulto que hay a tu lado. Y en ese momento, tú, que estás más cabreada que una mona, pones cara de moco y recibes un codazo del adulto, que te presiona para que de nuevo seas «agradecida» y «sonrías». «Mira lo que te dice la tía», y acaba la frase con un microgesto de «o sonríes o te mato». Y así, una tras otra, te acostumbras a ser lo que no eres para no decepcionar a quien se supone que te quiere. Y esto es nefasto, porque ahí se comienza a crear un patrón, una sombra. La emoción de rechazo no expresada, la vergüenza por no encajar, el miedo a ser egoísta por elegirte... se encapsulan. Y cuando no se digieren, se vuelven creencia. Una voz interna que luego te susurra cada vez que quieres ser tú: «No incomodes. No lo estropees. No seas desagradecida».

Era y ha sido muy importante para mí el reconocimiento y la aceptación del macho como una igual. Simplemente, porque quería ser un chico. ¡Lo tenía todo! Todo lo que molaba eran cosas de chicos. Mi círculo de amigos solo eran niños a los que intentaba impresionar con fuerza bruta y logros en el fútbol para obtener su aprobación. Me convertí en una especie de chica masculina que practicaba artes marciales y miraba por encima del hombro a las chicas que eran objetivadas por los chicos. No me consideraba una chica, para mí, ellas eran inferiores y yo una especie de excepción en el mundo del heteropatriarcado. Me sentía bien por sentir que ellos me incluían como una igual, pero en el fondo me sentía como Mowgli, queriendo ser un lobo cuando no lo era.

Cuando fui adolescente conservé mi energía masculina, pero expresé mi género de forma más femenina y *dark*. Esto complicó mucho la aceptación en el círculo en el que quería ser respetada. Parecía que, si juntabas belleza y feminidad, acababas siendo una especie de trofeo para el sexo opuesto. ¿Cómo podía hacer para equilibrar esto? Quería que me respetaran por lo que era sin tener que renunciar a mi masculinidad, pero tampoco quería dejar de expresar mi feminidad. El problema era que si me iba mucho hacia un lado era una marimacha, y si me iba hacia el otro, era solo un objeto de deseo. ¿Cuál era el punto medio? No existía. Porque, al final, siendo chica el respeto no estaba garantizado nunca.

Me puse a cultivar la mente. Recuerdo que me hice muy fan de Carlos Blanco, ese niño que salía en el programa de Sardà

Crónicas marcianas, un niño superdotado que debatía con adultos sobre todo tipo de temas. Yo quería ese respeto y ese reconocimiento. ¿Será que teniendo más recursos y más cultura obtendría ese respeto? Pero aquello era farándula, y yo tampoco tenía un escenario en el que la cultura impresionase. ¿Qué cojones había que hacer para encajar en ese sistema?

La cosa se complicaba cada vez más. Podía notarse que el interés romántico de mis amigas hacia otras personas comenzaba a florecer, pero el mío no acababa de surgir. No entendía cómo ellas querían pasarse horas besando chicos en cualquier sitio al que fuéramos. Yo me quedaba con otros grupos a la espera de que mis amigas acabasen y jamás, jamás se me ocurrió o me apeteció besarme con un chico. No encontraba el aliciente o la gracia de aquello (bueno, no es que no la encontrase, es que los chicos no me gustaban...). Pero esto también me hacía parecer rara, porque, en realidad, otros chicos sí tenían intereses románticos por mí y, aunque siempre me gustó coquetear, nunca llegaba al final, en aquel entonces el beso. Así que de nuevo sentí que o me incluía en lo que hacían las demás o al final me iban a señalar como rara. De modo que otra vez fingí, y ya que tenía que salir al escenario, lo haría con todas.

En esa época aún no se hablaba tanto de identidades ni etiquetas de género, y yo ni siquiera me planteaba la posibilidad de fijarme en cualquier persona que tuviera una energía masculina, independientemente de sus genitales. Solo sabía que a mí me gustaba «lo masculino». Pero, claro, nadie de mi entorno tenía una masculinidad que resonara conmigo. Y, lo admito, la masculinidad que ofrecían los chicos que conocía no me atraía en absoluto. Pero era la única opción disponible.

Así que solo se me ocurrió una cosa: buscar al chico más respetado del momento. Que, cómo no, también resultaba ser el más ignorante, inculto, vago, con una ética dudosa, cero sensibilidad, irrespetuoso, injusto y mentiroso... (puedes imaginarme recitando esto al estilo Paquita la del Barrio). Elegí al cani alfa del barrio, ese que todos temen y respetan, como si la violencia y la prepotencia fueran sinónimos de masculinidad.

¿Qué nos iba a proporcionar este espécimen? Respeto, valoración, posición social (ya ves tú la posición social en las circunstancias del barrio, pero a los adolescentes no podemos pedirles más). ¿Qué obtuvimos? Maltrato físico y emocional, violencia, violaciones y traumas. Usó de manera inconsciente, probablemente, la herramienta más potente que existe para manipular a alguien: hacerle sentir vergüenza. La vergüenza es la emoción más baja en la escala de Hawkins y, por lo tanto, la más peligrosa. No por lo que se siente, sino por lo que hace. La gente hace lo que sea por no sentir vergüenza. Se traiciona, se calla, se transforma en lo que no es, solo para evitar que la señalen o le hagan pasar el mal trago de sentirse expuesta.

Creas esa capa de sombra, una represión que se ríe de sí misma antes de que alguien más lo haga. Que usa el humor negro como escudo para hablar de sus traumas, como si así doliera menos. Que disimula el temblor en la voz haciendo un chiste, o que exagera su lado «oscuro» para no tener que explicar de dónde viene en realidad. Porque si tú ya te ridiculizas, nadie más puede hacerlo. Porque si tú ya te llamas «loca» o «intensa», les quitas el poder de usarlo contra ti. Te extrapolas a la excentricidad para sentir que tienes el control, hablas de más, cuentas el secreto mejor guardado de tu amiga, bebes sin parar para incorporarte a la fiesta y perder el miedo a hablar...

Pero lo cierto es que eso no es humor, ni carisma, es estrategia. Es protección. Es vergüenza disfrazada de gracia. Y así se va alimentando el bucle: escondes lo que eres para sobrevivir, y luego te castigas por no ser auténtica.

Preferí meterme en una relación con un tío que daba miedo

solo para que dejaran de mirarme raro, para no salirme de la norma y no sentirme señalada. En el fondo nunca llevé mal defender mis creencias, pero sí había mucho sentimiento de no pertenencia cuando lo único que quieres, sobre todo en la adolescencia, es pertenecer a algún grupo.

Y si la vergüenza ya es jodida de por sí, imagínate lo que hace en plena adolescencia, justo cuando estás empezando a buscar quién eres y te cruzas con alguien que te humilla constantemente. No porque sea una mala persona, sino porque también está en construcción y siente que pierde el control. Porque tiene menos seguridad que tú y más necesidad de pertenencia. Y entonces, cuando uno se ve expuesto o excluido se convierte en tirano. Lo que sale son sus demonios personales potenciando esa fuerza, es la inseguridad disfrazada de poder: el «si me dejas, nadie te va a querer» cuando se sentía amenazado por mis intentos de salir de la relación, o «hueles mal» cuando se sentía incómodo por hacer algo relacionado con la sexualidad y que, en realidad, no quería hacer. En verdad lo que sucede es un «esto me incomoda y no sé cómo gestionarlo». Esas humillaciones se clavan en la autoestima, y comienzas a generar un apego ansioso y dependencia para su validación. Pero, claro, la vulnerabilidad es un lujo que casi nadie se puede permitir si no ha sido validada desde casa. En nuestra cultura no se enseña que mostrarse también puede ser un acto de fuerza.

Y esto no es algo que se quede en la adolescencia. Se cuela en todo. En cómo nos vestimos, cómo hablamos, cómo follamos, cómo tratamos a los demás, pero, sobre todo, genera en nosotros una sombra en represión que cuando sale es muy cruel y dolorosa. En su estado reprimido se transforma en una herramienta de manipulación para que no destaques más que el otro.

Durante un año me anulé como persona. Viví a golpes de ansiedad, obsesionada con él, por ganarme su respeto, para que me amase. Y, aunque ante ese opresor era vulnerable, la responsabilidad de salir de ese lugar, de encontrar mi camino de vuelta, era mía. Muchas veces carecemos de las herramientas necesarias y nos convertimos en víctimas; yo lo fui. Pero en ese dolor existe también un espacio en el que la responsabilidad personal cobra sentido.

Sé que suena duro, como una frase que podrías escuchar en terapia o en discursos de autoayuda: «Tienes que responsabilizarte, tienes que querer salir». Pero no es tan sencillo. No todos estamos preparados para ese salto, ni todos los dolores se afrontan con la misma facilidad. Es como lanzarte a una piscina; da igual si mide dos metros o veinte, si no sabes nadar, puedes ahogarte igual.

No se trata de culpar ni exigir, sino de reconocer que el poder para transformar la situación no está en manos externas. Está en nosotros, en ese espacio pequeño y frágil donde comienza la intención de sanar, de reconstruirse, de reclamar el propio ser. Y es un camino que no siempre es lineal, ni inmediato, pero que es la única puerta verdadera hacia la libertad.

Caí en la trampa y creí que me enamoré. No sé si era amor u obsesión como dice Aventura, pero la cosa es que no hui, no tenía las herramientas para hacerlo o, en realidad, no sé si no quería. Porque si lo perdía, ¿qué iba a ser de mí? ¿Cómo iba a gestionar mi individualidad en el grupo o el barrio teniendo un enemigo como él? Así me quedé, aguantando cada golpe, cada humillación, cada vejación, esperando un ápice de cariño que, por mínimo que fuera, ya compensaba todo el dolor. ¿Cómo podía el amor doler tanto? ¿Cómo podía discernir entre maltrato y amor? Si todo a mi alrededor era igual, todas las películas y las canciones hablaban del dolor que causa el amor. Las películas, las canciones, los cuentos de hadas rotos: todos repetían lo mismo. *Titanic* nos enseñó que el amor verdadero se demuestra muriendo congelado por otra persona (pero solo si antes te salva de tu vida aburrida). *El diario de Noah* nos vendía que gritarse, dejarse, humillarse, pero volver era amor. *Romeo y Julieta* nos enseñó que, si no te matas por amor, no es tan profundo. Hasta en Disney, si eras Ariel tenías que renunciar a tu voz, literal, por un hombre al que ni conocías.

Y si no tenías cine, tenías canciones: «Si tú no estás aquí me sobra el aire», «Sin ti no soy nada», «Y si me dejas no vale», «No puedo vivir sin ti...». Nos educaron para idealizar el dolor. Nos dijeron que amar era entregarse entera, desaparecer, desdibujarse. Y, claro, ¿cómo una adolescente con una autoestima moldeada a golpes iba a pensar que eso no era amor?

Aquella experiencia fue tan dura que no recuerdo nada de lo que ocurrió en mi vida entre los quince y los dieciséis años. Es como si me hubiera salido de la realidad que tenía y viviera en otra expansión.

Podríamos decir que me marcó la vida. Me creó un nuevo mapa de creencias peor que el que tenía antes. La frecuencia de la vergüenza me dominaría por completo en cuanto a las relaciones sexo-afectivas y traería las futuras consecuencias, una llena de miedo a ser vulnerable, a dominar antes de que nos dominen, a herir antes de que nos hieran, a no sentir nada ni aferrarse a nadie por miedo a que volvieran a humillarme.

No ayudaba la mala comunicación que tenía con mi familia. No me sentía comprendida ni muchísimo menos, me atrevía a contarlo. Me dominó el miedo al juicio, a que creyeran que era mi culpa, a no ser suficiente o hacerlo mal. Porque lo peor de esto no es lo que has vivido con la experiencia en sí, no es el abuso ni el golpe, sino lo que pasa después de que eso suceda. La herida se convierte en trauma cuando no hay un entorno que la sostenga, la nombre o la valide. El trauma se genera cuando lo vives en soledad. La mente se queda dando vueltas sin salida, y el cuerpo empieza a cargar con algo que no se ve, pero que pesa.

Por eso el trauma no es solo lo que pasó, sino todo lo que vino después, el silencio, la incomprensión, el miedo a hablar. Ese vacío en el que te tragas lo que duele y se convierte en parte de ti, aunque no quieras.

Escondía los moretones, los rasguños, y tapaba mis llanos con música. La música era mi refugio. Un lugar donde no tenía que dar explicaciones, donde cada grito de dolor era legítimo y donde por fin alguien decía lo que yo sentía sin que yo tuviera que hablar. La música con la que resuenan es eso, un altar en el que se oficia el duelo y se canaliza la rabia más cruda, la mía lo hacía con «In the end», de Linkin Park.

Pero cuando inundada de vergüenza y de rabia, creyendo que drenaría mi caos, me ponía los cascos, la música le daba poder. Mis pensamientos intrusivos, que venían en forma de diapositiva en mi mente, me atormentaban. Secuencias crueles, desproporcionadas, casi cinematográficas, que aparecían sin que yo las buscara. Sabía que no eran míos. No porque no sintiera rabia, sino porque aquello tenía un tono de maldad que no me representaba. Y, sin embargo, en otras ocasiones lo apreciaba. Quería ver más. Quería explorar hasta dónde podría llegar. Me sentía poderosa, como si algo me respaldara desde la sombra. Sentir que podía tener el control si quería, aunque el precio fuera altísimo. Sí. Y tanto que lo quería.

Con el tiempo entendí que esa fuerza no venía solo de mí. Que había algo más amplificando lo que yo no podía sostener.

En ese estado de éxtasis caótico, con la vibración en fuerza de manera tan constante, algo sucedió en aquel *impasse* de tiempo. Había sostenido durante tanto tiempo emociones densas, que ya no eran solo heridas, se habían convertido en combustible. Pero no se convirtió en combustible solo por sostenerlas, se convirtió por mi deseo y voluntad de salir de esa frecuencia. Llevaba demasiado tiempo fuera de mi tolerancia, enquistados en mi sistema, vibrando a una frecuencia tan baja que no parecía lógica la cantidad de energía que generaban. Era como si algo se encendiera en medio del caos. Como si el colapso emocional, lejos de romperme, me dotara de una fuerza oscura, cruda, peligrosa. Con los cascos puestos y la música como catalizador, sentía que podía con todo. Con «In the End», de Linkin Park, sonando, me imaginaba convocando una tormenta eléctrica a lo «Powder» y fulminando a todos a mi paso. Algo me empujaba desde dentro, o desde fuera, regalándome un poder que no me correspondía del todo, pero que me ayudaba a tirar hacia delante.

No necesitaba rituales, ni velas ni objetos externos. Lo mío era mental. Magia proyectiva. Pensamiento canalizado con voluntad y rabia que tuvo como resultado la materialización a base de decretos. Bastaba con que lo sintiera desde lo más profundo de mi entraña, lo verbalizara y sucedía. No hablo de tonterías, hablo de accidentes, rupturas, infortunios..., incluso muertes. Todo lo que decretaba con esa vibración de sombra, se materializaba. ¿Cómo podía ser posible tanta potencia desde un estado tan bajo? ¿No se suponía que las emociones densas te quitan energía?

Cada decreto, cada palabra que lanzaba con esa rabia contenida, creaba una realidad que, por un lado, me otorgaba poder, pero, por otro, me sumía más en la oscuridad. Era un ciclo vicioso que, al principio, no supe cómo frenar.

¿Y sabes algo que sucedió durante ese período? Me da mucha vergüenza contarlo, pero ocurría siempre, puntual, sin fallo. Tan preciso que mi madre me buscaba sabiendo que aquello era una señal clara de que yo estaba mal: cada vez que lloraba, llovía.

No era que lloviera horas después, sino que ocurría casi como en una película, me ponía los cascos, sonaba «In the end», caía la primera lágrima y, justo entonces, detonaba un relámpago, como en mis pensamientos. Recuerdo la primera vez que sucedió. Me quedé minutos mirando por la ventana con la misma cara de sorprendida y una sensación de acompañamiento bestial, como si algo divino estuviera abrazando mi tormenta, como si el cielo se hiciera eco de mi tormenta interna, como si los elementos se sincronizaran con mi dolor. Esa sincronía me daba consuelo y me hizo preguntar: ¿qué probabilidad había de que durante seis meses, sin excepción, lloviera exactamente cada vez que yo lloraba? No hablo de un lapso indeterminado ni de casualidades aisladas, sino de una sincronía precisa, casi mecánica.

¿Era simplemente una coincidencia estadística improbable o había algo más en juego? ¿Un reflejo del mundo exterior sintonizando con mi estado interno? ¿Hasta qué punto estamos conectados con el todo? ¿Puede acaso la frecuencia de la sombra darte ese poder?

Ya en las últimas, cuando la tormenta se hubo manifestado en muchas ocasiones durante esos meses, hubo una tarde en la que él quiso encerrarme en su casa, bloquear mi salida, aplastar cualquier intento de huida. Y por un momento sentí que no podía respirar. Que me encogía por dentro. Que el miedo se me metía en el pecho como una garra. Pero justo entonces, algo hizo clic. No sabría decirte qué fue, solo sé que me cambió la cara. Me vi en el espejo de la entrada y no era yo. O sí, pero una versión que no conocía. Como si mirase al miedo a los ojos y me hubiera dado cuenta de que el verdadero miedo soy yo.

Le sostuve la mirada. Noté que mi cuerpo empezaba a arder. Cada músculo se tensaba, la rabia contenida se convirtió en un torrente eléctrico que recorría mi piel. En ese momento, sin pensarlo, pronuncié en voz baja un «destrúyelo», un decreto que no era solo contra él, sino contra todo ese miedo y oscuridad que me oprimían.

Y ahí pasó. Como si ese «destrúyelo» hubiera abierto una compuerta. No sé de dónde salió la fuerza, pero salió. Una fuerza descomunal, salvaje, como si todo mi cuerpo dijera «hasta aquí». No pensé. Solo actué. Me lancé contra él sin miedo, sin dudar, sin medir consecuencias. Fue cuerpo a cuerpo, pero yo ya no era yo. Era otra cosa. Una mezcla de supervivencia y dignidad que no pensaba dejarse pisar ni una vez más.

Lo derribé. Literal. Él no se lo esperaba. Yo tampoco. Pero pasó. Y cuando lo vi en el suelo, no dudé ni un segundo, salí corriendo, abrí la puerta y me fui. Me fui con el pulso en la garganta, con las piernas temblando y con la sensación de que algo había cambiado para siempre.

Estas dos experiencias, la lluvia sincronizada con mis lágrimas y la fuerza inesperada en esa noche encerrada, me mostraron algo que hasta entonces no podía comprender del todo. No eran solo hechos aislados o casualidades sinsentido. Eran manifestaciones de un diálogo invisible entre mi mundo interior y el exterior, una vibración que traspasaba mi cuerpo y se proyectaba más allá.

Comprendí que mis emociones no eran solo estados pasajeros, sino energías con un poder real, capaz de atraer y resonar con fuerzas que no siempre percibimos conscientemente. Esas fuerzas, esas entidades o energías que se anclan en nuestras frecuencias bajas, pueden amplificar nuestro dolor y nuestra oscuridad, pero también, de manera paradójica, potenciar una fuerza inesperada en nosotros, como si nos dieran un poder que no sabíamos que teníamos.

Esta dualidad me hizo cuestionar qué parte de ese poder era, en realidad, mío y qué parte venía de algo externo. Porque cuando una vibración baja se sostiene en el tiempo, puede convertirse en un ancla que alimenta la infestación energética. Pero también puede ser la chispa que en medio de la tormenta nos impulsa a la acción, a romper cadenas.

Aquel «destrúyelo» fue como si activara una fuerza que no sabía que tenía, una energía que lo empujó con una potencia sobrehumana. Logré derribarlo, liberarme de sus manos y salir corriendo a la calle. Sentí que no estaba sola, que había algo conmigo que me potenciaba. ¿Sería esa entidad que me acompañaba desde niña?

Hubo una película que me ayudó a conectar todavía más con esta idea: *Múltiple*.

La historia de Kevin no es solo la de un hombre con múltiples personalidades. Es un rompecabezas en el que cada pieza tiene vida propia y en el que pone en jaque la pregunta: ¿hasta qué punto es capaz la mente de influir en el cuerpo?

Una de las personalidades, Patricia, frágil y vulnerable, con diabetes, afecta su cuerpo cuando ella toma el mando. Pero cuando otra personalidad aparece, como Hedwig, un niño de nueve años, o Dennis, con su obsesión y control, el cuerpo responde distinto, como si la enfermedad se disolviera o se ocultara. Ya no hay diabetes. Y luego está La Bestia, la más oscura y potente, que no solo domina el cuerpo, sino que lo transforma, lo hace más grande, más fuerte, casi como si una presencia ajena se apoderara de él para usarlo y hacer cosas que Kevin jamás imaginó.

Al verla, sentí una conexión extraña, no por la violencia ni la fuerza bruta, sino porque entendí esa sensación de que algo externo y poderoso puede habitar dentro, impulsarte y sobrepasarte. No subía paredes (ojalá), pero sí hubo momentos en que mi cuerpo y mi mente parecían movidos por una energía que no sentía del todo mía. Esa potencia desbordada, a la vez aterradora y fascinante, la reconocí como propia.

Ver eso me hizo cuestionar hasta dónde llega el poder de la mente sobre el cuerpo. ¿Es posible tener un trastorno de identidad disociativo (TID) y padecer diabetes cuando una personalidad está activa, pero no cuando aparece otra? Sí, existe. No es solo una idea o un mito; hay casos clínicos y estudios científicos que muestran que en el TID diferentes personalidades pueden tener efectos físicos distintos en el cuerpo. Como en la película, el cuerpo responde de forma diferente según quién esté al mando.

Los estudios neurobiológicos demuestran que cuando una personalidad toma el control, activa distintas áreas del cerebro que pueden cambiar el funcionamiento del cuerpo, incluso afectando procesos automáticos como el metabolismo o la respuesta inmunológica. No se trata solo de que la mente domine el cuerpo, sino de que esa dominación puede modificar el curso de enfermedades físicas.

Esta es una evidencia palpable de que mente y cuerpo están entrelazados de una forma que apenas empezamos a comprender. Y, como no podía ser de otro modo, quise saber más. ¿Habría algún científico «loco» que hubiera investigado esto a fondo?

En voz baja me preguntaba: si todo esto es cierto, ¿es posible que esa fuerza que sientes en tus momentos más oscuros, esa potencia que parece sobrepasarte, no sea solo algo tuyo? ¿Que haya algo externo que te «ayude» o «potencie»?

Veamos, primero, si lo terrenal es viable...

Capítulo IX

La biología de la creencia

Recuerdo los principios de 2020, cuando esperaba nerviosa la visita del reumatólogo. No pude dormir las cuatro noches anteriores imaginándome el proceso por el cual iba a pasar si los resultados de mis pruebas habían empeorado con tanta rapidez como el doctor predecía. Pensar en tener que hacerme un trasplante bipulmonar me horrorizaba, era tal el pavor que no era ni capaz de decirlo en voz alta. En aquel entonces, válganme las casualidades, recuerdo que comencé a ver una serie, *Bates Motel*, una precuela de la película *Psicosis*, una fantasía, ¡tienes que verla! Recuerdo que viéndola intentaba evadirme de la realidad, pero, en ocasiones, desconectaba de la serie y me daba cuenta de mi propia realidad, y una punción extraña me atravesaba el corazón, como si me clavasen un puñal. Una punción que empeoró cuando la amiga del prota salió a escena con una bomba de oxígeno portátil. ¿Será verdad?, incrédula.

La chica sufría de una enfermedad pulmonar y estaba a la espera de donante, si no conseguían uno compatible pronto, moriría. Encima. O sea, no solo tienes que someterte a una operación de la que tienes pocas posibilidades de salir viva, además, si no encuentran donante, te mueres antes. Maravilloso.

Todo el placer de aquella secuela se distorsionó, y me obsesioné con ver el final únicamente para saber si la chica sobrevivía o no, lo demás me sobraba. Lo hizo, pero no me consoló, claro. Lo que tuviera que decirme el reuma en aquella visita no dependería de la resolución de la serie, esto era la vida real y no podía pasar los capítulos para saber cómo acababa.

Sonó un pitido y en la pantalla apareció mi turno.

—Venga, Nata —dijo mi hermano con un gesto amable para que me levantase—. Nos toca.

Me levanté con las piernas temblando. Los cuatro metros que separaban la silla en la que estaba sentada de la puerta de la consulta parecieron veinte. En la consulta, como siempre, me esperaba mi doctor y sus residentes. Aquello me ponía muy nerviosa, ya que me recordaba la primera vez que me diagnosticaron, cuando todo el equipo médico estaba alrededor de mi cama para darme la noticia. «¿Será que están allí para darme otra mala noticia?», pensé.

—Natalia, ¿cómo te encuentras? —dijo el doctor, mientras tecleaba a toda velocidad en el ordenador—. Bueno, los resultados están aquí y, francamente, estamos... sorprendidos.

El silencio en la sala era palpable. Cuatro residentes observaban expectantes mientras el doctor consultaba los últimos análisis en el ordenador. Luego de unos segundos, levantó la vista y me dirigió una mirada inquisitiva.

— No hay otra manera de decirlo —prosiguió—. La inflamación pulmonar, esa que hace meses estaba avanzando sin freno..., parece haber retrocedido. Las imágenes muestran una mejora significativa, algo que según lo que sabemos es extraño que suceda.

Uno de los residentes, joven y serio, se inclinó hacia delante, señalando con el dedo las imágenes que el doctor mostraba en pantalla.

—Mira la parte... —comentó en voz bajita, murmurando—. La densidad de la cicatrización ha disminuido considerablemente.

—Esto no tiene sentido, ¿verdad? —intervino otro residente, moviendo la cabeza con incredulidad—. ¿Es posible...?

El doctor no se inmutó ante sus comentarios, de alguna manera, sus creencias científicas no le permitían afirmar algo así.

—Hemos revisado tus exámenes anteriores —continuó—. Este nivel de mejora en una esclerosis sistémica no es algo que se suela ver. De hecho, en situaciones como esta ya estaríamos hablando de un trasplante bipulmonar, como te mencioné en nuestra última consulta. ¿Te han llegado los papeles para hacer el trámite del Hospital Vall d'Hebrón?

—No —respondí elevando la voz, tan sorprendida como confundida.

Hizo una pausa, como si dudara de sus propias palabras, y luego agregó:

—Después de ver esto... No creo que sea necesario ningún trasplante.

Mi hermano y yo nos miramos boquiabiertos. Me costaba mucho contener las lágrimas cuando él hacía contacto con su mano en mi espalda. El ambiente en la sala se alivió un poco, pero aún había un aire de cautela. El doctor respiró hondo, como si estuviera tomando una decisión final.

—Sin embargo —dijo, volviendo a su tono serio—, no quiero descartar completamente el autotrasplante de médula ósea. Era una opción que considerábamos..., pero, visto lo visto, creo que tampoco será necesario. No nos metamos en camisa de once varas.

Se inclinó hacia mí, sus ojos intentaban leer algo más allá de mi expresión.

—¿Te puedo preguntar qué has hecho?

El silencio volvió a caer, pesado, como si los residentes hubieran aguantado esperando mi respuesta.

—¿Recuerdas cuando me dijiste que el cincuenta por ciento de salir de esta era la medicina, y el otro cincuenta por ciento la actitud? —Hice una pausa—. Podríamos decir que aposté al cien por cien por la actitud —le respondí con lágrimas en los ojos y la voz entrecortada.

El doctor asintió sin saber qué más añadir. En su gesto parecía querer decir más, pero algo se lo impedía. Con un gesto se puso de pie, me tendió la mano y se despidió de mí.

Cuando salí de la consulta, una de las residentes, una joven con lentes y cabello corto, corrió tras de mí.

—Disculpa —dijo algo nerviosa—. El doctor me pidió que te preguntara... si tienes fotos de antes del diagnóstico, de tu cara y piel, y algunas de ahora. Nos gustaría incluirlas en nuestra investigación. Sería muy útil para estudiar este caso.

—¡Claro, cómo no! —le dije casi eufórica.

Salí del hospital con la mente dándole vueltas a lo que acababa de escuchar. La sorpresa en los ojos del doctor y de los residentes era algo que no se podía fingir. Una inflamación pulmonar grave que retrocedía..., algo que la ciencia declaraba imposible. Y, sin embargo, ahí estaban los resultados, las pruebas, la realidad ante nosotros. ¿Cómo explicar lo que sucedía en mi cuerpo? ¿Se habrían equivocado con mi diagnóstico? ¿Estaban mirando las pruebas de otra persona?

Seguía dándole vueltas a esos pensamientos mientras mi hermano me alentaba de manera efusiva. El asombro empezó a mezclarse con una extraña sensación de alivio y agradecimiento. ¿Había algo más allá de lo físico, algo que la medicina moderna aún no podía captar? El doctor había hecho la pregunta clave: ¿qué has hecho?

¿Será posible que la enfermedad hubiera remitido gracias la actitud? ¿Es posible que al alinear las creencias con lo que haces y lo que dices, el cuerpo sane?

Comencé a investigar sobre ello y di con el doctor Bruce Lipton, biólogo celular que se hizo famoso por su teoría sobre cómo las creencias y pensamientos pueden influir en la biología. ¡Era lo que necesitaba leer! Un valiente que ha pasado de ser un científico tradicional a alguien que mezcla biología con ideas holísticas, que afirma que el entorno y la mente afectan a la forma en que nuestro cuerpo funciona. ¡Este es mi hombre! Pero ¿quién es Bruce Lipton?

Lipton, que se formó en un mundo de ciencia estricta, vivió su propia crisis personal con un divorcio que lo llevó a cuestionar todo lo que había aprendido. Durante un período de su vida comenzó a estudiar la epigenética,[1] que no se trata de cambiar los genes, sino de cómo el entorno y, más aún, las creencias y los pensamientos pueden influir directamente en la biología.

Según Lipton, las células no solo responden a la información genética, sino también a los mensajes que el cerebro les envía. Y esas señales, cargadas de emociones, creencias y percepciones, influyen en la salud del cuerpo. Si vivimos con miedo o dudas, las células responden debilitándose, abriendo la puerta a la enfermedad. Pero si cambiamos la forma de pensar y sentir, si nos permitimos creer en nuestra capacidad de sanarnos, el cuerpo también responderá de una manera diferente.

Lo que me intrigaba de Lipton era cómo conectaba esta teo-

1. La epigenética es la ciencia que estudia cómo factores externos al ADN, como el ambiente, la alimentación, el estrés y las emociones, pueden activar o desactivar ciertos genes sin alterar la secuencia genética. Esto explica por qué individuos con la misma información genética pueden desarrollar enfermedades o comportamientos diferentes, dependiendo de su entorno y experiencias vitales.

ría con algo más grande, algo que resonaba con las enseñanzas espirituales que siempre había escuchado. Él dice que no somos víctimas de nuestros genes; somos más que eso. La conciencia tiene el poder de transformar la biología y, aunque suene casi mágico, eso tiene un fundamento científico que empieza a ser reconocido por más y más estudios.[2]

En 2024 me topé con un documental: *Tres idénticos desconocidos* en Netflix. Es la historia real de tres hermanos trillizos que fueron separados al nacer y entregados en adopción a familias diferentes sin que nadie les dijera que tenían hermanos gemelos. Cada uno creció en un mundo distinto, con familias distintas y posiciones sociales diferentes: una obrera, otra media y otra alta. Cada una con formas distintas de amar y educar.

Se reencontraron casi por casualidad. Todo empezó cuando uno de ellos comenzó la universidad y, para su sorpresa, varios estudiantes lo saludaban con otro nombre, le daban abrazos y apretones de mano con familiaridad. Tras experimentar esto varias veces, decidió preguntar qué pasaba, y descubrió que lo estaban confundiendo con uno de sus hermanos, que ya había

2. Meaney, M. J., y Szyf, M. (2005), «Environmental programming of stress responses through DNA methylation: life at the interface between a dynamic environment and a fixed genome», *Dialogues in Clinical Neuroscience*. Este estudio clásico muestra cómo la exposición al estrés en etapas tempranas de la vida puede alterar patrones de metilación del ADN, afectando la expresión de genes relacionados con la respuesta al estrés y generando cambios duraderos en la función cerebral y el comportamiento. McGowan, P. O., *et al.* (2009), «Epigenetic regulation of the glucocorticoid receptor in human brain associates with childhood abuse», *Nature Neuroscience*. Este trabajo revela que personas que sufrieron abuso en la infancia presentan alteraciones epigenéticas en el gen del receptor de glucocorticoides, clave en la regulación del estrés, lo que influye en su vulnerabilidad a trastornos psiquiátricos.

estudiado allí. El reencuentro fue tan intenso y conmovedor que de inmediato se convirtió en noticia mundial, y ese acontecimiento abrió la puerta para que su tercer hermano también pudiera encontrarse con ellos.

La historia explotó y se convirtió en un torbellino mediático. De repente, esos tres hermanos pasaron a ser celebridades, aparecieron en programas de televisión, entrevistas y en la prensa, contaron con emoción que eran idénticos, que compartían manías, gustos e incluso pensamientos. La prensa los vendía como un milagro genético, la prueba viviente de que la genética lo es todo. Pero como casi siempre, la realidad era mucho más complicada y menos perfecta. Esa imagen de igualdad total era solo un disfraz, una falacia montada para el espectáculo.

Estos trillizos formaron parte de un «estudio científico», uno de esos que experimentan con la vida real sin avisar ni preguntar, no se sabe muy bien de la mano de «quienes». No se sabe muy bien el origen de este, pero se intuye que querían saber cómo el entorno afecta a una persona igual desde la biología. Estos hermanos recibían visitas en sus casas de supuestos «agentes del menor» que revisaban con frecuencia su nivel intelectual y hábitos. Pese a que su ADN era idéntico, ellos no lo eran. Eran personas completamente distintas. Ni los gustos ni las manías ni los gestos ni siquiera las enfermedades que cada uno padecía.[3] Cada uno tenía las creencias y personalidad según su entorno, cada uno tenía los hábitos y las manías de su padre y de su madre, las creencias de su familia y los hábitos de

3. Yehuda, R., *et al.* (2016), «Epigenetic biomarkers as predictors and correlates of symptom improvement following psychotherapy in combat veterans with PTSD», *Frontiers in Psychiatry*. Este estudio demuestra que cambios en la metilación de genes específicos pueden predecir la respuesta a tratamientos en pacientes con trastorno de estrés postraumático, evidenciando la relación entre epigenética, trauma y salud mental.

su situación. Uno de ellos, Eddy, acabó suicidándose a los treinta y cuatro años tras haber tenido problemas de salud mental.

El documental afirma lo que Lipton decía. El ambiente y las experiencias pueden cambiar la forma en que se expresan los genes, cómo se manifiestan las enfermedades, cómo somos realmente.

No somos solo genética, sino un entramado entre lo que heredamos y lo que vivimos, una mezcla entre cuerpo, mente y emociones. No somos solo un paquete de genes que decide nuestro destino; somos nosotros quienes, a través de lo que sentimos, pensamos y vivimos, moldeamos nuestra biología y nuestro camino.

Esta historia resonó conmigo porque conectaba con todo lo que estaba descubriendo sobre la epigenética y la conexión mente-cuerpo. Me hizo preguntarme cuánto poder tenemos realmente, cuánto podemos transformar de nuestra realidad física simplemente cambiando nuestra forma de ser y de sentir.

Lo que me daba miedo al principio era que esta idea parecía pedirme que tomara el control absoluto de mi vida y mi salud. Y si bien intelectualmente lo entendía, me costaba mucho sostener la idea. Sanar no es solo cambiar una creencia, es un proceso profundo, largo, doloroso y, sobre todo, muy personal.

Siempre digo que si en el momento de estar en la cama del hospital recién explotada la noticia, alguien me llega a decir que la sanación es mi responsabilidad, me lo cargo. Por eso, cuando doy mis formaciones o explico todo mi proceso, intento ser muy cuidadosa al exponer ciertas teorías o mi historia personal. En aquel momento, yo no tenía ni las herramientas ni el nivel de conciencia para sostener aquella información. ¿Que yo era responsable de mi enfermedad? ¿Que estaba en mis manos sanarme? Hubiera decapitado a cualquiera que se atreviera a decírmelo.

El concepto de ser responsable de nuestra vida, de nuestras emociones, puede sonar liberador con el tiempo, pero en su momento, para mí, se sentía como una carga. Porque lo que esa frase realmente estaba sugiriendo era que yo debía asumir el control absoluto de todo lo que me sucedía, incluidas las circunstancias que me habían llevado hasta allí. En ese entonces, no podía ver la conexión entre lo que estaba sucediendo en mi cuerpo y las emociones y pensamientos que había ido acumulando a lo largo de los años. Para mí era más fácil culpar al azar, al destino o a algo fuera de mí, porque aceptar que yo tenía poder sobre mi propia sanación significaba aceptar que también había algo en mí que necesitaba sanar.

La libertad de esto es reconocer que, si bien no podemos controlar todo lo que nos sucede, sí podemos elegir cómo reaccionamos ante ello. Por eso simplemente elegí tener paz y dejarlo todo listo para cuando ya no estuviera aquí.

Cuando te sucede algo así, todo deja de tener importancia. Los enfados, la razón, las pequeñas batallas diarias que antes parecían esenciales, todo se desvanece. Solo queda la paz que viene de aceptar, de soltar el control y de prepararte para el inevitable momento en que ya nada importa. Ahora importan los besos que no diste, los abrazos que dicen «lo siento» y sumergirte en un profundo amor incondicional. Dejas de ver al otro como el causante de tus emociones, y entiendes que esa molestia es solo un espejo de nuestra propia sombra, de esos aspectos internos no resueltos que preferimos ignorar.

El otro se convierte en un canal, sin quererlo, para mostrarnos lo que está oculto en nosotros. Si alguien me critica, y esa crítica me duele profundamente, no se trata tanto de la crítica en sí misma, sino de lo que esa crítica despierta en mí. Ese dolor no viene del otro, viene de mí. Quizás esa crítica toca una herida que no he sanado, una inseguridad que sigue viva en mi interior. Y en ese momento, si tengo la suficiente conciencia para verlo, puedo preguntarme: ¿por qué me duele esto? ¿Qué parte de mí necesita ser abrazada, entendida, transformada?

La verdadera sanación no es solo la desaparición de los síntomas físicos, sino la integración de todas esas piezas rotas de nuestra alma. No significa que lo tengamos todo bajo control, ni que debamos ser perfectos, sino que a través del autoconocimiento y la autoaceptación podemos tomar las riendas de nuestra vida y empezar a sanar desde adentro. Es un proceso doloroso, claro. Pero ese dolor es necesario. Sin él no hay transformación. Sin la disposición para mirar la sombra, no podemos integrar lo que somos en realidad.

Y lo más curioso es que cuando comencé a asumir la responsabilidad de mis demonios, de mis creencias, el cuerpo comenzó a responder de una manera liberadora. Lo que sentía en mi mente, mi cuerpo lo proyectaba, como si las cadenas que ataban al odio, a la soberbia, al miedo y a la ira liberasen mis creencias limitantes y estas me liberasen de la carga que mi cuerpo sostenía. Pero ese entendimiento vino después, con el tiempo, a medida que fui aprendiendo a no temerle a las emociones que surgían, a no rechazar mis propios miedos y a abrazar todo lo que soy. Cuando la mente y el cuerpo se alinean con la conciencia de la responsabilidad, algo profundo empieza a cambiar.

Realmente, si el trabajo de Lipton me hubiera llegado antes de que el reumatólogo me dijera que no hacía falta el trasplante, creo que no hubiera sido capaz de llegar a donde he llegado, principalmente porque no estaba preparada para sostener una idea en la que se me hace responsable de vivir o morir y cuyo trabajo he de hacer sin ayuda ni orientación. También creo que la información llega cuando tiene que llegar, cuando estás dispuesto y preparado para integrarla y trabajarla.

Deconstruir creencias no es un proceso de aquí y ahora, requiere tiempo, un vaivén de emociones, conciencia y mucha, mucha voluntad. Y, aunque se quiera hacer en el preciso momento, no es inmediato y requiere de mucho proceso de dolor que se hace cuesta arriba y te agota mentalmente. Una carrera de fondo solitaria en la que nadie va a comprenderte porque al deconstruir creencias, rompes con tu entorno, lo que has construido se deshace y tienes que pasar por el dolor de ver cómo se derrumba, escoger entre tú y el mundo, en conformarte en un presente que te hace sentir vacía o escoger la incertidumbre de lo que será tu vida después de lo que creías que era vida. Si hubo algo que me ayudó muchísimo en mi proceso fue una frase que escuché no sé muy bien dónde: «Con las herramientas que tenía, lo hizo lo mejor que supo». Y qué gran verdad.

Cada uno carga con una batalla interna que nadie ve, ni puede llegar a comprender por muchos vínculos que se tengan, porque hasta que no se vive en carne propia puedes intentar entenderlo, pero no sentirlo.

La supervivencia a menudo se convierte en un instinto primario que pisa la moral, que atropella la ética, porque antes que nada está seguir aquí, resistir, poder seguir jugando a este juego de la vida. Y todos somos muy buenos y muy correctos hasta que la supervivencia se pone delante, ya sea propia o del clan. Ahí es cuando las máscaras caen y se revelan las sombras más auténticas de nuestro ser. Porque la supervivencia no entiende de ideales ni de promesas. En ese terreno primitivo, lo que importa es estar vivo, protegerse, mantener el mínimo que nos permita seguir adelante.

Piensa en esa vez que viste a alguien que conoces haciendo algo que te pareció injusto o egoísta, y tu primera reacción fue juzgarlo sin entender por qué actuaba así. Pero luego imagina que esa persona está luchando con una realidad tan dura, una enfermedad, una pérdida, una deuda, un miedo intenso, que sus decisiones no son sobre lo que «debería» hacer, sino sobre cómo sobrevivir a cada día. Quizás esa mentira pequeña que contó, esa ausencia inexplicada o ese abandono fueron su manera torpe y dolorosa de protegerse en un momento en el que no le quedaba otra opción.

Por eso a veces alguien que creíamos nuestro aliado más firme desaparece, no porque no nos quiera, sino porque está librando una batalla propia, una que no podemos ver ni comprender. Y es en ese silencio, en esa ausencia, cuando aprendemos la lección más dura: la dignidad no siempre se mide por lo que recibimos, sino por entender que cada uno pone el foco en su propia luz y sombra.

No es fácil, pero aceptar que la supervivencia puede separarnos sin ser traición es el primer paso para sanar heridas y para no cargar con el peso de expectativas que no podemos controlar. Porque amar también es respetar el proceso ajeno, aunque duela, aunque nos deje solos por un rato. Y al final, tal vez, esa aceptación sea la forma más auténtica de amor y de libertad que podemos ofrecer y recibir.

Cuando comencé a deconstruir mis creencias limitantes tuve que hacer un gran trabajo de responsabilidad. De mirar hacia dentro sin responsabilizar a los demás de mi dolor. Comprendí que si bien no elegí conscientemente las circunstancias que me marcaron, de alguna manera sí las necesité para comprender. Y pese a que en su momento no tuve herramientas para sostenerlo, ahora sí podía elegir cómo responder a ellas. Esa responsabilidad no era una carga, sino un acto de amor hacia mí misma, el primer paso para recuperar mi poder y empezar a escribir mi propia historia desde la verdad y la libertad.

De entre todas ellas, la que más me ha pesado fue la rabia y el enfado que tenía contra mi familia. Que no me sentía querida ni valorada podía formar parte de un sistema más grande, un sistema de reparación que en mi clan se transmitía de generación en generación. Pero eso no es excusa para no hacerse cargo aquí y ahora de ese reflejo en mi vida terrenal. ¿Qué vas a hacer con ese dolor ahora?

No fue que mi familia no me diera amor; al contrario, me lo dieron, solo que de una manera que mi niña interior no entendía, que mi mapa de creencias no sabía integrar. Para mí, el lenguaje del amor se basaba en los cuidados, en los gestos cotidianos, como los calamares en salsa americana que mi abuela me preparaba, o el esfuerzo de comprarme chirimoyas, aunque costaran caro, o ir al mercado a primera hora para traerme las pechinas más frescas, o recogerme y llevarme al colegio todos los días. Eso era amor para mí, mi referencia, mi ancla en la infancia.

Pero el amor de mis padres tenía otro lenguaje. Y mi niña interior interpretó que como no me lo daban como yo esperaba, entonces no me amaban. Mi piel se endureció, porque el contacto físico me dolía y lo convertí en un gesto de manipulación y de dolor. Castigué a mi madre durante años por no haberme «querido», cuando ella sí lo hizo, y mucho. Simplemente, no pudo darme esos servicios de cuidados porque estaba agotada, trabajaba día y noche, dormía a deshoras, sin poder venir a verme a ningún festival, con sus propias batallas internas. No es que no quisiera, ahora que soy madre lo entiendo mejor, es que no se puede llegar a todo. Y esa herida le dolía más a ella que a mí.

Pero hasta que no haces ese proceso, hasta que no quieres perdonar y vivir en paz, no se llega a esta comprensión profunda. Por eso hoy quiero decirle a mi madre: lo siento mucho. Te amo con todo mi corazón y te agradezco por haber hecho lo mejor que supiste con las herramientas que tenías.

Así pues, aquel periodista, la mujer de mi trabajo y otras personas que me fui encontrado en el camino tenían razón, estaba poseída por mis demonios.

Mis creencias limitantes no solo condicionaban mi mente, sino que también estaban enfermando mi cuerpo. Como menciona Lipton, lo que pensaba, sentía y creía se traducía en reacciones químicas que agotaban mis células, mi sistema inmunológico, y lentamente iba generando un estado de malestar físico que se instalaba sin que me diera cuenta de su origen. Mi cuerpo comenzó a reflejar aquello que mi mente sostenía. La culpa y el miedo, tan profundamente arraigados, no solo me mantenían atada emocionalmente, sino que físicamente me debilitaban.

Pero hay algo en esa expresión, «poseído por mis demonios», que me llevó a cuestionar si realmente solo se trataba de una metáfora. ¿Esos «demonios» son simples proyecciones de nuestras emociones reprimidas o son algo más? Es fácil decir que son solo proyecciones holográficas de la psique; sin embargo, todas las experiencias que había tenido me ponían en una tesitura difícil de ignorar: ¿y si esos «demonios» fueran algo más que una representación de nuestro inconsciente?

En muchas de mis experiencias, esas apariciones tomaban la forma de mi madre o de mi abuela, como si en ese tipo de psicodrama onírico estuvieran representando un hecho real o antiguo, vivido en el linaje, que quería ser visto o reconocido. ¿Tendría eso algo que ver? ¿Acaso esos demonios no serían, en realidad, heridas no resueltas que buscan atención, justicia o sanación?

Capítulo X

Conciencias intangibles

Cuando comencé a entender que no solo somos cuerpos físicos, sino también seres energéticos, todo cobró una nueva dimensión. El cuerpo físico, tan tangible y limitado, no es el único vehículo que habitamos. En nuestra naturaleza energética, poseemos una conciencia local,[1] aquella que opera en los límites del cuerpo, las emociones y las creencias que nos definen. Pero también existe una supraconciencia,[2] un nivel de conciencia

1. Desde el punto de vista biológico y neurocientífico, la conciencia está ligada a la actividad del cerebro y el sistema nervioso, que integran las señales del cuerpo (incluyendo emociones y creencias) para generar la experiencia subjetiva. En ese sentido se puede hablar de una «conciencia local» entendida como la experiencia consciente que emerge en el ámbito individual, limitada por las fronteras del cuerpo físico y sus procesos internos. En biología, aunque no se usa el término «conciencia local» exactamente, sí se reconoce que los estados emocionales y las creencias influyen en la fisiología a través de sistemas neuroendocrinos y bioquímicos que modulan la respuesta del organismo.
2. La idea de una «supraconciencia» o conciencia colectiva ha sido estudiada por científicos como Karl Pribram, que sugirió que nuestro cerebro funciona como un holograma, guardando información de manera distribuida y conectada. También Rupert Sheldrake propuso que existe una especie de red invisible, llamada campos mórficos, que conecta a todos los seres vivos y puede influir en su comportamiento y memoria, mostrando que nuestra conciencia está entrelazada con la de los demás.

que trasciende nuestra experiencia individual y que conecta con una red mucho más amplia, y en la que nuestras memorias, pensamientos y vibraciones se entrelazan con las de todos los seres.

Esta supraconciencia no es solo algo que tenga que ver con nuestra individualidad, sino que también está conectada con todo eso que apenas podemos percibir de otras dimensiones. Ahí es cuando entran nuestros cuerpos energéticos: el cuerpo etérico,[3] que viene a ser como el soporte que mantiene vivo el cuerpo físico; el cuerpo emocional,[4] donde se guardan y procesan todas esas emociones que sentimos; el cuerpo mental,[5] que es donde

3. El cuerpo etérico es la primera capa energética que envuelve y sostiene el cuerpo físico, funcionando como un patrón de información o *blueprint* energético que mantiene la forma y la vitalidad del organismo. Desde la perspectiva de la medicina tradicional china y la bioenergética se lo relaciona con el flujo de energía vital o «Qi» y con los canales por los que circula esta energía. En sentido cuántico podría entenderse como el campo electromagnético sutil que estructura la materia biológica, y conecta la biología con la energía universal. Sin esta matriz energética, la materia física pierde coherencia y salud, y manifiesta desequilibrios y enfermedad.

4. El cuerpo emocional es un campo energético en el que se almacenan y procesan las emociones humanas en forma de vibraciones y patrones energéticos. Esta capa no solo refleja nuestro estado emocional actual, sino también memorias emocionales inconscientes que pueden quedar «atrapadas» o enquistadas, y generar bloqueos y trastornos tanto físicos como psicológicos. Tradiciones como el chamanismo y el Reiki lo reconocen como el vehículo principal de la sanación emocional, y en neurociencia se podría equiparar a la interacción entre el sistema límbico y el sistema nervioso autónomo, que regulan la respuesta emocional y el equilibrio homeostático.

5. El cuerpo mental corresponde al plano en el que habitan nuestros pensamientos, creencias, juicios y patrones cognitivos. Es la dimensión energética en la que se procesan y organizan las ideas que modelan nuestra percepción del mundo y de nosotros mismos. Desde un enfoque holístico, esta capa influye directamente en la forma en que actúan nuestra mente consciente y

habitan nuestros pensamientos y creencias; y el cuerpo astral,[6] que sería como la puerta hacia otros planos invisibles.

Cada uno de estos cuerpos es como una capa que envuelve el cuerpo físico y nos conectan con realidades que no vemos, pero que están ahí. Si el cuerpo físico es nuestro vehículo para movernos por el mundo material, estos cuerpos energéticos son como antenas que nos permiten sintonizar con las energías y las entidades que viven en esos otros planos que escapan a nuestra percepción normal.

Es por eso que a través de ellos la conciencia puede abrirse y expandirse más allá de lo que tocamos o vemos, conectándonos con ese todo invisible que nos rodea, jugando siempre con ese equilibrio entre lo que somos por dentro y lo que trasciende.

No solo los seres vivos poseen conciencia o vibración propia; los minerales, el agua, la tierra y las plantas también tienen su propia frecuencia que los conecta con el todo. No hablo de energía vaga o espiritualidad difusa, sino de una vibración concreta, palpable, que define su ser y les permite existir en sintonía con el universo.

subconsciente, condicionando el estado emocional y la salud física. Se relaciona con las redes neuronales del cerebro y la plasticidad cerebral, evidenciando que los procesos mentales no solo tienen un correlato físico, sino también un componente energético que puede ser modulado.

6. El cuerpo astral es una dimensión energética que actúa como puente entre la conciencia individual y planos sutiles o no físicos de la realidad. Asociado tradicionalmente con el viaje astral, sueños lúcidos y experiencias extracorpóreas, este cuerpo permite la interacción con otras formas de conciencia, incluyendo entidades y arquetipos. En la filosofía esotérica se le considera un vehículo para la exploración espiritual y el aprendizaje transpersonal. Modernamente, algunos investigadores en estados alterados de conciencia y neurociencia estudian cómo este cuerpo se manifiesta en experiencias subjetivas que desafían la física clásica y expanden la comprensión del ser.

Los minerales, por ejemplo, son mucho más que piedras inertes. Sus estructuras cristalinas, ordenadas y perfectas, emiten frecuencias específicas que pueden interactuar con los campos energéticos[7] del cuerpo humano. Esto no es solo algo que dice la tradición o el esoterismo, la física cristalina y el bioelectromagnetismo[8] han documentado cómo estos patrones afectan nuestro bienestar físico y emocional, y crean una especie de diálogo energético entre nosotros y el mundo mineral.

El agua, elemento esencial para la vida, tampoco es un mero líquido inerte. Masaru Emoto realizó experimentos que sugieren que modificando su estructura molecular según la vibración recibida, el agua puede responder a palabras, pensamientos y sonidos.[9] Aunque sus estudios son controvertidos y algunos científicos los cuestionan, abren una puerta a la posibilidad de que el agua tenga una memoria energética, una sensibilidad que la conecta con la conciencia universal y el entorno que la rodea.

Tradiciones como la geomancia y la ecología profunda consideran la tierra un organismo vivo, con su propia conciencia y sistema energético.[10] La geofísica moderna y la bio-

7. Phillips, T. (2001), *The Physics of Crystals*, Oxford University Press.
8. Adey, W. R. (1993), «Biological Effects of Electromagnetic Fields», *Journal of Cellular Biochemistry*, 51(4), 410-416. Un estudio clásico que documenta cómo los campos electromagnéticos influyen en las células vivas y su comportamiento.
9. Emoto, M. (2019), *El milagro del agua*. Aguas que responden a estímulos emocionales y vibracionales, propuesta controvertida pero influyente en la cultura popular sobre la conciencia del agua.
10. Levin, S. A. (1998), «Ecosystems and the Biosphere as Complex Adaptive Systems», *Ecosystems*, 1(5), 431-436. Discusión sobre la interconexión y complejidad de los sistemas terrestres y la idea de la Tierra como un organismo vivo.

logía del suelo confirman la complejidad de esta red viva, en la que el suelo, las plantas y el ecosistema entero están conectados por campos energéticos que regulan su equilibrio y salud.

Así como las plantas, que poseen una comunicación bioenergética. Investigaciones en botánica y biofísica muestran que las plantas emiten y reciben señales electromagnéticas, responden a estímulos y pueden comunicarse entre ellas a través de señales químicas y eléctricas.[11] Debajo de la tierra, las raíces de los árboles y plantas están conectadas por una red de hongos micorrízicos, que es como el sistema nervioso del bosque. Gracias a esa red, las plantas pueden pasarse nutrientes, avisarse unas a otras de que viene una plaga o que hay sequía, e incluso echarle una mano a los árboles más jóvenes que lo están pasando mal.

La ecóloga Suzanne Simard hizo un montón de estudios[12] que demostraron que cuando un árbol está enfermo o alguien lo taló, los otros árboles le mandan carbono y otros recursos para ayudarle a sobrevivir. Es como si el bosque fuera un solo

11. Brennan, B. A., y Kaiser, M. (2002), «Electrophysiological and Bioelectromagnetic Properties of Plants», *Plant Signaling & Behavior*, 2(5), 273-281. Investigación sobre la capacidad de las plantas para emitir y recibir señales electromagnéticas.Trewavas, A. (2014), *Plant Behaviour and Intelligence*, Oxford University Press. Libro que analiza cómo las plantas perciben y responden al ambiente mostrando comportamientos que sugieren formas de conciencia vegetal.

12. La ecóloga Suzanne Simard es pionera en el estudio de las redes micorrízicas en los bosques, conocidas como la «Wood Wide Web». Sus investigaciones han demostrado que los árboles están interconectados mediante hongos que permiten el intercambio de nutrientes, la transmisión de señales de advertencia y el apoyo a árboles jóvenes o enfermos, revelando una forma de comunicación y cooperación que desafía la idea tradicional de competencia entre plantas. Simard, S. W. (1997), «Net transfer of carbon between ectomycorrhizal tree species in the field», *Nature*, 388(6642), 579-582.

organismo vivo, en el que la conciencia va más allá del árbol individual y se comparte con todo el colectivo.

Esto nos cambia la perspectiva sobre la naturaleza, porque nos hace ver que la conciencia no es solo de los humanos. Está en todas esas conexiones que mantienen viva la vida en el planeta.

Normalmente, pensamos que la conciencia es solo lo que pasa aquí, en este mundo físico, con nuestro cuerpo y nuestra mente. Pero ¿y si fuera solo una pequeña parte de algo mucho más grande? Las experiencias cercanas a la muerte, esas llamadas ECM, nos muestran que la conciencia puede ir más allá del cuerpo, que no se apaga cuando la vida termina, sino que puede expandirse, conectarse con otras realidades y tener encuentros increíbles.

Hay investigadores como el doctor Sans Segarra[13] que han estudiado estos casos con mucho cuidado. Personas que han estado en muerte clínica cuentan que se encontraron con sus familiares fallecidos, recibieron mensajes muy profundos y en alguna ocasión experimentaron un conocimiento que no encaja con lo que nos enseñan sobre la realidad física. Es como si la conciencia siguiera viva, fuera más grande y pudiera venir a visitarnos, guiarnos o simplemente estar cerca cuando más lo necesitamos.

Yo misma he tenido momentos así, encuentros con presencias y muertos que no llegan para dar miedo, sino para dejar un mensaje, para calmar o para ayudar. En esos momentos, la línea entre lo que podemos ver y lo que no se borra, y siento que

13. Sans Segarra es investigador y autor del libro *La conciencia más allá del cuerpo* (2021), en el que analiza en profundidad las experiencias cercanas a la muerte (ECM) y fenómenos relacionados con la continuidad de la conciencia, y aporta evidencias que desafían las explicaciones exclusivamente materiales y sugieren una conciencia que trasciende la existencia física.

esas conexiones no son casuales. Son parte de un sistema mucho más grande en el que la conciencia fluye sin ataduras, sin límites.

En ese sentido, la conciencia parece una energía que no muere ni se limita, sino que se adapta, se transforma y encuentra nuevos canales para expresarse. Esto me lleva a una reflexión que cambia la manera en que veo el universo. Lo que llamamos vida, muerte y conciencia no son más que diferentes formas de una misma vibración cósmica que se mueve, evoluciona y conecta a través de dimensiones y experiencias que apenas estamos comenzando a comprender.

Yo misma he podido contactar con estas conciencias, pero estas experiencias han sido muy cortas y sin pretensión. Tan sencillo como estar charlando en la terraza de un bar y a medida que la persona me cuenta sus vivencias con el ancestro, este hace su manifestación.

Primeramente, se nota en el cuerpo físico, como si una leve corriente me recorriera el cuerpo de arriba a abajo. A continuación, sientes como si estuvieras dentro de un cubículo de cristal, como si la tercera dimensión se alejara de los sentidos. Las voces se escuchan más bajo y todo parece ir un poco más lento. Seguidamente, hace presencia una visualización mental, por lo general la primera visión es de algo que demuestra quién es la conciencia que hace presencia, un objeto, un lugar o un nombre que corrobora la persona a la que estás canalizando el ancestro. Tras esto, suelen mostrar algo más, un mensaje. El detalle de este depende de la potencia psíquica del canalizador y la fuerza de anclaje de la conciencia. Muestran a modo de fotografía mental o clip corto un suceso que ha quedado anclado en el pasado o que aún está pendiente de sanar.

No he tenido muchísimas experiencias con muertos o al menos no tantas como con otro tipo de conciencias, no suelo estar abierta a recibir esta información a menos que me lo proponga por algún motivo; es decir, no tengo una facilidad extrema para canalizar desencarnados. Pero cuando lo he hecho, el mensaje ha sido nítido, aunque yo no lo comprenda, y la persona que va a recibirlo reacciona emocionalmente de manera explosiva. Consolidé esta habilidad en el proceso de trabajo de sombra tras el diagnóstico.

Sería aproximadamente en otoño de 2020. Recuerdo estar hablando por WhatsApp con un grupo de acompañamiento a la crianza que había conocido años atrás. Una de las compañeras estaba muy triste porque su madre acababa de fallecer y nos contaba con cautela que sentía que aún la acompañaba. Mientras leía los mensajes en el ordenador, recogía la cocina y conectaba con las emociones que ella describía. Entonces, de golpe, comencé a sentir esa corriente acompañada de un frío seco, y vino el *flash* mental como si se tratase de un vídeo de cuatro segundos. Vi la cama de un hospital, una mujer moribunda en ella y otra persona que la acompañaba cogiéndole la mano y cantándole una canción de Pimpinela. Me quedé unos segundos quieta, un poco *shockeada*, no era la primera vez que ocurría, pero siempre impacta un poco.

La imagen en sí no era nítida, y la energía que rodea la imagen dice más que la propia imagen, pero lo que sí era determinante era la canción. Me daba un poco de pánico escénico decirle a aquella persona, en aquel momento de vulnerabilidad, lo que había percibido. Una parte de mí me decía: una señora acaba de fallecer, con muy altas probabilidades de que sea en un hospital y acompañada de sus seres queridos... No hay nada de mágico en ello y cualquiera podría intuirlo, pero... ¿la canción? Eso era un poco menos improbable, así que decidí lanzar una pregunta al aire que no comprometiera el mensaje completo:

—Silvia, quiero hacerte una pregunta, ¿te suena el grupo Pimpinela? —le escribí en el grupo de WhatsApp, sentía que lo que iba a decirle sonaría un poco raro, pero algo me empujaba a hacerlo.

—A mi madre le encantaba, siempre lo ponía. ¿Por qué? —me contestó enseguida.

Respiré hondo. Había borrado este mensaje tres veces antes de volver a escribirlo.

—Es que... suena extraño, pero siento que debo decírtelo. He visto a tu madre en la cama del hospital, y una imagen tuya cantándole una canción de Pimpinela.

—Pero ¿¡qué dices, chacha!? —respondió al instante, y en ese momento me invadió una vergüenza tan densa que me hacía querer desaparecer. Me preparé para lo peor, para ese típico rechazo que mi mente ya anticipaba. Pero entonces siguió escribiendo. Fueron segundos eternos, mi corazón en pausa.

—En su última noche la cogí de la mano y le canté Pimpinela para que se fuera tranquila. ¿Eres médium?

No, no lo era. O, al menos, no me consideraba como tal. Pero me quedé igual de sorprendida que ella. Silvia quería saber más, y me habló por privado.

—¿Puedes contactar con mi madre? ¿Saber cómo está?

—No sé qué decirte, Silvia. Es todo muy nuevo para mí...

—Solo quiero saber cómo está y si es a ella a quien siento a mi lado. ¿Podrías intentarlo?

No tenía ni idea de cómo proceder, pero algo dentro de mí quería intentarlo. Dejé de escribir y me quedé quieta, como si desconectara del cuerpo, entrando en un espacio sin tiempo ni sentido. Y allí, otro *flash*. Esta vez vi dos canarios amarillos volando en perfecta armonía, acompañados de una sensación de paz y libertad. ¿Qué significaba eso? ¿Dos canarios? Me sentía perdida. ¿Debería interpretarlo yo, o era ella quien debía hacerlo? Aquello me sobrepasaba.

—Silvia, no veo nada más. Solo dos canarios amarillos volando, libres y felices.

Esperaba su decepción. Sentía que quizás esto no significaba nada para ella.

—¡Somos nosotras! —escribió de repente—. ¡Son nuestros canarios! Teníamos dos canarios amarillos y siempre decíamos que éramos nosotras. ¿Eso quiere decir que está bien y feliz?

La sorpresa era mutua. ¿De verdad tenían dos canarios y se referían a ellos de esa manera? ¡Madre mía! La cosa se ponía seria, y yo apenas podía procesarlo.

—La sensación era de paz y libertad..., así que sí, parece que está contigo, feliz y libre de todo mal.

De aquella experiencia, surgieron varias lecciones que no esperaba. La primera, y quizás la más impactante, fue darme cuenta de que los muertos no buscan asustarnos, sino todo lo contrario: se comunican para traer paz y consuelo a quienes aún seguimos aquí. Es como si, de algún modo, quisieran aligerar nuestras cargas, recordándonos que hay algo más allá del dolor que deja su ausencia. No vienen a causar alboroto o confusión, sino a calmar las aguas turbias de nuestras emociones.

La segunda revelación fue el carácter pacífico de esa comunicación. En cada uno de esos momentos sentí una calma que no era mía, una serenidad que no podía haber surgido de mi propio estado emocional. Eran destellos de algo mucho más grande, emociones puras, de esas que hacen que el pecho se hinche: amor, gratitud... Un poder tan sencillo y a la vez tan profundo que cuesta describirlo. Es como si en esos instantes el amor trascendiera todo límite, incluso el de la vida y la muerte.

Aquello tenía bastante sentido con lo que había visto y leído de otros médiums. Se ha creado toda una narrativa alrededor de los ancestros que permanecen con nosotros después de la muerte, ya sea como protectores, ángeles guardianes o simplemente como presencias que no encuentran descanso. Nombres como James van Praagh,[14] o Teresa Caputo[15] han sido personajes famosos que han popularizado esta idea, y han llenado libros, programas de televisión y conferencias con relatos sobre cómo nuestros seres queridos no se van del todo, sino que siguen rondando, velando por nosotros desde un lugar que está ahí, pero que no podemos ver.

Me pasé los veranos viendo «una médium en casa», a la famosa médium Teresa Caputo. Para ella, los muertos, no vienen a perturbarnos, sino a acompañarnos. No es su intención generar miedo ni caos, todo lo contrario. Actúan como una red invisible de apoyo, un ancla que en los momentos más oscuros aparece justo cuando más lo necesitamos. No están siempre ahí, vigilándonos constantemente, pero saben cuándo es el momento de intervenir, cuándo su presencia puede marcar esa diferencia, dándonos consuelo o incluso ayudándonos a tomar decisiones que sentimos que no podemos manejar solos.

Hubo un capítulo que me hizo reflexionar sobre la naturaleza de los muertos y su propósito. Teresa Caputo se encontraba frente a una señora de unos setenta años. Era una mujer que

14. James van Praagh es un médium y autor estadounidense conocido por libros como T*alking to Heaven* (1999) y *Ghosts Among Us* (2001), en los que relata sus experiencias comunicándose con espíritus. Ha participado en numerosos programas de televisión, con apariciones incluso en *Larry King Live* y *The Oprah Winfrey Show*, consolidándose como una figura influyente en la mediumnidad contemporánea.

15. Teresa Caputo, conocida como «la médium de Long Island», ganó fama con su programa de televisión *Long Island Medium*, en el que canaliza mensajes de seres queridos fallecidos para ayudar a las personas a encontrar paz y cierre emocional. Ha publicado libros como *You Can't Lose What You Never Had* (2013) y es reconocida por su estilo directo y accesible, que ha llevado la mediumnidad a un público amplio y diverso.

había sufrido una herida profunda durante más de cuarenta años: la pérdida de su hija en la juventud. Cuarenta años es una vida entera de duelo, de ese tipo de vacío que parece que nunca podrá llenarse. Y ahí estaba Teresa, en medio de una sesión que, sin que la mujer lo esperara, trajo de vuelta a esa hija que había muerto tanto tiempo atrás.

Teresa comenzó a canalizarla, describiendo a la hija de esta mujer mayor con una claridad y detalles que emocionaron a la madre. Podía saber cómo murió y en qué circunstancias, y así lo hacía saber a los familiares que confirmaban cada una de sus palabras. Y entonces, Teresa dijo algo que dejó a todos sin aliento: no solo estaba canalizando a la hija fallecida, sino que su alma también habitaba en la nieta recién nacida.

¿Cómo podía ser posible? Si tras desencarnar, la conciencia habitaba en otro plano, entendía que se quedaba allí por un tiempo hasta volver a reencarnar, pero ¿estaba a la vez en otro plano y en el cuerpo físico de la bebé?

La respuesta a este dilema radica en la naturaleza misma de la conciencia, no es algo que esté limitada por el espacio-tiempo, ni mucho menos atrapada en un único punto de existencia. Los muertos no se quedan aquí, en este plano, atrapados en una existencia estática. Su naturaleza es trascender, reencarnar, continuar su viaje más allá de lo que los sentidos humanos pueden percibir. Lo que permanece en nuestra realidad es solo una holografía de su conciencia local, una proyección fragmentada de lo que fueron. Si consideramos que somos como una bola de energía, una nube intangible de información, la muerte no es el fin de esa energía, sino su transición. Al liberarse de su vínculo físico, la conciencia descarga toda la información acumulada, pero mantiene en sí misma la esencia, el núcleo que es el centro de nuestro ser. Al morir, esta energía no se disuelve en el vacío, sino que se reintegra en el cosmos, preparada para reencarnar en otro cuerpo físico, en otro espacio-tiempo para seguir con su aprendizaje. Lo que queda de nuestra experiencia en este presente es solo un reflejo de lo que fuimos, una sombra proyectada de una conciencia que ya no habita en este mundo, sino que continúa su proceso en otra forma, en otro personaje, quizás en otra realidad alternativa. Es posible que seamos muchos personajes a la vez, dispersos en diferentes dimensiones, viviendo diferentes vidas al mismo tiempo, y lo que percibimos aquí, en nuestra forma actual, no es más que una fragmentación de todo lo que somos y hemos sido.

La conciencia no es estática, ni una sola versión de lo que somos. Somos una constelación de experiencias, vivencias y aprendizajes que se proyectan en diferentes dimensiones y líneas temporales. Lo que en este momento entendemos como «nosotros» es solo una pequeña parte de esa vasta red de conciencia que existe más allá de nuestra percepción limitada. Al morir, no desaparecemos. Al contrario, nuestra conciencia se disuelve y se reorganiza, como si se deshiciera en fragmentos para luego volver a unirse en otro lugar, en otro cuerpo, como una chispa que se enciende nuevamente en una llama distinta. Esto explica por qué las entidades, aunque desencarnadas, siguen estando presentes, no como una esencia fija, sino como una vibración persistente que puede regresar en distintas formas. Lo que nosotros percibimos como la «presencia» de un ser querido, o de cualquier conciencia desencarnada, es solo una manifestación de esa energía en su forma más sutil en nuestra realidad, en el aquí y ahora.

La clave está en entender que lo que llamamos «vida» y «muerte» son solo etapas en un ciclo continuo de transformación y expansión. La conciencia no muere, simplemente cambia de forma y se adapta a nuevas experiencias. Y cuanto más comprendemos esta dinámica, más capaces somos de percibir las capas más sutiles de la existencia, en las que la conciencia fluye sin restricciones, sin límites, sin final.

Si aceptamos que la conciencia de nuestros muertos es como un holograma, que se dispersa y se mueve en otros planos o realidades distintas a la nuestra, entonces ¿por qué no pensar que igual que en este mundo físico tenemos una biodiversidad enorme y un montón de redes de vida, en esos otros planos también hay toda una variedad de conciencias?

No solo almas humanas o espíritus, sino una especie de red energética, con diferentes tipos de presencias y energías que coexisten, se influyen y se nutren unas a otras.

Pero, claro, ¿que había de mis experiencias con los sueños de mi madre y mi abuela? Ellas no estaban muertas y, sin embargo, se manifestaba una especie de cascarón que parecía tener voluntad propia y un objetivo concreto y nada amigable.

Tras aquellas experiencias con Silvia, a los pocos meses tuve otra que me ayudó a dar más contexto a estas preguntas. Esta comunicación no fue tan pacífica, y lo que percibí no encajaba con esa imagen de serenidad y amor que se supone deberían dar los ancestros.

Quedé con Ruth, una amiga de la infancia, para tomar algo en una terraza. Nos conocimos en el parvulario y quedábamos de vez en cuando para ponernos al día. Nos sentamos, pedimos unos refrescos, y la charla fluyó con facilidad, como siempre. Hablamos de todo: mi enfermedad, mis estudios nuevos en kinesiología, las tensiones familiares... En fin, los temas de siempre. En algún momento, la conversación se desvió hacia cómo nuestras vidas parecían arrastrar las expectativas de generaciones anteriores, de nuestros abuelos, de nuestros padres. Al igual que yo, Ruth había sido criada por sus abuelos, y compartíamos ese sentimiento de lealtad hacia ellos. Entonces, bajó la voz, casi como si lo que iba a decirme pesara más que el resto de la conversación.

—Hablando de abuelos... —comenzó con ese tono que te hace saber que viene algo serio—. Quiero contarte algo, Nata. Sé que tú puedes darme una respuesta —añadió, firme pero visiblemente nerviosa.

La conocía lo suficiente como para saber que estaba a punto de soltar algo importante, algo que quizás la avergonzaba. Ruth no estaba del todo familiarizada con mis experiencias paranormales, pero alguna que otra vez le había contado cosas que me habían pasado, y parecía aceptar el tema, al menos en la superficie.

—Llevo algunas noches sintiendo que me observan mientras duermo —me confesó, y noté cómo se le tensaban los hombros, como si de repente el aire se hubiera vuelto más pesado.

—¿Pero hay alguien en casa? ¿En tu habitación? —le pregunté, sabiendo muy bien hacia dónde iba todo esto, pero necesitaba que lo dijera ella.

—No, no hay nadie, pero lo siento igual... Creo que es mi abuelo paterno —respondió, casi como si le costara admitirlo.

—¿Y por qué crees que es él? —le pregunté mirándola a los ojos, tratando de leer entre las líneas de su miedo.

—No lo sé exactamente... —su voz se quebró un poco—. Es solo una sensación.

—¿Y qué sientes cuando crees que te observan? Porque no debe ser agradable... —insistí, tratando de sonsacarle algo más. Había algo en su mirada que me preocupaba.

—No lo es, me siento intimidada, como si estuviera siendo invadida —admitió, apretando el vaso entre las manos.

Ahí fue cuando solté algo que ni siquiera sabía de dónde venía. Sentí que no eran mis palabras, como si alguien las hubiera puesto en mi boca:

—Un ancestro no debería hacerte sentir así. Si de verdad es él, la sensación debería ser de protección, de amor..., a menos que te esté advirtiendo de algo o tenga algo pendiente que resolver —dije escuchando mis propias palabras con tanto desconcierto como ella.

—Se me están poniendo los pelos de punta... —murmuró Ruth, su cara palideció un poco.

En ese momento sentí que debía seguir. Me dejé llevar por esa especie de intuición para buscar más respuestas. Cerré los ojos por un instante y, de pronto, como un *flash*, vi la imagen de un anillo, un sello con un rubí. Mi cuerpo tembló.

—Ruth, tu abuelo... ¿tenía un anillo con un rubí? —pregunté titubeante.

—No, no me suena... —respondió confundida, mirándome como si estuviera perdida.

Otro destello. Un hombre, su rostro no del todo claro, pero su porte sí: traje de pana, elegante, un aire flamenco. Decidí intentarlo de nuevo.

—¿Era un hombre elegante? Lo veo con un traje de pana, con mucha postura, como un señorito de la época... —describí sabiendo que empezaba a entrar en terreno desconocido.

Ruth me miró dudosa, casi desilusionada.

—Murió cuando yo aún no había nacido —me dijo con un deje de decepción en la voz.

Suspiré tratando de disipar la incomodidad.

—Bueno, puede que no sea nada, quizás sea solo mi mente jugando conmigo..., pero podrías intentar hablar con él —le sugerí con una sensación de incertidumbre en el estómago.

—¿Cómo? —preguntó sorprendida.

—No lo sé muy bien..., en voz alta o mentalmente. A lo mejor te responde —mis palabras sonaron inseguras hasta para mí misma.

—Lo probaré esta noche —dijo ella casi decidida.

Esa fue mi mayor equivocación.

A la mañana siguiente, mi teléfono estaba lleno de mensajes de Ruth. Pensé que iba a contarme algo positivo, que había descubierto algo sobre su abuelo. Pero cuando abrí los mensajes, vi varias fotos: la almohada cubierta de pequeñas manchas de sangre, rodeando donde habría estado la cabeza. Me quedé helada. La llamé de inmediato.

—Ruth, ¿qué ha pasado? ¿Qué es esa sangre? —le pregunté con el corazón latiendo a mil por hora.

—No lo sé... —su voz sonaba asustada—. Anoche intenté conectar con mi abuelo, pero me empezó a dar ansiedad y sentí que me ahogaba, así que paré y me dormí. Esta mañana me he despertado con la almohada así.

—¿De dónde viene la sangre? ¿Tienes alguna herida? ¿Las encías, la nariz? —le exigí respuestas intentando racionalizar lo imposible.

—No, no tengo nada. Ni un rasguño, no me duele nada... —contestó en un susurro, como si apenas pudiera creerlo.

Nos quedamos en silencio unos segundos, ambas procesando lo ocurrido.

—Lo siento mucho, Ruth..., no vuelvas a intentar contactar con nadie. Y si pasa algo esta noche, o en las siguientes, avísame de inmediato —le propuse intentando sonar segura, pero por dentro no tenía ni idea de cómo manejar esto.

Pasé días dándole vueltas a lo sucedido.

Cuando ya pensaba que el asunto estaba cerrado, Ruth volvió a contactarme. El móvil vibró, y al mirar la pantalla vi que me había enviado unas fotos. Eran capturas de una conversación por WhatsApp con su padre. En ellas, Ruth le preguntaba por su abuelo y por el anillo que yo había mencionado en nuestra conversación, algo que nunca habría podido saber sin haber recibido esa información a través de la canalización.

Lo que más me sorprendió fue la reacción de su padre. En sus respuestas, se notaba la incredulidad: le preguntaba a Ruth cómo sabía ella de la existencia de ese anillo, ya que él jamás había mencionado su existencia a Ruth. El hombre, claramente sorprendido, le mostró un dibujo del anillo, con detalles que coincidirían exactamente con lo que yo había descrito.

Aquello me hizo replantearme varias cosas. Si los ancestros vienen a transmitir paz y amor, ¿qué era aquella sensación de extorsión que ella había sentido? ¿Quién era el hombre o, mejor dicho, la conciencia que me lo mostró? ¿Podría ser que algo más se hiciera pasar por su abuelo? Comencé a sospechar lo peor, y a entender un poco más la fenomenología de aquellas conciencias oscuras. Al reflexionar sobre la experiencia de Ruth y la conexión con su abuelo, no pude evitar vincularla a las manifestaciones que yo misma había vivido a lo largo de mi vida, en especial durante aquellos ataques psíquicos que marcaron mi existencia.

Recordé que en esos momentos de vulnerabilidad las presencias de mi madre y mi abuela se hacían sentir con una claridad desgarradora. No era una sensación de calma o consuelo, como describen otros, sino una sensación de invasión, de ser arrastrada a un lugar oscuro en el que las sombras se alargaban y los límites de mi cuerpo y mente se desdibujaban. Estas entidades no venían a tranquilizarme, sino a presionar, a invadir, a desbordar mis emociones, como si sus energías, no completamente liberadas, se proyectaran hacia mí como una extensión de sus propias memorias sin sanar.

Pero en otras ocasiones fueron compañeras, alentadoras, protectoras. ¿Qué las hacía ser de una manera u otra? ¿Cuál era su naturaleza? No acababa de comprenderlo bien. En algunos momentos, la presencia de estas entidades parecía protectora, como un refugio al que podía recurrir en busca de consuelo.

Pero, en otros, y sobre todo en los ataques psíquicos oníricos, su energía era invasiva, como si se alimentaran de mi vulnerabilidad o del caos interno que resonaba en mi campo energético, utilizando «cascarones» de familiares para aumentar mi energía baja, como le había pasado también a Ruth. En esos momentos, no podía entender qué las hacía comportarse de una manera u otra. ¿De qué depende exactamente este comportamiento?

Capítulo XI

Fenomenología demoníaca

Era una tarde tranquila, una de esas en las que preferí quedarme en casa en mi mundo antes que salir con mis amigas a dar una vuelta. Estaba en mi habitación, estirada en la cama, tranquila con los cascos puestos mientras sonaba La Oreja de Van Gogh (a veces era normal). Escuché cerrar de manera muy violenta la puerta de la entrada de casa y un ruido que no supe de dónde venía exactamente hasta que mi hermano mayor abrió la puerta de mi cuarto como un miura dando gritos.

—¿Qué cojones haces juntándote con esa escoria? Casi le tengo que partir la boca, ¿sabes qué significa eso? ¿Quieres que vengan a por mí todos sus primos? —gritaba mientras me señalaba con la mano

—Pero ¿qué te ha pasado...? —le dije con voz temblorosa y asustada mientras me incorporaba en la cama.

—¡Que me han amenazado por tu culpa! Delante de todo el mundo, por tu culpa. ¿Qué cojones le has hecho? —preguntó sin querer saber la respuesta—. ¡Si me tengo que partir la cara por tu culpa, verás! —Y cerró la puerta de un portazo.

Me quedé paralizada, rodeándome las rodillas con los brazos y con un suave movimiento de vaivén. En ese momento no caía en qué o a quién se refería, y era obvio que a él no podía preguntarle. Entonces, tras unos minutos, caí en la cuenta. Era él, el chico del instituto que había rechazado. No uno cualquiera, sino uno de esos chicos que repiten curso, con fama de peligroso y de los que no aceptan un «no» por respuesta. Uno de los «populares» que manejaba el miedo como una herramienta para controlar.

Días antes me había amenazado directamente, y dejó claro que aquello no iba a quedar así. Mis amigas, que vivían cerca de ese clan, sabían cómo funcionaban. Me advirtieron con seriedad que rechazar a alguien así traería problemas, y que debía estar preparada para las consecuencias.

En aquel momento me di cuenta de que corría peligro, que aquel rechazo no era respetable y que había desencadenado un proceso de humillación que me costaría caro. Ya había visto en otras ocasiones que este chico y su familia, primos de instituto y más mayores, golpeaban a otros a la salida del instituto por motivos ridículos, y ahora temía que le hicieran daño a mi hermano.

Comencé a sentir un calor intenso y un hormigueo en las manos. Pensamientos catastróficos me pasaron por la mente como *flashbacks*. Ese ardor que había empezado como un pequeño susurro, comenzó a crecer. La vulnerabilidad que sentía por mi hermano se convirtió en furia, cada *flashback* alimentaba más esas emociones de supervivencia y necesidad de protección. Me invadió un deseo irrefrenable de vengarme, de hacerle pagar. Estaba dispuesta a hacer lo que fuera necesario, sin importar las consecuencias.

Me levanté de la cama, me temblaban las piernas, pero mi mente ya estaba cerrada a la razón. Sabía que no podía enfrentarme a él de manera física ni social, tenía demasiada influencia y tampoco era mi *modus operandi*. ¿Qué me quedaba? Piensa, ¡piensa!, comencé a exigirme.

De golpe, un sentimiento de poder me invadió. ¿Sabes esa sensación de microinfarto que te da cuando no encuentras las llaves de casa y crees haberlas perdido, pero luego recuerdas que tienes una copia en otro sitio? Ese alivio fue el que sentí cuando recordé que, aunque no pudiera usar el modo terrenal para aplacar esto, sí podía usar la «magia».

Recuerdo perfectamente esa sensación, como si algo dentro de mí se activara, una energía latente, algo que siempre había estado allí, pero que no había reconocido hasta ese momento. Así como el protagonista de *Venom* recuerda que tiene a su «aliado» dentro de sí, yo también lo recordé: esa capacidad de manejar la situación a través de otro tipo de energía, algo mucho más allá de lo físico, algo mucho más oscuro. Y en ese momento, por primera vez, me sentí completamente empoderada, como si la oscuridad misma estuviera a mi servicio.

En ese instante, mi miedo desapareció, y fue reemplazado por un impulso irrefrenable. El miedo se convirtió en combustible, una emoción de fuerza para aplacar la situación. Sin pensarlo demasiado, decidí que esa noche iba a vengarme. Necesitaba toda la potencia performática posible para entrar en ese estado de conciencia que me permitiese sacar la zorra que llevaba dentro.

Aquella noche ni cené. Me pasé ese rato buscando en internet un decreto que me ayudase a conectar con la venganza. El más oscuro, denso y tormentoso que hubiese, ese quería. Cuando lo encontré, lo escribí a mano en mi grimorio. Al caer la noche, cuando todo el mundo dormía, decidí llevar a cabo aquel ritual. Monté un círculo con sal en mi habitación, alineé las direcciones y posicioné cada elemento en su punto cardinal. Cogí una foto del chico, velas negras y clavos oxidados que mi padre tenía en el cajón de las herramientas. Apagué las luces y me puse los cascos. Subí el volumen a toda pastilla, sonaba «Disposable Teens», de Marilyn Manson. La canción, agresiva y llena de poder, potenciaba toda la emoción en sombra. Mientras la música invadía mi mente, daba vueltas al círculo de manera lenta, como si esperase una indicación. De repente me vino, no podía entrar en el círculo sin más, necesitaba ponerle toda la fuerza que tuviera, así que me desnudé al ritmo de la música y ahora sí, entré en el círculo. De rodillas, cogí mi grimorio y comencé a leer: «Aamon, Belia, Paimon, Asmodeo...». El ritmo se hacía más frenético, la energía se desbordaba, y en ese momento pude sentir que mi desesperación y rabia daban forma a algo, algo que no entendía completamente, pero que estaba dispuesta a hacer funcionar. Llevé a cabo el ritual con la foto. Ojos perforados con clavos oxidados y encerrado en una caja con arena sucia de gato. *(Yesus, yesus Nath!)*

Cuando acabé, me fui a dormir con una sensación de placer y serenidad increíble. En realidad, no sabía qué esperar ni qué sucedería tras este ritual, pero no importaba, tenía la sensación de que ya se había acabado todo sin ni siquiera haber empezado.

A la mañana siguiente, cuando llegué al instituto, mi energía era completamente distinta a la de la noche anterior. El miedo volvió a apoderarse de mí, trayendo consigo esa sensación de incertidumbre y desprotección. Ahora tenía que enfrentar la realidad: ver al chico, afrontar las represalias que podría tomar contra mí y mi hermano. Llegué a la puerta del instituto acompañada de mis amigas, que se convirtieron en mi escudo y soporte emocional. Les conté mis miedos e inseguridades mientras formábamos un pequeño círculo cerca de las escaleras, esperando el timbre de las nueve.

—Por ahí viene —dijo una de ellas. «Mierda...», pensé.

—¿Vendrá a por mí? —les pregunté sintiendo cómo se me encogía el estómago.

Sus muecas no me daban mucha confianza. Tenían el mismo miedo que yo.

Vi cómo se acercaba corriendo hacia nosotras. Su trayectoria parecía inevitablemente dirigida al círculo en que nos encontrába-

mos. De repente, el tiempo comenzó a ralentizarse. Mi sentido de la visión se expandió, casi como un superpoder. Aunque estaba lejos, vi con detalle cómo iba vestido: chándal negro con el logo de Adidas y bambas de mulles. Lo veía correr, pero de una forma extraña, casi como si se moviera a cámara lenta. Mi mente empezó a nublarse, oía los ruidos de la calle y las voces de mis amigas, pero todo parecía filtrado, como si estuviera escuchando a través de unos auriculares con cancelación de ruido. Era como en las películas justo antes de que el protagonista se desmaye o le dé un infarto.

Cuando entró en nuestro círculo, su velocidad se volvió aún más lenta, como si todo se detuviera por un instante. Perdí la noción del tiempo, y me sumí en un vacío sordo, como si la realidad misma se hubiera desvanecido.

«Hazlo», escuché en mi cabeza. No sabía qué significaba, pero mi cuerpo reaccionó por sí mismo. Como si fuera una marioneta, sentí cómo mi pierna izquierda avanzaba unos centímetros y le ponía la zancadilla justo cuando pasaba cerca. Con la inercia de su carrera y las escaleras delante, el chico salió disparado, rodando escaleras abajo. Lo vi caer en cámara lenta hasta desplomarse al final de las escaleras. Su cabeza sangraba y había perdido el conocimiento. Todo aquello duró apenas unos segundos, pero para mí, atrapada en ese vacío, pareció una eternidad.

—¡Natalia! —me gritó una amiga, sacudiéndome las muñecas—. ¿Qué has hecho? —me pregunto apretando los dientes y sin mover los labios.

La miré confundida. El mundo volvía a tener la misma velocidad, como si el vacío de antes hubiera expulsado lo contenido. El sonido volvió a mis oídos y volvía a sentir el aire en mis pulmones.

—¿Que qué he hecho? ¿Qué quieres decir? —le respondí con desagrado ante tal sacudida de muñecas.

—¿Encima te sientes satisfecha? —me regañó frunciendo el ceño—. ¡Estabas sonriendo! ¡Se ha abierto la cabeza, tía! —me dijo, bajando la voz, pero con enojo.

Miré hacia la izquierda y allí estaba él, rodeado de profesores y alumnos que ya llamaban a una ambulancia. El estómago se me encogió al darme cuenta de lo que había sucedido. ¿Qué acababa de ocurrir? El caos a mi alrededor comenzó a desdibujarse. Los gritos y el bullicio de los demás estudiantes me parecían lejanos, como si el universo hubiera reducido su volumen solo para mí. Mi mente no lograba procesar lo que acababa de hacer. Yo, la que siempre había sido cautelosa, contenida..., ¿cómo había llegado a esto?

Mi amiga me miraba con esa mezcla de miedo y repulsión, y yo, completamente desconectada, no podía dejar de sentir una extraña calma. Una calma que no era mía, una calma que no reconocía, pero que me envolvía como una manta. Como si después de haber tirado del pelo a la niña del parque, todos me señalasen con el dedo y mi madre me elogiara por haberme defendido.

A medida que me iba alejando del lugar, me di cuenta de que la energía que había soltado esa tarde no solo había afectado al chico, sino que algo había quedado dentro de mí, dentro de mi campo energético. Había invocado algo que no podía ver, pero que sentía profundamente. Todavía no era capaz de hacerme las preguntas adecuadas para entender aquello, así que decidí dejar a un lado el suceso. Extrañamente, no hubo represalias. Nadie pareció haberse dado cuenta de lo sucedido. No buscaron la causa ni culpables ni siquiera cuando los profesores y alumnos se agruparon a su alrededor. Era como si un inspector de los *Men in Black* hubiera usado su dispositivo de borrado de memoria sobre todos, y nadie recordaba qué había ocurrido, ni las circunstancias que lo rodeaban. Todo parecía volver a la normalidad. La vida siguió su curso, como si la energía que había desatado no hubiera tenido un impacto real. Me sentí como si hubiera cruzado una línea invisible, una línea que no era visible para nadie más, pero que yo sabía que había cruzado, y que, sin embargo, quedaba sin consecuencias.

Pero aquella paz duraría poco. Y, aunque en el mundo tangible no hubo consecuencias, sí las hubo en otras dimensiones. Aquella misma noche sería el comienzo de una serie de catastróficas desdichas energéticas que hostigaron durante meses a mi familia y a mí.

Me fui a dormir con una sensación extraña. Era como si hubiera cometido un crimen que nunca sería juzgado. Como un delincuente que vive alerta creyendo que en algún momento lo pillarán. Todo el día había sido una vorágine de emociones intensas, y lo único que quería era desconectar. Caí en sueño enseguida, pero mi mente no tardó en despertar en medio de la parálisis del sueño.

«Otra vez», pensé. El terror me envolvió cuando sentí esa pesadez en el cuerpo, esa sensación de estar atrapada entre el sueño y la vigilia. No podía moverme, pero sabía que algo estaba cerca. Mi visión se nubló un segundo, y luego lo vi. Un hombre, una figura oscura, venía a gran velocidad, recorriendo el pasillo de la entrada hacia mi cama. En menos de tres segundos había recorrido casi quince metros. Su figura era difusa al principio, pero al acercarse la claridad de su forma me heló la sangre.

No era un hombre común. Su rostro estaba cortado en diagonal, con la cuenca del ojo vacía, mostraba una herida profunda que parecía más un agujero negro que un rostro. La mitad de la mandíbula colgaba, el hueso de la nariz expuesto... ¿Y su ropa? Chándal negro con el logo de Adidas. En ese momento, el pánico me paralizó aún más. Mis ojos intentaban reaccionar, pero mi cuerpo no respondía. La sensación de no poder moverme, de no poder escapar, era insoportable.

Afortunadamente, antes de que la figura se acercara por completo, mi gato saltó de golpe sobre mi pecho, bufando con terror y escondiéndose con rapidez detrás de la puerta. En ese preciso momento, sentí una oleada de energía que me sacó de la parálisis y, por fin, pude despertar.

Grité, grité con todas mis fuerzas. No era un grito normal, era el grito de una desesperación pura, la mezcla de miedo y confusión que me había invadido. ¿Era él? ¿Esa cosa era él desfigurado? No tenía respuestas.

Mi madre apareció corriendo, seguida de todos los de la casa. El grito había sido tan fuerte que, por un momento, no se fijaron en el motivo del grito, solo en la urgencia de la acción. Mi madre, cansada de tantas historias, me regañó agotada, como si todo fuera producto de mi imaginación. Mi padre, siempre el que ponía orden en casa, también apoyó el regaño, sugiriendo que necesitaba ver a un médico, como si esto fuese algo fuera de lo común. Recuerdo bien la expresión de mi padre. Él, normalmente seguro y firme, se veía inseguro, preocupado, como si estuviera atrapado entre el miedo a lo inexplicable y la lógica de su mundo. Algo dentro de él sabía que lo que ocurría no eran solo «historias» mías.

Viendo mi angustia, mi hermano intervino. No era habitual que me ofreciera su ayuda en cuanto a mis terrores nocturnos, pero en ese momento me propuso dormir con él, y yo suspiré aliviada. Nos dirigimos a su habitación, cerramos la puerta, y me metí en su cama buscando consuelo. Él era cuatro años mayor que yo, alguien que ponía la razón y la lógica ante lo inexplicable. Pero lo verdaderamente extraño comenzó justo cuando intentaba calmar mi llanto y hacerme comprender la reacción de mis padres. En la otra punta de la habitación, tres libros de la estantería salieron disparados, deslizándose por el aire como si algo los empujara, y golpearon la pared de enfrente. Siendo las tantas de la madrugada y todo en silencio, puedes imaginar el estruendo que se formó. A los pocos segundos, mis padres, con urgencia y con actitud intolerante, abrieron la puerta de un golpe.

—¿Qué coño estáis haciendo? —dijo mi padre entre gritos.

Cuando vieron el miedo en nuestros rostros, aterrados, con mi hermano y yo paralizados, algo cambió. Por fin comprendieron que en ese instante estaba ocurriendo algo mucho más allá de «mis historias». La incredulidad dio paso al temor, y nos rodearon con preocupación. No sabían cómo explicarlo, ni cómo lidiar con lo que acababa de pasar.

—Papa, han salido volando... —le dije con la voz aún temblorosa pero aliviada.

Aquello era un justificante que me venía de perlas. Un *poltergeist* vivenciado por los ojos de mi hermano, ya no había excusas para no creer, ¿no?

—Toni, ¿cómo van a salir volando los libros? —dijo mi madre buscando la razón en mi padre—. Habrá sido el gato —concluyó ella.

—El gato no está aquí —me defendió mi hermano.

Lo miré con descanso. Aunque me aterraba pensar que aquella cosa pudiera estar pululando por casa, ahora tenía un justificante que me eximía de la «enfermedad mental». Lo prefería.

Se creó un silencio incómodo, y con cara de no saber muy bien qué más hacer mi padre cerró la puerta ordenando que durmiéramos de una vez.

Pero lo más raro no ocurrió esa noche. Lo verdaderamente inquietante vino después. Días más tarde, otro fenómeno reavivó el miedo en casa. De forma totalmente inexplicable, todas las noches, durante casi tres meses, el móvil de mi padre recibía una llamada a las tres de la mañana. Siempre del mismo número. El de mi hermano.

Como vivíamos todos juntos, recuerdo que mi padre empezó a hacer guardia en su habitación algunas noches para ver si mi hermano tenía algún tipo de sonambulismo raro y lo llamaba sin querer. Pero nada. Mi hermano dormido a pierna suelta. El teléfono apoyado en el escritorio, lejos de él. Y, aun así, el móvil de mi padre sonaba. Siempre a las tres.

Revisaron los móviles, comprobaron que no hubiera desvíos, reiniciaron, los apagaron por separado, hasta cambiaron de habitación. Y, aun así, cuando volvían a encenderlos, se registraba llamada. Siempre del mismo número. Siempre a la misma hora.

Y un día, de golpe, paró. Sin aviso. Sin explicación. Pero ahí quedó todo. Sin respuesta. Sin lógica. Y claro, me quedé con mil preguntas. ¿Qué estaba pasando en realidad? ¿Por qué mi hermano? ¿Por qué mi padre? ¿Qué quería esa presencia, si es que había una? ¿Hasta qué punto pueden las entidades interferir en lo material? ¿Pueden usar la electricidad, las llamadas, los objetos como medio de manifestación?

¿Era casualidad que ocurriera todo a las tres de la mañana? ¿O esa hora tiene realmente algo especial? ¿Podía ser una advertencia? ¿Un patrón que se repetía? ¿Un mensaje que no supimos entender? ¿Y si no era solo cosa mía? ¿Y si lo que me pasaba no era una distorsión mística de niña sensible..., sino parte de un mecanismo mucho más grande?

Porque ahora, viéndolo en perspectiva, hay cosas que ya no puedo negar. Aquella vivencia fue un mapa. Un esquema disfrazado de caos que me mostró, sin yo saberlo aún, cómo se estructura algo mucho más complejo. Me dio ciertas claves para comprender varias cosas:

1. Cómo se llega al proceso de infestación.
2. Qué ocurre en el proceso de infestación.
3. Cómo se materializa en nuestra realidad.

El proceso de infestación

Como comentamos antes, somos mucho más que un cuerpo físico. Somos un conjunto de cuerpos energéticos conectados entre sí. Cada uno de estos cuerpos tiene su propia complejidad y su propio propósito, y todos interactúan de manera constante con las energías del universo conjunto a nuestra propia vibración. Cuando esta vibración se ve desbordada porque ha sido sostenida en una frecuencia emocional baja durante tiempo, cuando nuestras emociones no procesadas ni gestionadas empiezan a comernos, ocurre el colapso.

Imagina que todo esto es como un electrocardiograma: este marca la coherencia entre mente y corazón, esa armonía vital. La hoja del electro es tu nivel de tolerancia, y las agujas que la marcan son tus vaivenes emocionales. Mientras el gráfico esté en los márgenes del papel, todo estará bien, tu tolerancia no se ve afectada porque estás alineada con tus pensamientos, acciones y verbalización. Más o menos en función de las experiencias, pero sin salirse de los márgenes de tolerancia. El problema es cuando las agujas del electrocardiograma se salen de los márgenes de la hoja de manera prolongada. Esto indicaría que algo está fuera de lugar, que nuestra coherencia no está regulada y nuestras acciones van en contra de lo que decimos o hacemos. Las agujas se salen porque sostenemos emociones densas en un nivel de intolerancia sobrecargando nuestro sistema energético.

Demasiada tristeza, demasiada culpa, demasiada vergüenza sostenida... Colapsas. Pero no lo haces sola, siempre hay un detonante. Algo en la tercera dimensión es atraído para colapsarte: una persona, una experiencia, o ambas a la vez.

Lo que experimentas en tu vida diaria, lo que ves y lo que te pasa, es el resultado directo de esa vibración interna que estás proyectando. Es como si todo lo que generas emocional y mentalmente en otras dimensiones impactara y se reflejara en tu realidad física, como una especie de espejo energético. Al no ser procesada, la distorsión interna se manifiesta fuera, atrayendo situaciones que reflejan y amplifican esa misma vibración desbordada. En el aspecto energético igual, atraes entidades que resuenan con tu frecuencia.

Mi colapso se produjo con la reacción de mi hermano. Esa experiencia era necesaria para abrir una grieta que ya llevaba tiempo esperando salir a la superficie. Esta herida, cuyo origen se formó por un sistema de creencias limitante con la herida de pertenencia, del servicio al macho, de mi incoherencia de esencia. Este patrón emocional había estado latente en mí mucho antes de aquel día. Como un eco ancestral, el miedo a la exclusión, el rechazo y la humillación formaban la base de mi vibración emocional.

Este miedo a la pérdida, a no ser aceptada, a ser juzgada, no era solo mío, sino una frecuencia que había heredado de generaciones anteriores. Un patrón grabado que está en la memoria celular esperando un detonante para salir a la superficie. En ese momento, la reacción de mi hermano, más que un simple desencadenante, fue la chispa que encendió todo. Mi colapso no solo se produjo por esa confrontación en particular, sino porque esa herida profunda, que había sido guardada y escondida, se vio expuesta de manera tan intensa que mi campo energético ya no pudo sostenerla.

Qué ocurre en el proceso de infestación

El proceso de infestación no pasa de forma aislada ni en línea recta. Es algo mucho más complejo, que se va desplegando a través de los distintos cuerpos energéticos. Cada uno de esos cuerpos vibra en una frecuencia concreta. El físico y el etérico están anclados en la tercera dimensión, el emocional y el mental se mueven en la cuarta, y el espiritual conecta con la quinta. Las entidades operan sobre todo en esa cuarta dimensión, que es donde pueden engancharse a nuestros cuerpos emocionales y mentales. Pero no lo hacen de golpe, ni con estridencias. La infestación es un proceso lento, que empieza metiéndose por las rendijas más frágiles.

La cuarta dimensión es el plano en que la energía emocional y mental está más viva, más moldeable. Las entidades acceden primero al cuerpo emocional, en especial cuando hay un desequilibrio, cuando tu sistema sale de su rango natural y la tolerancia se quiebra. Ahí empiezan a amplificar las emociones en sombra: el miedo, la ira, la tristeza..., pero, sobre todo, esas que has reprimido o nunca quisiste mirar. Este cuerpo emocional, tan pegado a nuestra experiencia humana, es el terreno perfecto para que se anclen.

En lo emocional, estas entidades hacen justamente eso: amplificar lo que no ha sido reconocido. Se nutren del exceso, potencian lo que vibra en sombra, lo que está sin procesar desde hace años. Y cuando encuentran esa fuga energética, ese momento en el que la tolerancia colapsa, lo aprovechan para generar una falsa sensación de poder. Es ahí cuando el ego en sombra se enciende. Inflamado por esa energía distorsionada que no viene de tu esencia, el ego se convierte en el aliado perfecto de la entidad. Te hace creer que por fin estás en control, que despertaste tu fuerza, cuando, en realidad, estás siendo sostenida por algo que ni siquiera es tuyo. El ego actúa como un escudo que tapa el dolor, pero al mismo tiempo impide que veas de dónde viene.

Todavía la entidad no ha tomado el cuerpo mental, pero ya empieza a teñir los pensamientos. No mete ideas en tu cabeza, pero les cambia el color. No controla directamente tus actos, pero sí potencia esos comportamientos que mantienen vivo su anclaje. Así, la emoción en sombra no solo se repite: se intensifica. La rabia se vuelve ganas de venganza, el deseo de justicia se transforma en castigo, la tristeza muta en resentimiento. Y tú, creyendo que estás empoderada, en realidad, estás siendo drenada.

Es una trampa energética. Te seduce con fuerza, pero te deja vacía. Ese es su alimento. Un ego inflamado en el plano emocional que ya va abriendo la puerta para lo que viene después: la toma del cuerpo mental.

Lo viví en carne propia aquella noche en que cegada por la rabia hice aquel ritual de venganza. En ese momento no sentía miedo ni tristeza, sentía poder. O eso creía. Pensaba que por fin estaba haciendo algo, que por fin canalizaba mi dolor en algo que me devolviera el control. Pero esa fuerza no era mía. Era un poder oscuro, prestado, que se activó en cuanto solté la razón y me entregué al deseo de dañar. En esa exaltación emocional, disfrazada de empoderamiento, se selló el pacto. No necesitó palabras conscientes, solo la vibración exacta. Y yo, sin saberlo, me ofrecí entera.

Muchas veces, las personas empiezan a notar la influencia emocional de estas entidades cuando están solas, o en silencio. Ahí es cuando ellas mueven los hilos para generar situaciones que nublan la claridad mental. Este desequilibrio sostenido te arrastra, casi de forma instintiva, a buscar algo afuera que te calme la carencia que sientes adentro. Es supervivencia pura, el cuerpo busca compensar lo que no puede autorregular. Pero como no hay claridad ni coherencia interna, esas decisiones nacen desde la urgencia, no desde la conciencia. Y ahí es cuando acabamos maltratando cuerpo y mente con sustancias o hábitos que solo alimentan el desorden.

Así aparecen las adicciones. Son intentos fallidos de autorregular lo emocional. Cada adicción responde a una carencia concreta: comer compulsivamente dulce suele tener que ver con la falta de amor, con el hambre de afecto y contención; el alcohol sirve para evadir, para apagar dolores que no se pueden sostener; el tabaco, con su ritmo constante, se engancha a la ansiedad, al control, a callar la voz interna. Al principio calman, sí, pero a la larga solo dejan apatía, cansancio crónico, irritación y más frustración. El cuerpo se intoxica, la mente se debilita.

Y este terreno confuso, cargado de desgaste emocional y físico, abre la puerta al cuerpo mental. Cuando ya no tienes fuerza para sostener un pensamiento claro, cuando la voluntad flaquea y el juicio se nubla, ahí empieza la verdadera distorsión. El cuerpo mental se fragmenta y las entidades encuentran el canal perfecto para entrar: una mente sin dirección, alimentada por un cuerpo emocional colapsado.

Cómo se materializa en nuestra realidad

Cuando el cuerpo emocional lleva demasiado tiempo desregulado y empieza a colapsar, el siguiente en la lista es el cuerpo mental. Allí pasa lo que muchas tradiciones llaman «posesión». No es esa escena de película con cabezas girando y gritos demoníacos. Es algo mucho más sutil, pero igual de real. Es el momento en que la entidad consigue infiltrarse en tu conciencia local distorsionando el pensamiento.

Cuando el cuerpo mental está infestado, los síntomas son bastante claros: confusión constante, desorden en lo cotidiano, problemas para concentrarte, sentir que has perdido el control de tus decisiones, un subidón de inseguridad y un cansancio mental que no se va con nada. La energía se escapa por todas partes porque ya no hay una estructura interna firme que la contenga ni un rumbo claro hacia dónde dirigirla.

El ego en sombra es una consecuencia directa del proceso de infestación progresiva. Su activación comienza cuando la entidad accede al cuerpo emocional y amplifica emociones que no han sido gestionadas. En ese punto, el ego se infla como una respuesta de supervivencia, creando una ilusión de poder que no nace de la esencia, sino del desequilibrio. La persona se siente fuerte, decidida, incluso «despierta», pero lo que ocurre, en realidad, es que está siendo sostenida por una energía distorsionada que potencia su identidad defensiva. Sin embargo, mientras la infestación se mantenga en el plano emocional, aún existe conciencia que puede detener el proceso. El problema llega cuando esa energía se sostiene en el tiempo y la entidad logra alcanzar el cuerpo mental. Ahí es cuando el ego en sombra se consolida por completo. La entidad ya no solo amplifica emociones, sino que introduce pensamientos repetitivos, autocomplacientes o paranoides que refuerzan la distorsión. La persona empieza a justificar sus reacciones, se aísla, pierde el sentido del juicio y actúa desde la herida creyendo que es su autenticidad. En ese estado, la conciencia local se fragmenta, y la entidad comienza a operar desde dentro, moldeando la percepción y alimentando el conflicto. El ego, que debería ayudarnos a sostener la estructura psíquica, se convierte entonces en el principal anclaje de la entidad.

Cuando una entidad influye mentalmente, pueden aparecer fenómenos como los auditivos, en los que la persona oye su nombre o susurros cerca del oído sin que haya nadie presente. Si el vínculo con la entidad es profundo, incluso puede llegar a alterar el tono de voz interno para hacerse reconocible. También pueden presentarse recuerdos distorsionados: situaciones del pasado que se reinterpretan de forma manipulada para reforzar emociones de culpa, tristeza o rabia. Además, es común experimentar visiones catastróficas o pensamientos intrusivos del tipo «¿y si...?», proyectando escenarios futuros desastrosos que generan ansiedad y paralizan la acción.

En este punto la entidad toma el control de la conciencia local. Ya no actúa desde fuera, sino que se mimetiza con el ego y lo potencia en sombra. Esto significa que utiliza nuestras heridas, nuestras carencias y nuestras emociones reprimidas como combustible para inflar una identidad basada en la defensa, el control o la necesidad de validación. Un ego en sombra no busca evolucionar, sino sobrevivir. Se vuelve dominante, reactivo, paranoico o incluso narcisista, no por maldad, sino porque la entidad lo ha convertido en su escudo para permanecer anclada en el sistema energético. ¡Pero ojo! Que una entidad potencie tu sombra y te dispare las emociones de fuerza no te quita responsabilidad. No es una excusa. Es una condición que tú mismo has atraído, ya sea por una mala gestión emocional, por el punto en que estás en tu proceso de sanación o simplemente por la vibración que sostienes.

Igual que una adicción, igual que cualquier acto que se sale de la ética, esto no te exime de la responsabilidad social que tienes como persona. Porque al final, cada uno tiene el deber de conocerse, de aprender a manejarse. No vale escudarse en un «estaba triste», «estaba deprimido» o «estaba poseído» para justificar el daño que haces. No tener las herramientas no te quita el peso de las consecuencias. Para bien o para mal, cada uno tiene que hacerse cargo de lo que mueve en el mundo.

En este estado, la persona ya no distingue entre su pensamiento real y el pensamiento distorsionado. Su percepción se fragmenta y su voluntad queda interferida.

En la experiencia que contaba antes, mi cuerpo mental fue infestado previamente al momento en que le puse la zancadilla al chico. Normalmente, y en mi experiencia, el período de «posesión a la conciencia local» no es tan rápido, pero aquí hay algo que tenemos que tener en cuenta, y es que yo le di paso y acceso a ella a través de un pacto inconsciente, de ello hablaremos más adelante.

Lo inquietante no fue solo lo que hice, sino cómo lo hice. Con una calma que no era mía, con una determinación que no reconocía. Como si alguien hubiera desconectado mi conciencia y activado otra parte de mí que no solía estar al mando. Hasta ese instante, la entidad se había nutrido de mi rabia y mi dolor, inflando el ego en sombra, dándome esa sensación falsa de poder. Pero cuando mi cuerpo actuó por sí solo, sin voluntad consciente, supe que algo más profundo había entrado. Esa fue la señal. Ya no estaba en un conflicto emocional. Estaba infestada mentalmente. Porque cuando se apaga el juicio, cuando el cuerpo se mueve sin ti, cuando el «hazlo» no viene de tu interior, sino que irrumpe en tu mente como un mandato..., ahí ya no eres tú del todo.

Podría explicarlo todo sin mencionar ninguna entidad. Podría decir que fue mi inconsciente, que mis heridas no gestionadas se desbordaron, que el cuerpo reaccionó como un reflejo del trauma acumulado, y que la mente creó una salida simbólica para darle forma a todo ese dolor. Y tendría sentido. De hecho, para la mayoría de las personas es más que suficiente.

Lo emocional, lo psicológico y lo físico están absolutamente conectados. No hay una cosa sin la otra. Cuando algo se rompe en lo mental, antes ya se había fracturado en lo emocional. Y cuando algo duele en el cuerpo, muchas veces ya se había bloqueado antes en la energía. Nada está separado. No existe una dimensión en la que «todo va bien» si en otra hay caos.

Y si me quedara ahí, con esa mirada, también podría sanar. Porque el trabajo de conciencia, sin necesidad de ponerle nombre a lo que no vemos, ya transforma. La coherencia, la responsabilidad emocional y la integración de la sombra ya generan un cambio real. Podría cerrar la ecuación sin meter a ningún ser externo, y sería más fácil. Más creíble. Más compartible.

Pero no puedo.

Porque siempre que viví un desborde, hubo algo más. Porque cada vez que el cuerpo se quebraba y la mente colapsaba, aparecían señales que no venían de mí, voces, presencias, ataques oníricos, cambios en el entorno, manifestaciones energéticas tan claras que no podía ignorarlas. Por eso no puedo dejar fuera a las entidades opresoras. Porque me dieron demasiadas pruebas de su existencia. Su existencia no invalida todo lo demás: lo completa.

Por eso, si hablamos de infestación, no podemos quedarnos solo en el cuerpo emocional o mental. Hay otros cuerpos más sutiles que también pueden ser vulnerados cuando no hay integridad energética. Y si hay un terreno en el que estas presencias se manifiestan con más claridad, es en el plano onírico. Porque es ahí, en ese umbral entre lo inconsciente y lo astral, donde la conciencia baja la guardia, y la entidad, si ya ha entrado, puede mostrar su verdadera forma.

Y así fue como empezó el siguiente nivel del proceso.

Capítulo XII

El ataque psíquico onírico

Para entender lo que ocurre en el plano onírico cuando hay infestación, primero es necesario comprender desde qué cuerpo energético estamos operando al dormir.

Durante el sueño, la conciencia se desplaza fuera del cuerpo físico y se manifiesta a través del cuerpo astral, que es el vehículo energético que utilizamos para movernos en otras realidades mientras el cuerpo físico reposa. Este cuerpo está directamente vinculado a la cuarta dimensión, al igual que el cuerpo emocional y el cuerpo mental inferior. En esa dimensión habitan la mayoría de las entidades opresoras, y ahí pueden interferir, manifestarse o influir cuando hay grietas energéticas. Si ya existe un desequilibrio emocional sostenido o una infestación mental activa, el cuerpo astral se vuelve extremadamente vulnerable. Porque, aunque solemos pensar que lo que soñamos es solo una creación del inconsciente, en realidad, el plano astral es un territorio real. Y cuando entramos en él podemos ser abordados, observados o directamente atacados por entidades que operan desde esa frecuencia.

Mientras iba investigando, fui entendiendo que el sueño no es un estado de desconexión, sino una puerta de acceso. Un desplazamiento de la conciencia desde la tercera dimensión hacia planos más sutiles en los que lo no resuelto, lo simbólico y lo energético se entremezclan.

Biológicamente, soñamos porque el cerebro necesita procesar la información acumulada durante el día, reparar conexiones neuronales y reorganizar la memoria emocional. Entramos en el sueño a través de un descenso en la frecuencia cerebral: pasamos de ondas beta (vigilia activa) a alfa (relajación), luego a theta (fase de transición) y, por último, a delta, cuando el cuerpo entra en sueño profundo. Pero es en la fase REM,[1] la más activa en el cerebro, cuando ocurre la mayoría de las experiencias oníricas que recordamos: sueños simbólicos, sueños lúcidos, sueños vividos y pesadillas.

Hay distintos tipos de sueño, o yo a los míos los etiqueto así, y cada uno cumple una función distinta.

- Soñar de forma «normal» es un proceso natural del cerebro. Son esos sueños confusos, olvidables, sin pies ni cabeza. De los que te despiertas pensando: pero ¿qué cojones? Como cuando vas paseando por un supermercado en Marte, vestido de plátano, discutiendo con un cactus sobre política municipal y te parece lo más lógico del mundo... Hasta que abres los ojos. (Aunque este en concreto no sé si sería muy olvidable...)
- Las pesadillas forman parte del sueño normal, pero tie-

1. Estudios en neurociencia han demostrado que durante el sueño REM, el cerebro procesa emociones intensas y traumas no resueltos, integrándolos en nuestra experiencia consciente. Investigadores como Bessel van der Kolk, en su obra *El cuerpo lleva la cuenta*, explican cómo los recuerdos traumáticos pueden manifestarse en sueños vívidos o pesadillas, funcionando como una forma que tiene la mente para intentar sanar heridas psicoemocionales profundas. Estas experiencias oníricas, aunque perturbadoras, son parte esencial del proceso de recuperación y autoconocimiento.

nen latente una «alerta» de aquello que tenemos pendiente por resolver o nos preocupa. Es un sueño que no podemos dirigir y en muchas ocasiones, no tienen sentido. De esos en los que estás bailando reguetón con Gandalf el gris, irrumpe en la fiesta Dora la exploradora con una metralleta y acabas fugándote en una furgoneta robada conducida por un perro. (¿Algo que confesar?)

- El sueño vivido se siente en el cuerpo. Puede no tener narrativa clara, pero deja un impacto. Este tipo de sueño se procesa principalmente en el sistema límbico, la zona cerebral que gestiona la emoción y el instinto. Puede estar conectado tanto con procesos internos como con energías externas que nos atraviesan en ese momento. Te dejan bastante mal cuerpo. Suelen tener un contexto más perturbador que tira de lo que hay en el inconsciente y subconsciente, pero sin ser demasiado claro. Si sueñas exactamente lo mismo, con los mismos personajes, y te despiertas con el corazón desbocado, sudor frío o una opresión en el pecho, ahí cambia.

Si tiras un poco del hilo, igual descubres que Gandalf se parece demasiado a tu abuelo, que una vez estuvo a punto de morir y eso te lo contaron de niño como una historia medio graciosa, pero tu cuerpo no lo vivió así. O que Dora la exploradora armada simboliza ese miedo que tienes a la traición disfrazada de inocencia. O que la furgoneta con el perro al volante es tu propia urgencia por huir de todo con el simbolismo de la lealtad enfocada en el perro.

Ahí es un sueño vívido porque el cuerpo lo experimenta con una intensidad que trasciende la lógica. Porque está tocando un miedo inconsciente, un recuerdo escondido.

- El sueño lúcido es distinto. En él, una parte de nuestra conciencia se activa en el sueño. Sabemos que estamos soñando. Podemos intervenir, modificar el entorno, cambiar decisiones o escapar de un escenario. A diferencia del sueño vivido, el lúcido implica control consciente. Se activa la corteza prefrontal del cerebro, vinculada al juicio y a la voluntad. En este sueño puedes cambiar la canción de «Dale don Dale» a «Titi me preguntó», o decirle a Gandalf que vas a perrear con el enano Gimli. Pero cuando Dora interrumpe, piensas: «¡Eh tranquila, este es mi sueño!». Tomando el control de hacer o deshacer a tu antojo, e incluso de eliminarla de la ecuación del sueño y seguir perreando.

En mi caso, lo que viví no encajaba del todo en ninguna de estas categorías. Mis sueños no eran solo sueños. Eran producciones de Metro Golden Mayer, por lo menos. En muchas ocasiones los disfrutaba, sobre todo cuando eran lúcidos, podía moldearlos a mi antojo, convertirme en la superheroína que quisiera, decidir qué ocurría y qué personajes entraban o salían. Pero otras veces, algo se torcía. Y, entonces, el sueño cambiaba de tono sin previo aviso. Era como estar en tu fiesta de cumpleaños, rodeada de amigos, y que de pronto se fuera la luz, cambiara la música y apareciera la banda sonora de *El exorcista*. A veces, una figura cercana a mí cambiaba de rostro y me miraba fijamente. Otras veces, simplemente perdía el control del sueño, no podía moverme ni hablar, y entonces comenzaba la parálisis del sueño. No era un sueño lúcido normal. En ellos Dora no desaparecía, se hacía más fuerte, como si ella controlara el sueño lúcido por mí.

Recuerdo una noche, harta de pasar miedo, decidí que iba a prepararme. Bajo las sábanas, hablaba conmigo misma y planificaba lo que soñaría. Escogía el escenario, las personas, lo que haría y cómo reaccionaría si alguien me atacaba. Me programaba mentalmente con gestos, palabras clave o símbolos personales. Esa noche, repetí una y otra vez mi ancla: un chasquido de dedos que activaría el vuelo. Quería volar y escapar. Y funcionó. Cuando notaba que el sueño se iba a enturbiar, hacía el gesto, volaba o despertaba.

En ese momento no sabía lo que hacía. Para mí era un juego. Pero funcionaba. Y ese juego me daba libertad, poder. Años después entendí que esa práctica era una herramienta onírica real, y que estaba vinculada al ocultismo y a la programación mental. Lo que ahora llamo: abreviatura de trance.

A medida que fui investigando, me encontré con autores como Ryan Hurd y David Hufford, que hablan del fenómeno de la parálisis del sueño como posible ataque psíquico. Hufford estudió durante años encuentros con «presencias» durante la parálisis, y descubrió que más allá de lo psicológico, muchas culturas lo interpretan como acceso real a planos en los que otras entidades pueden manifestarse. La ciencia lo ha encasillado como alucinación hipnagógica, pero quienes lo hemos vivido sabemos que hay algo más.

Yo sabía que no era simplemente una parasomnia. Pero lo que me confirmó esta intuición fue el ataque psíquico más potente que he tenido, uno que ocurrió en sueño lúcido, que incluyó una canalización con una entidad opresora, una premonición... y, de regalo, mi primer estigma.

> Febrero de 2014.
>
> Me veo en el pasillo de un hospital. El aire huele a desinfectante y a carne enferma. Entro en una de las habitaciones, la he escogido sin saber por qué, pero sé que debo entrar. La habitación está en silencio, con una única cama en el centro. Por la ven-

tana entra la última luz del atardecer, y mientras me siento en una silla, noto el sol en la cara. Por un instante, la paz me inunda.

Al volver en mí, ahora hay una persona en la cama: es mi abuela materna. La observo sin apenas acercarme. Está completamente estirada, inmóvil, tapada hasta los hombros con una fina sábana blanca. Recibo la sensación de que está en paliativos, y el silencio aturdidor del ambiente me lo confirma. Me acerco lentamente y noto que en la sábana han aparecido manchas. La destapo poco a poco para comprobar qué es. Su cuerpo está cubierto por vendas, como una momia mal envuelta, y la piel que asoma por los bordes supura un líquido denso, amarillento, con olor a quemado. El rostro está casi por completo cubierto, salvo por el ojo derecho: un ojo lleno de cataratas, sin cejas ni pestañas, abierto, fijo en el techo, como si ya no perteneciera a este mundo. El monitor que le mide el pulso emite un pitido suave, lento, cada vez más espaciado. Siento que en cualquier momento dejará de sonar.

Me apoyo con cuidado en su regazo. Lloro en silencio mientras le suplico que deje de sufrir. Le acaricio la mano vendada, aunque no estoy segura si es su mano o un trozo de cartón envuelto en gasas. Y justo en ese momento, algo cambia. Siento una caída leve en mi cuerpo físico, como un microdespertar. Esa fisura se cuela en el sueño y lo contamina. Me doy cuenta de que sigo en el sueño lúcido. Al levantar la cabeza, el cuerpo de mi abuela, donde reposaba mi dolor, ya no está en la cama. Me incorporo confundida. La busco con la mirada. Entonces la veo: está de pie, de espaldas, muy erguida, frente a una ventana abierta que da a la oscuridad.

Algo en su postura no cuadra. Demasiado recta. Demasiado inmóvil.

Sé lo que sucede. Sé que no es ella. Intento usar mi gesto ancla para salir del sueño con rapidez, pero ya es demasiado tarde.

—Tienes que marcharte —le digo con tono autoritario.

Ella se gira. Muy lentamente. Un giro antinatural que rompe

la lógica del cuerpo humano. Se toma su tiempo, sabiendo que no puedo escapar. Cada segundo que pasa aumenta mi fuga energética. Me busca con la mirada, y su sonrisa torcida me confirma que aquello no es mi abuela. Es otra cosa.

Le vuelvo a ordenar que se vaya, que salga de mi frecuencia. Pero mi voz se apaga. Apenas puedo vocalizar. El aire cambia. La vibración se espesa. Y entro en parálisis.

Abro los ojos. Estoy en mi habitación. A mi lado duerme mi exmarido. Pero no puedo moverme. No puedo llamarlo. Solo puedo esperar. Cada segundo se vuelve eterno. Y la desesperación por no poder salir de ese estado se vuelve agónica.

Entonces la puerta, que minutos antes estaba cerrada, se abre con un leve chirrido. El tiempo se me agota. Tengo que decidir entre seguir intentando despertar o concentrarme en lo que está ocurriendo. Pero ya apenas tengo margen. Lo que entra no camina. Se desliza muy pegada a las paredes, como si necesitara anclarse a los bordes de la realidad para no deshacerse. Está vendada de pies a cabeza, con trozos de tela sucia que se adhieren a su piel. A cada paso, roza la pared con un sonido leve, pero penetrante. Cada roce es como un cuchillo en mi sistema nervioso.

Llega hasta el pie de mi cama y se detiene. La luz que entra por la ventana me deja ver su rostro: no tiene párpados. Los ojos son cuencas abiertas, apagadas. La boca, exageradamente grande, se curva en una mueca que no llega a ser sonrisa. No dice nada. Solo espera. Sabe que en algún momento voy a quebrarme.

En un último intento, le doy la orden mental de que se marche. Pero eso parece enfurecerla más.

En cuestión de milisegundos, se abalanza sobre mí. Su rostro a escasos centímetros del mío, su mirada clavada como un puñal en el centro de mi frente. Su mano se extiende y, con un movimiento brusco, arranca el nórdico de la cama. Noto cómo al hacerlo una de sus uñas roza mi labio. Me arde. Pero sigo sin poder moverme.

Por suerte, si es que en estas cosas existe la suerte, mi exmarido se despierta. Siente el tirón del nórdico y se queja, moviéndose ligeramente. Ese gesto me arrastra de nuevo al cuerpo. Me despierto de golpe, jadeando. Él me pregunta qué estoy haciendo. Me mira. Y al ver mi cara, palidece. No hace falta explicarle nada. No es la primera vez.

Lo que no esperaba era lo que veríamos al encender la luz. El nórdico estaba en el suelo a los pies de la cama, como si alguien lo hubiere arrancado de cuajo de una sentada. Pero lo más impactante fue mi herida en el labio. Justo donde había sentido el roce. Una pequeña pero clara marca, como un rasguño, fina y sangrante. No podía haberme hecho eso durmiendo. Y menos con las manos inmóviles. Aquella herida fue mi primer estigma. Una marca física de algo que no pertenece a este plano. Una confirmación de que aquello no fue solo un sueño. Fue un cruce. Una advertencia.

No le di demasiada importancia a ese sueño. Más allá del susto, la incomodidad, y la evidencia de que, aunque yo quisiera cerrar ese capítulo, aquella cosa seguía ahí, persiguiéndome. La herida en el labio fue el colmo. Una marca real, física, en el cuerpo. Pero, aun así, no supe qué hacer con ello. No encontré palabras, ni tampoco un lugar en el que encajarlo. Simplemente lo aparté, como tantas otras veces. Hasta que en octubre de 2014 recibí una llamada de mi madre. Me dijo que mi abuela estaba ingresada en el hospital. Que llevaba allí semanas. Que estaba muy enferma. Nadie me había contado nada. Ni cuándo la ingresaron ni qué tenía ni cómo estaba. En mi familia solo se informa cuando el desenlace es inminente, como si lo demás no fuera asunto de nadie.

Cuando llegué al hospital, me quedé paralizada. Era el mismo pasillo. La misma habitación. La misma luz cayendo por la ventana. La misma falsa paz que sentí en el sueño, esa que anestesia el cuerpo justo antes del golpe. Y ahí estaba ella: tirada, inmóvil, vendada. Tenía gangrena. Una infección que le había subido desde las piernas hasta la cadera. El olor era penetrante, difícil de soportar. El mismo que había sentido semanas antes. Las sábanas tenían pequeñas manchas, igual que en el sueño. Todo coincidía. Se estaba muriendo.

Después de aquello, tardé años en entender qué había pasado en realidad. Fue solo cuando comencé a estudiar todo este tema que comprendí que lo que había vivido no ocurrió en mi cabeza, sino en otro cuerpo. Como mencionamos antes, el cuerpo astral.

Ese cuerpo que se proyecta fuera de nosotros mientras dormimos, y que nos permite habitar otros espacios que no son de carne, pero sí de memoria, emoción y vibración. El cuerpo astral, como todos los cuerpos energéticos, es una capa más de nuestra conciencia, una interfaz entre lo que sentimos, lo que pensamos y lo que no podemos ver. Y cuando está expuesto o débil por una infestación, se convierte en una puerta abierta.

Cuando una entidad consigue anclarse, tiene un *modus operandi* muy concreto. Si quiere manifestarse en el plano astral, rara vez aparece con su forma original. Y no lo hace por dos motivos: porque su intención es el ataque psíquico y porque sin un cascarón que conecte con nuestro propio mundo interno, no lograría provocar ese colapso energético de raíz.

Nuestra conciencia necesita darle un sentido a lo que percibe, ponerle un nombre, una referencia, algo que pueda sostener sin romperse del todo. Por eso la entidad se adapta a nuestra estructura emocional y toma prestado un cascarón. Una forma que tenga peso para nosotros. No es que «finja» ser otra cosa, sino que se transforma en algo que nuestra mente pueda digerir sin implosionar. Si se mostrara tal cual es, el impacto sería tan bestia que ni siquiera nos haría caer en un punto concreto: simplemente nos dejaría anulados.

Y ese cascarón no es casual. La entidad escanea nuestro sistema y elige con precisión la imagen que mejor le permita acceder a la frecuencia que está buscando. Si se alimenta del ego inflado, aparecerá como un guía, una diosa, un maestro, alguien que hinche nuestro sentimiento de poder. Pero si lo que la nutre es la herida, entonces adoptará el rostro de lo que más nos dolió: un familiar, alguien que nos abandonó, una relación que nunca cerró del todo.

El objetivo es siempre el mismo: romper nuestras defensas y anclarse en el campo energético o, si ya lo ha hecho, seguir con el proceso de infestación. Y lo logra justo ahí, en ese punto ciego en el que todavía no hemos querido o no hemos podido mirar.

Este tipo de ataque psíquico puede darse tanto en un sueño vívido como en uno lúcido. En el sueño vivido se siente como una amenaza difusa, algo que no sabes explicar, pero que el cuerpo capta enseguida. Te despiertas agotada, con el pulso disparado, con esa sensación rara de haber sido invadida. La escena suele estar cargada de símbolos potentes, pero tú no manejas nada. Todo te arrastra, como un espectador.

En cambio, cuando el ataque sucede en un sueño lúcido, el golpe es todavía más *heavy*. Porque sabes que estás soñando. Y, aun así, no puedes hacer nada. Ves cómo el entorno se retuerce, cómo pierdes el control poco a poco, cómo tus recursos, ese gesto ancla que, tanto usas, dejan de tener efecto. Y eso crea una ansiedad tremenda.

Lo más angustiante no es solo lo que sucede, sino estar lúcida ahí dentro, sentirte despierta en un cuerpo que no responde, mientras algo ajeno, toma el mando. La lucidez no te salva, te deja atrapada en un teatro que ya no puedes dirigir. Y esa conciencia de estar perdiendo el control, de ser testigo de tu propio secuestro, es lo que lo vuelve tan devastador.

En el lúcido siempre hay un momento de inflexión, de duda, de que el Ctrl+F5 no tira y por mucho que le des a refrescar, parece que el wifi se ha ido. Se modifica el ambiente, se tensa y comienza una cuenta atrás. La entidad, presente en el sueño o por aparecer, marcará gestos sutiles: una expresión que no encaja, un movimiento extraño, una mirada demasiado fija. Pero hay un momento, casi siempre cuando la conciencia empieza a dudar, en que la forma se quiebra. Los ojos se agrandan o se vacían. La boca se alarga demasiado, con una sonrisa tensa, forzada. La piel parece artificial, sin vida, como si el cuerpo fuese una carcasa de goma estirada desde dentro. A veces los movimientos son desincronizados, como si no supieran manejar del todo el cuerpo que ocupan. Otras veces, el rostro parece congelado en una mueca que no cambia, como un disfraz a punto de romperse. Otras pudieran parecer figuras hiperlaxas o molestas, como monos que se te pegan y no puedes quitártelos de encima. Dependiendo del tipo de entidad que sea y el motivo por el cual se ha atraído, la entidad tendrá más o menos control del sueño.

En ese punto el cascarón deja de sostener la ilusión y la energía original de la entidad se filtra por las grietas. Se siente. Aunque el cuerpo proyectado siga teniendo un nombre y un rostro reconocible, ya no es esa persona. Es otra cosa. Y tú lo sabes, porque el cuerpo energético lo percibe antes que la mente. Y ese instante de reconocimiento, cuando te das cuenta de que eso frente a ti no es lo que parece, es también el momento exacto en que más energía pierdes. Porque el cuerpo reacciona como si estuvieras ante un depredador. Porque, en realidad, lo estás.

El siguiente paso podríamos llamarlo el secuestro del espacio onírico. Una de las señales más claras de que esto que está sucediendo es la distorsión del sueño lúcido. Ya nada funciona, ni siquiera el abrir el administrador de tareas ni querer apagar el ordenador, no responde el *software*. Esa parálisis interna, esa pérdida de control de un espacio que antes manejabas, es una de las señales más evidentes de que la conciencia local ha sido invadida en algún grado.

Si hay ataque psíquico en el sueño lúcido, y está conectado con un origen colapsado de nuestra frecuencia, ya no hablamos de una simple interferencia astral. Es señal de que la infestación emocional y mental ya ha ocurrido, y ahora la entidad se aposenta en el cuerpo astral, el puente más cercano entre el plano energético y la conciencia. No es una posesión total, pero sí una ocupación parcial, una toma de espacio psíquico en la que la entidad prueba hasta dónde puede entrar antes de encontrar resistencia.

Aquella entidad tomó la forma de mi abuela por una razón concreta. No fue solo una elección aleatoria en mi archivo emocional. Había una herida vinculada a ella. Una que, como ya revelamos al inicio de este libro, formaba parte de una lealtad inconsciente que atravesaba todo mi sistema. En aquel momento yo aún no lo sabía. No tenía las palabras ni la información ni la madurez emocional para unir las piezas. Pero la entidad sí lo sabía. Porque la entidad no actúa desde la razón, actúa desde la frecuencia. Y donde hay herida no integrada, hay puerta abierta.

Observando otro tipo de manifestaciones en los sueños, quise investigar aquellos escenarios que no solo eran familiares, sino profundamente perturbadores. Sueños de contenido sexual, incestuoso, agresivo o directamente tabú. A veces con personas cercanas. A veces con figuras del árbol a las que apenas conocía y mantenían procesos incestuosos entre sí. Y otras, con rostros desconocidos pero que resonaban con una parte de mí que no quería mirar.

No todos los ataques psíquicos oníricos son producto de una infestación a la conciencia local. En ocasiones, simplemente se adhieren a una fuga de energía concreta y la representan. Como si estuvieran diciendo: «Mira esto, porque aquí hay algo». A veces lo mostraban con violencia. Otras con seducción. Pero siempre con la misma intención: señalar el núcleo de una herida reprimida o silenciada en el clan.

Sueños sexuales, incestuosos y tabú

Hay sueños que no se cuentan. No porque no se recuerden, sino porque duele admitir que los tuvimos, porque dan mucha vergüenza. Sueños que rebasan toda moral y ética. Con figuras familiares en posiciones que repelen y confunden. Con dinámicas que se sienten sucias, incómodas o directamente traumáticas. Y lo primero que aparece tras despertar suele ser la culpa, la vergüenza o el asco. Pero lo que he aprendido es que estos sueños no aparecen para juzgarte, sino para mostrarte algo que no está resuelto.

Siempre he creído que tengo un problema con la sexualidad. No sé exactamente el origen, pero debe ser un *poti-poti* de todo: por experiencias propias, por la cultura, por el rol y por las heridas heredadas. A medida que he ido dando formaciones, me sigo encontrando con lo mismo: mujeres que, al igual que yo, tienen muchísimos problemas con su sexualidad, saben que algo no está bien y no entienden por qué, si ellas no sufrieron ningún abuso en la infancia.

Gracias al momento que vivimos con el feminismo y esta apertura de conciencia social, he podido entender que para sentirse violada no es necesario que te hayan forzado físicamente, me di cuenta de esto hace pocos años.

El abuso sexual ha sido un gran impedimento para mi desarrollo en todos los aspectos. Partiendo de una educación en la que ni siquiera podía decir en voz alta que tenía la regla, me ha costado mucho tener una estructura sólida de lo que es el placer y de cómo sentirme libre y sin juicio ante él.

La sexualidad ha sido tabú. La única información obtenida ha sido por medios propios y el aprendizaje por observación, así que ya te puedes imaginar la porquería de creencias que he desarrollado hasta ahora.

Recuerdo un momento clave de mi vida en el que me planteé, con diez años aproximadamente, si lo que percibía de mi entorno era correcto o no. Recién se iba a estrenar la película *Torrente 2*, y como era costumbre en mi familia iríamos al cine a verla juntos. En una de las escenas del principio, se ve al personaje en un *jacuzzi* con varias mujeres y hace un comentario: «Qué fea es, pero no veas qué bien la chupa». El cine petó a carcajadas, yo también reí, sin saber exactamente de qué, solo por inercia. A la salida del cine, algunos adultos iban comentando la película y, de nuevo, hicieron hincapié en aquella escena con las risas pertinentes. «¡Pues sí que debe ser gracioso!», pensé. A la mañana siguiente, estaba en la clase de educación física, y buscando el reconocimiento en el humor de mis amigas, les conté lo que había visto en la película haciendo voz de adulto al imitar aquella frase. Nadie rio, evidentemente, solo se quedaron mirándome en un silencio sordo que se quebró a los segundos cuando la profesora fue consciente de lo que acababa de suceder.

—¡Natalia!, qué *carallo diux* —exclamó en gallego—. ¿Cómo se te ocurre? ¿De dónde sacas eso? —esperó mi respuesta unos segundos clavando sus ojos como platos en los míos.

No contesté obviamente, pero me pregunté: «¿Qué era exactamente lo que estaba mal? ¿Por qué aquello que hacía reír a los míos, era incómodo para ella? ¡Qué vieja tan amargada!», pensé.

Pero partiendo de la base de que no debería ni haber ido a ver aquella película, nadie absolutamente nadie me explicó por qué aquello no estaba bien o estaba mal, y de nuevo el silencio fue el mejor envoltorio para el tema. Lo único que sabía era que lo que tuviera que ver con los genitales era un tema complicado, y yo tenía una sensación de entre asco, curiosidad, desaprobación e interés; o sea, el cóctel perfecto para ser víctima de abuso.

Supe que fui víctima de abuso sexual durante toda mi vida y, aunque sí sufrí violación consentida como tal, antes había vivido ese abuso de otras formas. Estas claves me las dio Vicki Bernadete[2] en una de las conferencias a las que asistí. Fui para poder proteger a mis hijos, pero me di cuenta de que la primera que no se había protegido era yo. Hubo una estadística que me impactó mucho, y es que el gran porcentaje de abuso infantil se produce en el entorno familiar: un amigo de la familia, un primo, un abuelo e incluso un padre. «Estáis aquí para que vuestros hijos no sean las últimas gacelas», dijo Vicki. ¿Tengo que darles herramientas a mis hijos para que no sean víctimas de abuso? Sí, lamentablemente sí. Aquello me destrozó. La mayoría de los niños lo ocultan, a veces hasta el final de sus vidas. Por vergüenza, por miedo, por desinformación, y yo no quería que mis hijos tuvieran miedo de contarme nada, porque yo sí lo tuve, y pese a que sí lo conté, se me echó la culpa a mí.

Mi abuela tenía un vecino, amigo suyo de toda la vida, el señor Miguel. Un hombre respetable, introvertido y cortés.

2. Vicki Bernadet es una reconocida terapeuta y conferenciante especializada en sexualidad consciente y sanación de heridas emocionales. A través de su trabajo, ha ayudado a muchas mujeres a comprender que el abuso no siempre es físico ni evidente, sino que puede manifestarse en formas sutiles de manipulación, control o desvalorización. Su enfoque invita a reconocer la importancia de dar voz a estas heridas, romper el silencio y recuperar el poder personal como camino esencial hacia la sanación y la libertad emocional.

Siempre saludaba al vernos por la calle y comentaba el buen día que hacía y demás mierdas. ¿Pero sabes qué hacía el señor Miguel cuando podía ser solo Miguel? En las tardes que jugábamos mis amigas y yo en el parque, nos invitaba a acompañarlo porque nos iba a dar caramelos. Hasta que uno de esos días nos hizo seguirle hasta un *parking* a unos diez metros del parque, se metió entre los coches y mientras sacaba los caramelos con una mano, con la otra comenzaba a masturbarse. Pene fuera y todo, no te pienses que el tío se cortaba. Algunas amigas empezaron a reírse, supongo que, de los nervios, pero yo me fui corriendo de allí sin saber exactamente qué pasaba. Lo que sí sabía era que algo no estaba bien, así que decidí ir corriendo a buscar a mi abuela y se lo dije delante de sus amigas. Mi abuela se quedó muerta, me zarandeó del brazo y con un chasquido me hizo callar.

No sé ni cómo continuar... Siento culpa y rabia, y a la vez pena. ¿Qué debió callar ella para no poder sostener aquello? No me consuela, ni me es excusa. Aquel cerdo siguió abusando de mis amigas, mientras yo me quedaba en el columpio y las veía de lejos acompañarlo. Aún vinculo el sonido de las cadenas del columpio con aquella sensación de miedo y desamparo, de asco y vergüenza. Me quedaba balanceándome solo con la fuerza del viento y la mirada en el suelo, observando el movimiento de mis pies nerviosos, a la espera de que ellas volvieran para jugar conmigo. Cuando lo hacían, venían masticando Sugus sin importar el precio de aquel intercambio.

Esa vez pude escapar de aquel monstruo, pero no pude hacerlo de otros, ni siquiera cuando debería tener más herramientas y conciencia.

No supe lo que era el placer real hasta que no estuve con alguien que me respetaba simplemente por ser persona. Suena triste, y lo es. Porque durante años creí que mi papel en el sexo era complacer. Que, si lo hacía bien, si era suficiente, si me adaptaba, si aceptaba..., entonces ganaría algo a cambio: afecto, atención, permanencia o, al menos, no ser abandonada. Confundí entrega con estrategia, deseo con deber. Me programé para leer las necesidades del otro antes que las mías, y aprendí a desconectarme del cuerpo para mantenerme a salvo. Lo que yo sintiera daba igual. Lo importante era cumplir. Estar disponible. Ser válida.

Y eso también es abuso. Porque el consentimiento basado en miedo, necesidad o interés no es consentimiento. Es supervivencia. Es decir que sí cuando por dentro gritas que no, pero no sabes cómo sostener las consecuencias. Es poner el cuerpo sin habitarlo, ofrecerlo con la esperanza de que te amen un poco más, o al menos no te dejen. Eso también es violación, aunque no sea violenta. Aunque nadie te fuerce físicamente. Porque en el fondo no estás eligiendo el placer, estás eligiendo sobrevivir.

Solo cuando me vi desde fuera, cuando pude sostener mi deseo sin culpa y ocupar mi cuerpo con dignidad, entendí lo que era realmente sentir. No desde el deber, no desde la deuda, no desde el miedo. Sentir porque sí. Porque mi cuerpo lo pedía. Porque yo lo quería.

Y esto me pone muy triste, si yo que he vivido en una sociedad un poco más avanzada en cuanto al papel de la mujer, ¿qué dolor tenían los ojos de mis antepasadas? ¿Cuánto has callado, abuela? ¿Cuánto has tragado, tía, amiga, madre...? Mucho. Lo dice el árbol. Lo dice la psicosomática del cuerpo, lo grita la piel, las adicciones, lo dice el insomnio, la ansiedad, la rabia muda... e incluso lo muestran vuestros demonios.

Lo que callaron las abuelas pesa más de lo que imaginamos. Fueron mujeres que vivieron en tiempos de guerras, cuando la muerte era una visita habitual y la pérdida de hijos, un dolor constante que pocas veces pudo expresarse. Fueron esas abuelas que al vivir en escasez generaron un decreto ante el clan, como, por ejemplo, la necesidad de tener la mesa llena, un exceso de comida que habita una creencia limitante con esa escasez, esa abuela que te pregunta una y otra vez si tienes hambre, y si bien le dices que no cuarenta veces, te ofrece un huevo frito con la misma insistencia, como si ese pequeño plato fuera un tesoro que ella nunca pudo compartir con sus hijos. Ese huevo que no pudo comer, ni dar, porque simplemente no había. Y nosotros le decíamos: «Yaya, que te he dicho que no, ¡qué pesada estás!». Y la yaya lo único que hace es tirar de su mapa de creencias para darte lo que no tuvo.

Soportaron abusos invisibles, embarazos no deseados que debían esconder bajo capas de silencio. Fueron madres jóvenes que quizás tuvieron que entregar a sus propios hijos a sus padres, criándolos como hermanos, porque la sombra de una violación las marcó sin derecho a consuelo. En esos casos, se instaló un decreto silencioso que decía: «No soy suficiente para cuidar, debo sacrificarme y dejar que otros tomen el control», o no merezco ser madre, no puedo sostener esta responsabilidad. Estos decretos cargan con sentimientos de abandono y falta de poder que atraviesan generaciones que no quieren ser madres o no pueden, o lo desean de manera ferviente como reparación.

Ese silencio, esas historias no contadas, esas heridas que no tuvieron voz, se convierten en un trauma que se aloja en la memoria colectiva y que nosotros cargamos sin saberlo. Nuestra mente y nuestro cuerpo mantienen patrones limitantes, reaccionan a esas historias calladas, inculcadas como decretos de clan, repitiendo viejas cadenas emocionales que no comprendemos del todo.

Cuando en el clan hay un trauma, esa energía no solo se hereda en forma de silencios y creencias. Se queda impregnado en las células moldeando nuestra biología, nuestro sistema inmunológico, e incluso nuestra predisposición a ciertas emociones y reacciones.

Pero no únicamente queda impregnado en el ámbito físico, esto se extiende a nuestro campo energético y cuando puede se proyecta. Y lo hace ahí, en los espacios más propicios para manifestarse, en el plano astral a través del sueño.

Cuando se trata de un ataque psíquico de carácter sexual, las entidades opresoras no solo cogen el cascarón de aquel personaje que tenga vínculo con la herida, sino que otras veces toman una forma abstracta: contacto no deseado, una escena sexual que empieza como juego y acaba en terror. Son sueños que al principio excitan y te acaban perturbando o todo a la vez. Conozco testimonios que dicen soñar con un cuerpo, genitales o roles contrarios a los suyos, y que en esos escenarios violan, humillan o perturban la paz de alguien inocente o vulnerable. A veces incluso manteniendo sexo con familiares.

El ataque psíquico en el sueño vivido no es controlable. No puedes evitarlo, no puedes dirigirlo. Pero el deseo, la excitación, el asco y la vergüenza se sienten igual de reales. Es como si alguien te metiera comida en la boca sin que veas cómo lo hace, pero aun así pudieras saborearla. Tu cuerpo reacciona, aunque tu voluntad no esté presente, y eso se hace muy castigador.

Muchas veces ocurre que la excitación es tal que puedes llegar a tener poluciones nocturnas. Pese a que el escenario que se sueña se salte la ética y la moral de todos tus valores, y eso empeora el asunto.

En el sueño lúcido es distinto. Cuando ocurre el ataque psíquico es como si de repente, en un escenario que no controlas, entra Jessica Rabbit. Esa seducción y energía sexual te impide comprender que estás perdiendo el control del sueño y te dejas llevar a la sumisión. Y cuando te quieres dar cuenta, has sucumbido a lo obsceno y denigrante. Esa Jessica Rabbit ha podido convertirse en un niño, una anciana o incluso un animal, y tú no sabes en qué momento has querido llevar a cabo aquello ni cómo ha ocurrido.

Aunque pueda sonar perturbador, esa simbología es importante para poder sacar en claro aquellas memorias, tanto del clan como propias que el psicodrama sexual en sueños nos ha mostrado. La entidad sabe perfectamente qué imagen utilizar, qué tono de voz poner, qué recuerdo tocar. Puede aparecer como alguien a quien amaste, como una versión idealizada de ti misma o incluso como una figura arquetípica: un guía, una sacerdotisa, un hombre de poder. Entender el escenario requiere no meter mente ni juicio, porque si lo analizamos desde la moral o desde la lógica, bloquearemos el mensaje. No se trata de justificar el contenido, ni de revivirlo con culpa, sino de leerlo como un mapa. ¿Qué acto se estaba llevando a cabo? ¿Quién oprimía? ¿Quién era la figura vulnerable? ¿Estabas tú sintiendo placer o solo cedías? ¿Era una escena que comenzaba como deseada y luego se volvía en tu contra?

Muchas veces, el ataque llega disfrazado de deseo. Pero no es tu deseo. Es una forma energética que te seduce desde la fractura, como Jessica. Que utiliza tu historia, tus vacíos, tus repeticiones para recrear una escena en la que tú crees que estás participando..., pero, en realidad, estás siendo usada. Por eso, muchas veces, la sensación tras despertar es de desconcierto, porque en el sueño no dijiste que no, pero tampoco estabas diciendo que sí con el alma. Y ahí está la trampa, en el ego que reacciona, que quiere controlar la escena, salir rápido del sueño, imponer una resolución. Pero el ego no tiene herramientas para sanar lo que no entiende. Solo responde al dolor. Y si no comprendemos de dónde viene ese dolor, desde qué herida se alimenta la escena, nos quedamos atrapadas en un bucle, intentando huir de lo que en realidad necesita ser mirado.

El sueño sucede porque hay una respuesta vibracional. Una frecuencia activa que atrae exactamente aquello que resuena con ella. La entidad no aparece para ayudarte a sanar. No busca tu evolución. Solo se adhiere al desorden, al hambre emocional que emite tu campo. Pero, aun así, si sabes mirar, el caos que provoca puede convertirse en el inicio del trabajo profundo. El ataque, aunque devastador, puede ser la señal más clara de lo que ya no puede seguir negándose.

Y cuando logras sostener esa escena sin juicio, sin querer escapar, y empiezas a leer el símbolo, a escuchar lo que el cuerpo sintió, entonces algo cambia. Porque el poder ya no está en lo que te pasa. El poder está en cómo decides observar y qué haces con ello después.

Capítulo XIII

Cuando la energía busca forma: El *poltergeist* y los fenómenos paranormales

Pongo la mano en el fuego que no fui la única. Seguro que tú también, en algún momento de tu infancia, te quedaste mirando fijamente un lápiz, una piedra o una tapa de boli con la esperanza de moverlos con la mente. ¡Qué daño nos hizo Matilda! Esa niña con poderes y trauma familiar activó en muchos de nosotros una fe irracional en nuestra telequinesis latente.

Yo, por ejemplo, me lo tomé muy en serio. Me obsesionaba con la idea de que era posible. He de confesar que Matilda se me quedaba corta; necesitaba algo más potente, y entonces apareció *Carrie*, Carrie White, de Stephen King. ¡Buah! Ninguna fiesta de fin de curso en mi colegio volvió a ser igual después de esa película. Menos mal que no me dio por pedirle a mi padre que me gritara o me maltratara para ver si así despertaba mis poderes. Porque ya estábamos en ese punto de la fantasía en el que creíamos que el dolor era un potenciador, una especie de combustible oscuro para crecer y transformarnos.

Yo me creía una diva tipo Melody. Iba predicando por clase que yo era hechicera y que tenía poderes. Tendríamos, no sé..., ¿siete? ¿Ocho años? Hasta que, como a Cristo, un día me pidieron una prueba.

—Si tienes poderes, ¡demuéstralo! Venga, mueve algo —me retaron mis compañeros.

Y, claro, yo que sabía salir por la tangente, me puse mística. Muy Frodo Bolsón:

—Sin mi anillo de poder, no puedo hacerlo —les dije con tono condescendiente.

—Pues tráelo. Esta tarde, lo traes y nos lo demuestras —me exigieron.

Obviamente, una diva no puede retractarse. Así que ahora necesitaba dos cosas urgentes: un anillo mágico y poderes reales. Al salir a mediodía, lo primero que hice al llegar a casa de mi abuela fue ir directa a la habitación de mi tía. Ella tenía que tener un anillo con aura de magia. Y lo encontré enseguida. Era enorme, rosado, transparente, de resina. Estilo sello, pero más grande, cuadrado, de unos tres centímetros. Pesaba y brillaba. Ideal para el numerito que me tocaba hacer.

A las 14.50 horas me planté en la puerta del cole con mi anillazo puesto. Al girar la esquina, mis compañeros vinieron corriendo hacia mí. «Mierda, no se les ha olvidado», pensé. Era la hora. A ver cómo salía de esa.

—A ver, ¿tu anillo mágico? ¿Tiene poderes? ¡Demuéstralo! Mueve ese papel —dijo uno, señalando un clínex en el suelo.

Me rodearon como en un juicio infantil. Diez niños mirándome fijamente, esperando el milagro. «Es la hora», me dije a lo Rafiki en *El rey león*, levanté la mano lentamente y mientras lo hacía, ejecuté esa técnica rarísima que tenía de hacer como una descompresión en los oídos, una especie de zumbido que me ayudaba a concentrarme. Y justo cuando apunté con el anillo al papel, dije:

—¡Muévete!

Y pasó. Una ráfaga de aire, maravillosamente casual, levantó el papel con suavidad.

Éxtasis. No puedes imaginar sus caras. Si aquello hubiera pasado en 2020, me habrían puesto unas gafas pixeladas en *slow motion* y un *zoom* dramático en blanco y negro. Brutal.

La cosa no quedó ahí. Aun dudando, algunos pidieron otra prueba. Y otra casual ráfaga de aire hizo exactamente lo mismo en el momento justo. Fue mi coronación.

Pero para más inri, esa misma tarde ocurrió algo más. Mientras estábamos en clase, uno de los compañeros que había sido testigo del «milagro» no paraba de hacerme preguntas. Estaba pesado. Le dije que se callara, y medio en broma le di un toque en la visera de la gorra. Justo en ese momento, otro niño que jugaba con una silla resbaló y se cayó al suelo. La clase quedó en silencio. Y el niño dijo en voz alta:

—¡Ha sido Natalia con sus poderes!

Salí del colegio llena de autoestima y gloria, cual Aquiles tras haber derrotado al gigante de un solo bandazo. Y, por supuesto, quise repetir la experiencia. Quise comprobar si de verdad había ocurrido algo más que una casualidad. Porque para mí, yo no había visto moverse el papel por el aire: lo había movido yo. Quería volver a sentir ese poder. Le puse empeño, créeme.

Y entonces viene la gran pregunta: ¿qué es lo que pasa realmente cuando un objeto inanimado cobra vida? ¿Por qué se cae la foto de tu abuela justo después de hablar de ella? ¿O cuando el cuadro de «Aquí vive una familia feliz» se descuelga de golpe justo después de una discusión con tu exmarido? (No es broma, también es anécdota.)

Casualidad, dirán muchos, muchas, muches. Y ¿cómo en medio de una parálisis del sueño se me propicia un corte en el labio? ¿Cómo salieron esos tres libros disparados contra la pared?

Porque una cosa es que se mueva un papel con el viento, y otra muy distinta es que lo que se mueve no tenga explicación física, ni meteorológica ni lógica. Que lo que se rompe no sea el objeto, sino el velo. La cuestión es: ¿puede lo intangible traspasar la materia? Cuando lo que se desajusta no es el objeto, sino el plano, ahí empieza el tema: cuando lo invisible se cuela en lo físico.

Creo que esto no va de fantasmas cabreados lanzando libros. Un *poltergeist*, desde lo oculto, es básicamente una fuga de energía que ya no cabe dentro del sistema. O bien porque hay una entidad externa interfiriendo, o tú mismo cuando ya no puedes sostener más carga emocional. Y... ¡zas! Se manifiesta. Golpes, luces que se apagan, cosas que se mueven, electrodomésticos que fallan... Y todo eso, en muchos casos, pasa justo después de una bronca, un colapso emocional o una movida interna que no se digiere.

Esto no me lo invento yo. Tanto el parapsicólogo William Roll como el doctor español José Luis Marín Parra, que ha escrito varios ensayos sobre infestaciones energéticas y psicoenergía, coinciden en un patrón que se repite: adolescentes, en especial mujeres, en entornos familiares tensos o desestructurados.

Roll lo llamó «recurrent spontaneous psychokinesis» (RSPK): psicoquinesis espontánea recurrente. Es decir, la energía de la persona, sin que la controle de forma consciente, interfiere en lo físico. El doctor Parra lo amplía aún más y relaciona estos fenómenos con «saturación energética por tensión emocional sostenida», algo que, según él, afecta sobre todo a personas en procesos de identidad, cambios hormonales o bloqueos afectivos. Cuadra con mi experiencia personal con los libros volando. No podría haber habido más estrés y colapso en esa casa.

Y luego está Jung, que, aunque no hablaba de «demonios», sí decía que, cuando algo no puede sostenerse en la mente, sale por donde puede. En uno de sus casos, cada vez que un paciente hablaba de cierto tema, en la consulta se rompía un mueble. Casualidad, ¿no? Para él era sincronicidad. Para mí, una señal de que lo simbólico ya estaba buscando cuerpo.

En el ocultismo esto no se ve como algo paranormal, sino como algo normal... cuando lo energético está desbordado. Según las leyes herméticas, lo físico es lo último en manifestarse. Todo lo que llega al cuerpo, a la casa o al entorno antes ha sido pensamiento, emoción o vibración sostenida. Así que no, no es «de repente». Es que no se atendió antes.

¿Es una entidad? ¿O es el campo emocional desbordando? A veces es una cosa. A veces la otra. Y muchas veces, las dos.

Porque cuando hay infestación, una entidad puede aprovechar el terreno emocional para expresarse a través del entorno. Y cuando no la hay, puede ser el propio sistema emocional de la persona el que lo genera todo. Sin necesidad de fantasmas. Solo con lo que llevamos dentro.

El problema es que muchas veces no sabemos distinguirlo. Y lo que es peor: no lo hablamos. No le damos lugar. Y entonces se repite. Se amplifica. Se convierte en parte del decorado de la casa: «Es que siempre se apaga la tele sola», «Es que desde que se murió el abuelo, el perro no entra en el comedor».

Infestación en el hogar

Al igual que pasa con una enfermedad, cuando aparecen los primeros síntomas, el virus ya lleva días en el cuerpo. Pues con la energía ocurre lo mismo. Cuando empiezas a sentirte raro en casa, con pesadez, cansancio o malestar sin motivo aparente, probablemente el campo energético del hogar ya lleva tiempo infestado. El lugar en el que vives también tiene memoria. Lo que pasa ahí se queda. Las broncas, las lágrimas no lloradas, los silencios tensos, los duelos que no se cierran..., todo eso deja huella.

A eso lo llamo foco de colapso. Es como el olor del humo del tabaco. Al principio solo flota en el aire, pero si se fuma a diario, ese olor se pega a los muebles, a las paredes, a la ropa. Se instala. La energía densa funciona igual. Un mal día no pasa nada. Un bajón puntual, tampoco. Pero si constantemente dejas «olores energéticos» por donde pasas, porque vas con fugas leves, con dramas sin resolver, con heridas que se abren y no se limpian, la casa empieza a absorberlo todo. Y si no se ventila, si no se mueve, si nadie hace limpieza energética real, ese ambiente se vuelve tóxico.

Y ahí es cuando empieza lo serio, cuando esa acumulación energética que ya huele a encierro emocional genera un foco de colapso y empieza a atraer presencias. Entidades que proliferan en lo que tú mismo generaste, las larvas energéticas. Estas no tienen mala intención. Ni siquiera intención. No piensan, no planean, no se meten en tu conciencia. Son como peces carroñeros del plano sutil, se acercan a la basura emocional, se alimentan de lo que sobra. Son esas energías que flotan por ahí, que se adhieren a ti cuando llevas días sin limpiar tu campo, sin gestionar tus emociones, sin mover la tristeza o la queja. Como bacterias del campo energético, no vienen a dañarte, pero si el terreno está sucio, se reproducen. Y lo que hacen es drenarte. Te dan más sueño, más apatía, más nublazón mental. Te sientes pesado, apagado, y sin saber por qué, cada vez más lejos de ti.

¿Y qué pasa si la casa ya está cargada, si tu campo energético está saturado y encima no haces nada con eso? Pues que la mierda genera más mierda. Y donde hay basura energética, no solo vienen las larvas, vienen entidades de más peso.

Ahí es cuando empiezan a aparecer las entidades demoníacas menores. Son entidades de frecuencia baja que intensifican el caos cuando ya está desatado.

Y si eso se sostiene..., si nadie limpia, si se siguen abriendo grietas, si todo el sistema (la casa, el cuerpo, la familia) vibra en baja frecuencia de forma constante, no es que se cree una nueva entidad, sino que el terreno se vuelve perfecto para que algo más grande se ancle. Ahí es cuando puede aparecer un egregor.

Un egregor no es una forma energética que creamos con la mente. No es algo que fabricamos como quien visualiza una tulpa o imagina un monstruo. No. Como todas las conciencias creadas por la conciencia primera, el egregor ya existe. Tiene autonomía. Es una conciencia mayor que busca puntos de anclaje donde haya fuga de energía sostenida y compartida. Y esa fuga suele venir de creencias rígidas, de normas no cuestionadas, de lo que «tiene que ser» o «no se puede hacer». Pueden instalarse en una casa en la que hay una exigencia silenciosa sobre cómo vestir, hablar o comportarse. Donde si te sales del molde, se genera tensión, juicio o castigo emocional. Hay egregores en edificios con culturas sociales fuertes y clasistas, en barrios que vibran en ideologías políticas que excluyen, en oficinas en las que todo gira en torno a la productividad como valor absoluto. Hay egregores en estadios de fútbol, en escuelas, en gimnasios... y sí, también en los parques infantiles, en los que se sostiene una energía de control, comparación y expectativas cargadas sobre los niños. No necesitas ver nada moverse para saber que hay algo ahí, lo notas en el ambiente, en el cuerpo, en la presión energética que se filtra, aunque nadie hable.

En un mismo campo energético pueden convivir varias cosas a la vez. Puede haber un egregor anclado a una historia colectiva, pero también larvas alimentándose de tu desgaste emocional, o incluso un demonio menor amplificando el conflicto. A veces, hasta un demonio mayor, si la fractura está lo bastante abierta. Cada uno con un origen distinto, cada uno con un objetivo propio, pero todos vibrando en el mismo espacio si encuentran la puerta abierta.

Testar la presencia de un egregor es muy difícil. Porque es una conciencia mayor, y su mayor habilidad es sabotear tu percepción. Hará todo lo posible para que creas que eres tú quien piensa, quien siente, quien decide. Y lo más probable es que si hay un egregor anclado en el lugar en el que vives, también haya ya una infestación parcial de la conciencia local. Y cuando eso pasa, el testeo energético, ya sea con péndulo, kine, canalización o pregunta directa, suele salir saboteado. El egregor no quiere que lo veas. No quiere que lo nombres. Pero sí puedes sentirlo. Porque, aunque te nuble la mente, el cuerpo somatiza todo.

Aquí van algunas señales que he identificado, en mí, en mis espacios y en quienes me rodean, cuando un egregor está activo y anclado:

- Sientes que todo lo que haces se sabotea. No importa cuánto te esfuerces, algo siempre falla, se cae, se retrasa o se bloquea. Como si hubiera una fuerza que te empuja hacia el mismo punto una y otra vez.
- El entorno se vuelve repetitivo. Siempre las mismas discusiones. Los mismos roles. El mismo peso emocional. No importa cuántas veces lo hables o lo trabajes: todo gira en bucle.
- Tus pensamientos se distorsionan. De repente te descubres pensando cosas que no encajan contigo. Dudas de ti, de tu valía, de tus elecciones. Y lo más inquietante es que te parecen lógicas.
- El cuerpo reacciona al lugar. Cuando estás fuera, respiras mejor, piensas con claridad, incluso duermes. Pero cuando vuelves a casa, todo se vuelve denso, incómodo, confuso. A veces incluso aparecen síntomas físicos sin razón médica clara.
- Sueños extraños o pesados que se repiten en la misma casa. Sensaciones de vigilancia, presencias, oníricas o no,

en una habitación concreta. La casa tiene puntos fríos o rincones en los que no quieres estar, pero no sabes por qué.

- La energía se drena más rápido de lo normal. Por más que descanses, comas o medites, algo sigue chupando. Como si tu sistema no pudiera regenerarse del todo.
- Hay patrones heredados que nadie cuestiona. «Aquí siempre ha sido así.» «Esto es lo que hay.» Frases que te dicen (o te dices) como si fueran verdades absolutas. Creencias instaladas sin origen claro, pero que sostienen toda una estructura.

Un egregor no se presenta con fuegos artificiales. A veces no se nota por lo que hace, sino por lo que impide. Es una prisión energética sutil. No necesitas ver una entidad, de hecho, no creo que pudieras verla, al menos con los sentidos físicos. Basta con que te observes un segundo y no te reconozcas. ¿Te acuerdas de la historia de las llamadas de mi hermano a mi padre a las tres de la mañana? Aquello no era solo una rareza. No era una entidad aislada haciendo ruidos. Fue una pista. Una grieta por la que la memoria del clan estaba pidiendo paso.

Lo que se había activado no era solo una infestación personal hacia mí, sino también un egregor. Un campo energético colectivo que llevaba años anclado al sistema familiar. Una conciencia que sostenía un pacto emocional antiguo, una lealtad enquistada que atraía sigilosamente experiencias de repetición, de castigo o de sumisión, para que nadie cuestionara el lugar que le había sido asignado.

Cuando mi abuela tenía catorce años, (la edad aproximada que tenía yo cuando ocurrió lo del ritual y el chico cayó por las escaleras), rompió un acuerdo de matrimonio con un joyero con el que ya estaba prometida. Fue su primer acto de rebeldía, y también el que la separó emocionalmente de su familia. Desobedeció. Eligió «mal». Trajo vergüenza y con ella, humillación a los suyos. No era exactamente la misma historia que la mía, pero la frecuencia sí lo era.

Yo no estaba prometida con nadie. Pero también rechacé al «macho» simbólico. También decidí cortar con un vínculo que no honraba mi verdad, y lo hice sin permiso, sin suavizarlo, sin disfrazarlo. Y eso fue suficiente para activar la herida del sistema. Porque las heridas del clan se repiten, no calcadas, sino adaptadas al presente, al nivel de conciencia disponible, a las condiciones que hay. Y si no se miran, el cuerpo y el entorno lo hacen por ti.

El ritual de venganza que hice desde el dolor no solo tocó una emoción mía. Tocó una historia no contada que pedía salir desde hacía generaciones. Mi abuela no hizo ningún ritual energético, pero al igual que yo, huyó cuando pudo con el primer hombre que encontró dispuesto a darle confort y seguridad fuera de su casa.

Y lo que vino después, esas llamadas, ese hostigamiento a los hombres del sistema, no fue un castigo. Fue una respuesta. Una forma torpe, energética y contundente de devolver al sistema el mismo desequilibrio que una vez generó. Para que esta vez, alguien pudiera mirarlo. Y no solo repetirlo. Pero obvio, nadie tenía herramientas para mirar nada, y la cosa siguió contaminando con el dolor arrastrado años atrás.

De lo intangible a la materia

Todo en el universo vibra. La frecuencia es simplemente la velocidad a la que algo se mueve, pulsa o emite información. Nuestro campo vibratorio es esa huella energética que estamos emitiendo en cada instante, resultado de la interacción del cuerpo, las emociones y lo que sostenemos en el interior.

El corazón y el cerebro generan un campo electromagnético muy potente, y cada emoción modifica ese campo. La frecuencia cambia con el estado emocional, y eso afecta no solo en cómo nos sentimos, sino también en cómo nos perciben los demás y cómo impactamos en el mundo.

Pero esta energía no es solo física; está atravesada por la conciencia. Cuanto más elevada y coherente es esa frecuencia, más ordenado es el campo energético, lo que comúnmente se define como aura. Y esa frecuencia de poder se expande, transforma y crea, y dejamos de ser solo espectadores de la realidad para convertirnos en cocreadores conscientes.

La materia, lo que creemos sólido, no es más que energía que vibra en constante movimiento. Y, aunque la ciencia todavía no tiene todas las respuestas, muchas experiencias y tradiciones nos invitan a pensar que lo que sentimos, pensamos y proyectamos puede influir en el mundo físico que nos rodea.

Como decía anteriormente en el capítulo de Hawkins, somos, en esencia, un campo vibrando; las emociones y pensamientos moldean esa vibración. Cuando sostenemos durante tiempo emociones densas como la culpa, la rabia o la tristeza sin procesarlas, esa frecuencia desajustada acaba manifestándose en el cuerpo, el entorno o la realidad misma. Y esta coherencia energética impacta en nuestra vida.

Esta unión entre lo tangible y lo invisible, lo que sentimos y lo que ocurre, es el núcleo de la experiencia humana. No es necesario complicarse con términos científicos para sentir la magia que emerge cuando recuperamos el orden en nuestro campo energético.

Hawkins insistía en la coherencia energética: cuando pensamiento, emoción y acción se alinean, nuestra frecuencia vibra en orden, y ese orden se irradia en el cuerpo, las relaciones y el entorno. Pero cuando el campo se desorganiza por trauma o represión, la realidad responde de forma caótica y refleja ese desorden. Por eso, emociones sostenidas y bloqueos energéticos pueden modificar lo físico, y manifestarse en nuestro cuerpo, en la casa o en los sueños. La gran pregunta sigue siendo: ¿puede la energía realmente influir en la materia?

Porque en algún momento todos hemos sentido la mala vibra de una mirada cargada. De una frase que al principio parecía no ser gran cosa, pero que se queda rebotando en tus pensamientos mientras te das una ducha y piensas: «¿Será cabrona?», y comienzas a crear un diálogo interno de lo que te hubiera encantado decirle, pero no pudiste.

Todos hemos dicho o pensado algo desde la envidia, la rabia o el desprecio..., y luego ha pasado algo extraño. ¿Alguna vez has deseado con fuerza que a alguien «le fuera mal», y luego te has enterado de que justo le ocurrió algo? ¿Alguna vez has sentido que alguien te miraba con una energía densa, y ese día simplemente te torciste el tobillo, se derramó el café o no salieron las cosas como esperabas? «Hoy me he levantado con el pie izquierdo.» «Hoy es un mal día.» Y cuanto más lo sientes, más lo creas y peor te va, y entras en un ciclo de autosaboteo que retroalimenta tu frecuencia.

Y sí, sé que todo esto puede sonar a superstición, pero solo se queda ahí si no conoces el proceso energético que hay detrás. El mal de ojo, por ejemplo, es otra de las consecuencias de vibrar en emociones de fuerza constante (o de manera puntual). Su nombre ya lo indica: cuando te miran mal, pero lo que sucede, en realidad, es que una emoción no expresada y colapsada se «lanza» al campo de otro. No hace falta ponerse el título de «sacerdotisa del templo de los valles del infierno», lo que estás haciendo es lo que se llamaría un «hechizo» o «conjuro» por decreto inconsciente, y puede hacerlo cualquiera que no sostenga sus emociones de fuerza. La vibración, cuando se sostiene y se dirige hacia alguien, se impregna en su campo. Y si esa persona está baja de energía, abierta, sensible o con su campo emocional agrietado, puede recibir ese impacto como un bloqueo, una pesadez o un desequilibrio físico. Pero no porque la otra persona sea superpoderosa y una *witchy* que lo sabe todo de TikTok, es que recibes esa energía porque tu campo está dispuesto a recibirla, porque hay una fuga de energía cuyo origen no está a la orden de día, y ese impacto va directo a enseñarte, si sabes ver, qué tienes que pulir. El pensamiento humano no es inocuo. Lo que pensamos sobre otros, y sobre nosotros mismos, genera formas, ondas, distorsiones.

Vale. Te puedo comprar que lo del clínex fue una casualidad con suerte. Que sí, justo sopló el aire en el momento exacto en que levanté la mano (dos veces). Te compro también que en la parálisis del sueño no hubiera ninguna entidad (que lo de la entidad es lo de menos), y que la herida sangrante en el labio haya sido una combinación de autosugestión, microespasmos y, no sé, uñas mal limadas. Y lo de la premonición, pues, yo qué sé, un sueño sin más enfocado en el miedo a la pérdida. Que lo de Claudia fuera una coincidencia loca o que en algún momento loco hacía años, Bruno llamó sin querer Claudia a mi hija, y se me quedó en el inconsciente y..., y que aquellos libros... ¿volaron? por que sí. Casualidades sin más (muchas), pero vale. A fin de cuentas, el cerebro humano es una máquina compleja, y todavía nos queda mucho por aprender y no podemos etiquetarlo todo. Pero hay una experiencia que se me atraviesa, y por más que quiera racionalizarla, no hay por dónde cogerla. Porque no fue en sueño, ni en trance ni en disociación. Estaba completamente despierta, consciente, y en cuestión de segundos mi vida podría haberse terminado. Hablo de lo que me pasó aquella tarde en Paseo de Gracia.

Era 2012 o 2013, más o menos. Son las cinco de la tarde, plena hora punta en la estación. Llegaba tarde y perdía el tren. Bajé corriendo por las escaleras junto con decenas de personas más. La gente comenzaba a amontonarse en el andén, daban empujones e intentaban pasar por delante de otros para no perder el tren. Me vi rodeada de una marabunta, todos empujando hacia delante, y como pude me aparté a un lado, intentando pegarme a la pared para no acabar pisoteada, pero no lo conseguí, y poco a poco, la marabunta me fue acercando más y más a la vía, hasta que me vi casi en el filo del andén. En ese momento, alguien muy robusto que venía por detrás, en un intento desesperado por conseguir subir al tren, me apartó con fuerza, haciendo que mi cuerpo perdiera el equilibrio y fuera en dirección a la vía.

Con ese golpe debería haber caído directa a la vía, sin embargo, antes de caer, reboté con algo. Como si hubiese una pared invisible, o una fuerza que me empujara de vuelta. Caí hacia el lado contrario, golpeándome contra el suelo. Me quedé paralizada, con el cuerpo temblando, sin entender qué había pasado. Lo revisé todo. No había nada. Nadie. Y si lo hubiera habido, estaría en las vías, hubiera caído en mi lugar. Perdí el tren, obviamente. Era lo que menos me importaba. Estaba tan asustada de pensar que me podría haber caído que me fui a gatas hasta la pared, para sentirme protegida, en suelo firme. Entre respiraciones profundas, también me sentí acompañada, aliviada. ¿Con qué había rebotado? Me dolía el hombro derecho, el hombro que había rebotado en la nada. Y, aunque no era la primera vez que notaba que me tocaban, sí fue la primera que me salvó de algo. ¿Qué fue? No lo sé. Pero fue real.

He pensado muchas veces que podría haber pedido las grabaciones de las cámaras de Paseo de Gracia, pero creo que un: «Perdone, ¿podría dejarme ver las grabaciones? Creo que una conciencia externa inmaterial, pero con presencia en la tercera dimensión, me ha salvado la vida», no hubiera valido, o sí, pero para meterme en un psiquiátrico. Y esa es la experiencia a la que no puedo dar una lógica. Que tampoco lo pretendo, si bien sí hubo una época en que lo pretendía, y esto también me parece un tanto peligroso.

Por un lado, está la filosofía espiritual que te dice «todo pasa por algo», «el universo tiene un plan», «esto es una señal para ti». Y por otro, ese vacío existencial que se ríe de todo eso y te lanza al nihilismo crudo: «Nada importa, nada tiene dirección, todo es azar». Y lo cierto es que ambos extremos pueden volverse igual de dañinos, al igual que el otro tema de la ciencia y la espiritualidad. Porque cuando entras demasiado en la creencia de que todo es una señal, puedes llegar a perder el juicio. Literalmente. Puedes convertirte en alguien que vive interpretando cada mirada, cada caída, cada número del reloj, y que cree que el mundo entero gira alrededor de su proceso. Es la necesidad desesperada de que el universo, la fe, te mire, te confirme, te sostenga. Y se siente muy bien, como cuando vas de copiloto por la vida, porque puedes contarte la historia de «yo puedo llegar hasta aquí y lo demás no depende de mí».

Y, aunque viví sincronicidades reales, me costó no caer en la trampa de creer que todo eran señales y que me dejase llevar por aquello que estuviera «esperándome». Que cada vez que escuchase el nombre Claudia, o se manifestase una petición, era una señal para mí. Y lo era, pero estaba en un *hype* enorme.

Un sueño lúcido con un guía y una señal directa, la sanación del cuerpo físico imposible, sincronicidades por doquier... ¡Para, para! Y es que cuando eso sucede, cuando lanzas una pregunta al universo y algo responde, el tiempo se detiene, el estómago se encoge, el pecho se expande y por un momento sientes que todo merece la pena, que el caos tiene sentido, que alguien o algo te ha escuchado. Y claro que quieres volver a sentirlo. Y otra vez. Y otra. Porque por un instante parece que sí hay un propósito, que sí hay una razón para continuar que está más allá de tus posibilidades como copiloto. Pero si empiezas a validar tu existencia solo a través de esas señales, lo que era guía se convierte en obsesión. Obsesión por encontrar sentido. Por no desconectarte. Y el final de ese camino, pese a que no quieras verlo, es una desconexión que se disfraza de conciencia.

Comienzas con una carta de oráculo al día para saber qué pasará, testeos continuos para decidir qué comer o qué mineral llevar encima, rituales que suplían las conversaciones incómodas, ese subidón casi adictivo que aparece cuando algo encaja con una petición emocional. En este camino no hay extremos absolutos, no se trata de ser el iluminado que ve señales en todas partes ni el cínico que niega todo por principio. Más bien, se trata de encontrar un espacio realista y lúcido en el que reconozcas que no todo tiene por qué ser una señal, pero que tampoco ignores lo que el universo o tu frecuencia te muestra. Porque si lo exterior responde a nuestra frecuencia, las señales están ahí, pero lo esencial es cómo las recibimos y, sobre todo, cómo elegimos usarlas.

No se trata de vivir a merced de cada coincidencia ni de interpretar cada detalle como un mensaje divino, sino de usar esas pistas como herramientas para orientar nuestra intención, para darle dirección a nuestra energía. El verdadero poder está en discernir, en elegir conscientemente hacia dónde dirigir nuestro foco y nuestra vibración.

Yo he estado ahí. En el lugar en el que una canción suena justo cuando piensas en alguien, donde una pluma aparece en medio de un momento de decisión, donde el número 11 se te repite durante días, en las horas en las habitaciones del hospital y hasta en el pedido de Glovo. Y he sentido el impulso de leerlo todo como un oráculo. Pero también me he dado cuenta de que esa búsqueda constante de significado puede desgastarte, atraparte en una lectura infinita que no te deja vivir el presente sin tensión simbólica. Aunque en el continuo de la vida estén ocurriendo cosas, a veces necesitamos no leerlas todas y dejar que ocurran.

Entonces... ¿puede lo intangible tocar la materia?

No es una cuestión menor ni una curiosidad pasajera. Es el umbral para entender cómo dialogan el mundo visible y el mundo invisible, cómo lo que vibra en el silencio puede moldear lo que vemos, sentimos y vivimos.

A estas alturas, me resulta imposible negarlo. He visto cómo una emoción sostenida acaba doliendo en el cuerpo. He vivido cómo una intención mal canalizada altera la energía de una casa. He sentido el campo vibrar distinto cuando alguien simplemente tiene un mal día, y he visto caer objetos, luces parpadear o incluso heridas aparecer sin causa visible. No tengo pruebas científicas de todo ello, y por mucho que lea estudios, intente entender la cuántica y hacer que todo tenga una coherencia medible, me agota. Soberanamente. Porque hay cosas que por mucho que las midas, no se dejan atrapar. No todo lo real es demostrable. Y no todo lo demostrable es lo más importante.

La filosofía lleva siglos recordándonos que la conciencia no se puede diseccionar. Que el alma, si es que existe, no entra en un tubo de ensayo. Y que la experiencia subjetiva, aunque no se pueda reproducir en laboratorio, es lo único verdaderamente innegable que tenemos. Lo intangible, como el amor, el odio o la intuición, no tiene forma, pero tiene consecuencias. Nos cambia. Nos enferma. Nos mueve. Entonces ¿por qué no iba a tocarnos también desde fuera?

No somos los primeros en vivir esta contradicción. Durante siglos, los rayos eran dioses enfadados. No sabíamos explicar qué eran ni de dónde venían, así que los envolvemos en símbolos, en mitos, en nombres que nos permitieran sostener el misterio sin volvernos locos. Hoy sabemos que un rayo es electricidad atmosférica, pero seguimos sin tener claro qué es exactamente el pensamiento, la conciencia, o el campo energético. Seguimos poniéndole las palabras que tenemos para sobrevivir a lo que no entendemos. Quizás todo esto que llamamos paranormal no es más que una conciencia vibrando fuera del rango habitual. Una realidad que se asoma cuando el sistema colapsa. O cuando, simplemente, ya no hay forma de contener lo que se viene arrastrando. Y tal vez eso es lo que pasa con todo esto: nos falta idioma.

Capítulo XIV

Exorcismo, ¿eso aún se lleva?

Entre una cosa y otra, al final, todas las personas que por algún motivo se toparon con mi historia estaban convencidas de que yo tenía que sacar «eso» de mí. El presentador de radio, la compañera del trabajo y ahora, la terapeuta chamana. Cada uno desde su marco mental, claro. Pero todos coincidían en lo mismo: «Eso» tenía que irse.

Porque hemos aprendido que lo malo se expulsa. Que lo oscuro se exorciza. Que lo denso se limpia. Y que sanar es, básicamente, quitarse de encima cualquier cosa que huela a miedo, a dolor o a sombra. Como si la luz solo pudiera existir en habitaciones bien ventiladas, y todo lo que incomoda fuera una especie de invasor externo sin más función que jodernos la vida.

Pero lo que duele es justo lo que enseña. Y lo que molesta ha venido a mostrar. No todo lo oscuro es enemigo. A veces te habitan porque tú también has sido eso. Porque en algún momento tu sistema energético las llamó e hicieron *match*. Y echarlas sin mirarlas puede ser como arrancarte una muela sin preguntar por qué se pudrió.

Y, sin embargo, yo también caí en esa trampa. Porque llega un momento en el que una ya no puede más. Y, aunque sepa que lo correcto sería mirar el origen, abrazar el símbolo, entender el patrón..., lo único que quiere es dormir en paz. Y así fue como llegué a aquella consulta.

En este caso fue la primera vez que le conté abiertamente a alguien, sin pelos en la lengua, lo que había vivido desde hacía años. Era a mediados del año 2020, unos meses después del sueño lúcido con aquella entidad. Mi hermano trabajaba en un *coworking* junto con otras empresas, y justo enfrente había una pequeña sala de terapia alternativa. Se camuflaba como masajista en reflexología podal y esteticista, pero eso no era lo único que hacía, lo supe porque en su *flayer* comercial había dibujada la triple Diosa lunar. Una mujer que practicaba el chamanismo y Wicca, la que más adelante sería mi instructora en Reiki. Mi hermano se animó a hablar con ella. No lo habría hecho nunca si no fuera porque realmente también creía que estaba poseída, no con el peso que lleva la palabra en sí, pero sabía que yo necesitaba poner nombre aquellos fenómenos que vivimos en la niñez y, en el fondo, él también.

Recuerdo que sobre las 14.35 horas de aquel día me sonó el teléfono.

—Nata, ¿qué haces? —me dijo mi hermano en un tono demasiado alegre.

—Uy, ¿qué pasa? —le pregunté con dudas.

—Nada, ando aquí en el trabajo y quería comentarte una cosa —explicó con tono de no tener mucha importancia—. Me he encontrado en el *office* a una mujer, se llama Marian. Tiene aquí una cabina de masaje, pero creo que no da solo masajes, tiene de logo esa luna que llevas tatuada.

—¿La triple Diosa lunar? —le pregunté—. Claro que no hace masajes, ja, ja —le anuncié con ironía.

—Bueno, ¡yo qué sé! Me ha empezado a decir cosas, que si el aura y sus colores, una cosa ha llevado a la otra y le he hablado de ti y de lo que nos pasaba de niños.

Un silencio separó la conversación. Aquello no me hacía gracia. No lo hacía porque suponía enfrentar la realidad con alguien que quizás sí podía ponerle nombre, y yo no estaba preparada para eso. Acababa casi de tener el sueño de Claudia y necesitaba poner orden al duelo y etiquetar las cosas con las herramientas que tenía. Sabía que, si iba a verla, esas etiquetas podrían modificarse o descubrir cosas que no me gustarían, cosas que me harían salir de nuevo de la zona de confort, una que no tenía, pero necesitaba un respiro, y eso no llegaba.

—¿Qué rollo es? —me cambió el tono de voz. Mi energía era distante y un poco autoritaria, recelosa de ponerme en manos de «cualquiera». Y de ponerme en manos, ¿para qué? Sentía que una soberbia me invadía.

—Pues yo qué sé, una señora normal, como tus tías —dijo sin dar más detalles.

—¿De esas que te cobran cien euros por decirte que tienes que sanar la relación con tu madre y que pongas una vela de miel los días 11 y 22? —comenté en tono de enfado.

—No te va a cobrar, me ha dicho que vengas cuando quieras y que tenía un hueco a las cuatro de la tarde.

Miré el reloj, marcaban las 14.44. Una señal. ¿Qué quiere decir el 44? Me pregunté a mí misma.

—Vale, dile que a las cuatro estoy allí —y colgué.

Fue una decisión impulsiva, bueno, no del todo, era mi época de ver señales por todos lados, así que no me lo pensé y dije sí. Si me lo pensaba no iría, seguro. Sentía un rechazo enorme hacia cualquiera que tuviera una etiqueta de «sanadora», «terapeuta holística» o cualquier cosa parecida.

Me vestí corriendo. Tenía que estar en una hora en la otra punta de Barcelona. Movilicé a todo el mundo para poder ir en coche y llegar cuanto antes. Mientras iba de camino, en mi mente me machacaban muchos pensamientos contradictorios.

«¿Qué estás haciendo? ¡Eres ridícula! ¿Qué crees que te va a decir? ¡Lo de siempre! Que si tienes algo pegado, que si eso viene de una vida pasada o a saber qué chorrada. ¡Mírate! Da la vuelta, aún tienes tiempo... —me decía "mi voz interior"—. Cállate», dije apretando los ojos, sin saber muy bien a quién le daba la orden.

Al abrirlos, volteé la cabeza para mirar la calle por la ventanilla del coche, y en un local había un eslogan publicitario que decía: «No te detengas, es ahora». Mi corazón se aceleró. ¿Otra señal? «Sigue, venga, ¿qué puedes perder?»

«La cabeza», de nuevo la voz.

¿Cuántas pruebas más necesitaba? ¿Cuándo dejaría de buscar respuestas? O, peor, ¿cuándo dejaría de seguir buscando la coherencia fuera?

Llegué al *coworking*. Era un espacio muy grande, con más de cuarenta oficinas de todo tipo. En la recepción había una mesa llena de volantes promocionales, mis ojos fueron directos a la triple Diosa lunar. Cogí el folleto y lo abrí, ponía: «Masaje, reflexología podal, quiromasaje, reiki, flores de Bach y otras terapias alternativas». Maravilloso, dije entornando los ojos. Lo dejé en la mesa y me propuse buscar la oficina de mi hermano para que me hiciera de moderador y me presentase a Marian, pero antes de dar dos pasos y adentrarme en las oficinas, me encontró a mí.

—Hola, ¿eres Natalia, la hermana de Dani? —me saludó una voz dulce.

Un escalofrío me recorrió el cuerpo y me quedé sumisa ante ella.

—Sí sí sí, soy yo. ¿Eres Marian? —le pregunté muy dispuesta—. Encantada —le sonreí mientras le tendía la mano.

—Veo que ya os conocéis —dijo mi hermano que apareció unos metros por detrás de Marian con un aire muy fresco y atento. Yo quería morirme del asco. Mi actitud era muy tensa, estaba muy incómoda. «¿Nos vamos? No, ahora ya no.»

—¿Te parece bien si vamos a la consulta? —me preguntó Marian haciendo un gesto guía hacia su oficina.

—¡Claro! Vamos a sacar demonios —me avergoncé a los segundos de haber dicho aquello.

Mi hermano me siguió con la mirada. Esa misma mirada que tuvo conmigo el día de la consulta médica cuando me dieron la noticia de que no haría falta un trasplante. No dijo nada, pero lo decía todo. Quería ayudarme, y en sus ojos se notaba la esperanza de conseguirlo. Aquello modificó por completo mi actitud. Logró callar a mi *demon* y pudo salir la Natalia vulnerable, la que sí quería seguir sanando. Me daba pavor serlo, sin mis capas no podría sostener la vida, ¿quién puede? Ser vulnerable era nuevo para mí, y no sabía bien cómo hacerlo. Nunca sentí que pudiera apoyarme en nadie para ser frágil y sacar mi dolor, pues nunca sentí que nadie pudiera sostenerme, nadie al menos humano. Pero aquel día, al igual que el día del médico, lo sentí. Sentí que él sería mi soporte y que yo podría Ser. Frágil, débil, con miedo, dudosa, sin control. Podía serlo, y esta vez no sería el *demon* quien me sostuviera, sería el amor, sería mi hermano. (Y mientras escribo esto, me doy cuenta que son las 11.11.)

—Es aquí, pasa tu primero —dijo Marian haciendo otro gesto amable de guía con el brazo.

Al entrar sentí el peso de mi cuerpo caer, como si me hubiera quitado de encima una armadura. El aire que se respiraba allí era puro misticismo. Una luz muy tenue, roja, la justa para poder ver sin llegar al detalle. El olor a incienso recorría el habitáculo, pero a medida que lo recorría, otros olores venían suplantando el anterior: menta, lavanda, ruda, cera... En los estantes había todo tipo de artículos ritualísticos: amuletos, velas ritualizadas, figuras y símbolos paganos, libros sobre Wicca y numerología... Me dio mi tiempo para seguir observando. En la pared había fotografías de sus viajes a la selva Amazónica. Ella junto a un compañero, posaba con personas de una tribu, y justo cuando iba a preguntarle, se anticipó.

—Son fotos de los viajes que hacemos al Amazonas. Allí nos encontramos con la tribu que ves, que nos enseña prácticas ancestrales chamánicas.

—Pero ¿es algo turístico? —dije extrañada.

—No no. Es un viaje privado a través de un conocido. La tribu no está abierta a recibir turistas, esto es algo íntimo, y nos acogen de manera excepcional.

Volteé de nuevo a ver la fotografía. Marian salía sin pelo, había pasado por un cáncer hacía unos años, pero eso no le impidió seguir yendo y aprendiendo de aquella gente. Días de viaje en lancha sin ningún tipo de comodidad ni confort para poder reunirse con aquella pequeña tribu, única y reticente a la vida occidental. «Qué suerte tiene de ser aceptada por ellos», pensé.

—¿Te parece bien si nos sentamos y me cuentas? —me dijo casi susurrando. Asentí con la cabeza, volviendo del Amazonas para enfrentarme a la realidad.

Me senté en una silla enfrente de ella. Delante de mí había un espejo gigante, y a mi izquierda la camilla. Me observé por unos segundos en el espejo, preguntándome a mí misma una última vez si estaba segura de aquello.

—¿Y bien? —me interrumpió.

—Si, em..., no sé muy bien por dónde empezar, la verdad..., es que esto me parece un poco «loco» —le dije avergonzada.

Ella solo se quedó en silencio con una sonrisa, a la espera de que pudiera gestionarlo sola.

—Bueno, pues..., resulta que desde niña he estado viendo en mis sueños y lo que no es en sueños cosas que me perturban bastante. Mis sueños son en su mayoría hostiles, densos y, aunque a menudo suelo controlarlos, en otras ocasiones aparecen «seres» que no deberían estar ahí y, bueno, estoy cansada de ver cosas horribles.

—¿Qué cosas son esas? —me preguntó seria. Su actitud amable se había desvanecido, ahora parecía más tensa, en guardia, muy observadora.

—Pues es que son muchísimas, no sé, a ver... A veces son sueños y ya, pero otras, lo soñado luego se materializa: muertes, accidentes...

—¿Quieres decir que tienes sueños premonitorios? —me preguntó.

—Sí, supongo, no siempre, pero lo que sí es siempre es que vienen de la mano de estas cosas. Siempre son mensajes a través de lo oscuro. ¡Es hostil, es denso, es horrible de ver!

Seguí charlando mientras me miraba las manos e intentaba pensar. Me costaba un poco mantener aquella conversación y no entendía del todo por qué. Es como si ahora mis recuerdos o experiencias estuvieran disipados. Al darme cuenta de que llevaba un buen rato hablando, levanté la mirada. Marian tenía los ojos como platos. No me miraba a mí directamente, sus ojos enfocaban a mi lado izquierdo. Miré hacia allí buscando lo que ella veía.

—Natalia —dijo muy lenta—, ¿sientes un entumecimiento en la cara? —me preguntó.

Me quedé bloqueada y me costó procesar su pregunta. Comencé a sentir un leve pitido en los oídos, parecía que no había vuelta atrás. Aquella pregunta era el desencadenante de una realidad sin lógica en la cual tendría que creer firmemente y no sé si estaba dispuesta a ello. ¿Sentía un entumecimiento?

—Natalia, necesito que me respondas —insistió.

«¿Siento entumecimiento?», pensé. Volví en mí. No habían pasado más de cinco segundos, pero para mí fue eterno.

—Sí, siento acartonada la zona de la mandíbula y un calor en esta zona —hice señas apuntando a la oreja.

Abrió todavía más los ojos, y acto seguido hizo un gran esfuerzo por enderezarse con una respiración profunda. Tengo que admitir que su reacción me asustó mucho y solo tenía ganas de irme de allí. Acto seguido, notó mi incomodidad y me pidió que me calmase.

—¿Qué has visto? —le pregunté dudosa y atemorizada.

—Esa cosa te acompaña..., te acompaña desde niña —aseguró cautelosa.

—¿Esa cosa...? —balbuceé.

Me quedé inmóvil mirando al suelo, como cuando un abejorro te vuela muy cerca de la cara y cualquier movimiento brusco desencadenaría una picadura. Al levantar la mirada, ella seguía observando, inmóvil, sin articular palabra. Realmente, no sé cuánto tiempo pasó, pero si fueron diez minutos en silencio, para mi fueron dos horas.

—Sonríe de lado, dice que no te dejará ir —dijo mientras hacía la mueca.

«Joder, Natalia, ¿dónde te has metido?», pensé. Se me erizó la piel. Aquello estaba siendo una locura, y no porque no le creyese, sino porque cada cosa que me preguntaba sobre la somatización de mi cuerpo era verídica, yo sentía que algo estaba a mi lado. La había sentido toda mi vida, la había visto de mil maneras en mil ocasiones diferentes. De golpe, sentí un cambio de actitud en mí, de nuevo una hostilidad me tenía presa.

—No es una cosa —le dije en tono desafiante. Mi mirada se quedó clavada en ella un buen rato.

—Estás totalmente ida, Natalia, no eres tú —me dijo preocupada.

Acto seguido, la terapeuta se levantó y cortó de golpe la canalización y encendió la luz. El fogonazo me hizo volver en mí, como si hubiera estado borracha y de golpe recompuesta de nuevo.

—No lo he dicho yo —le dije preocupada.

—Lo sé, pero no puedo hacer nada más por ti, al menos hoy.

Aquello le venía grande y ella misma lo reconoció. Mi última frase fue el detonante para que se diera cuenta de que iba mucho más allá de su entendimiento y su quehacer.

—Mi compañero podrá ayudarte. Pásate la semana que viene y acabemos con esto —me sugirió.

—¿Cómo quieres que me vaya así a mi casa con lo que acaba de pasar? —le contesté histérica.

—La has tenido toda tu vida, lo puedes hacer unas noches más, ¿a que sí? —me animó.

¿Que la he tenido toda mi vida? ¿El qué? ¿A qué se refiere? Tenía mil preguntas que hacerle, pero ninguna salía de mi boca. ¿Cómo podía irme tan campante a mi casa y no pensar en ello?

—Tranquila, voy a hacer una limpieza —dijo mientras cogía un huevo de la nevera pequeña que había debajo del espejo.

—¿Me vas a tirar un huevo por encima? —pregunté irónica.

Ella me miró muy seria. Bastaron esos segundos para darme cuenta de que estaba influenciada por aquella energía oscura y que debía apaciguar mi sombra e integrarme al propósito de aquella visita.

Con el huevo recién sacado de la nevera, comenzó a explicarme en qué consistía aquel ritual

—Los chamanes han utilizado la técnica de la limpieza chamánica con huevo durante siglos para limpiar el cuerpo y el aura de una persona. Se cree que el huevo tiene la capacidad de absorber las energías negativas y las enfermedades que una persona pueda estar cargando. Durante el proceso de limpieza, el chamán pasa el huevo por el cuerpo de la persona, y se enfoca en las áreas en las que siente una energía densa. Luego, el huevo se rompe en un vaso de agua y se analiza la forma y el color de la clara para determinar qué energías se han liberado.

«Un huevo me va a decir si estoy poseída, ¿algo más?», pensé.

Pasó el huevo por todo mi cuerpo. Mi actitud era un modo muy desafiante e incoherente. Mientras pasaba el huevo, me miraba en el espejo, y pensaba lo ridícula que me veía en esa situación.

Cuando acabó, cogió un vaso con agua y cascó el huevo vertiéndolo dentro. Cuando lo vi caer me quedé atónita. La yema era verde y la densidad de la clara apenas dejaba ver la otra cara del vaso. Marian se quedó horrorizada.

—Jamás he visto un huevo así —me dijo.

No quiso ni observarlo con atención para poder descifrar el mensaje del huevo, y lo tiró enseguida. Realmente, cuando vi aquel huevo, me asusté. Tenía la pinta de ser un huevo podrido, pero ni la cáscara ni en el huevo en sí olían ni desprendían putrefacción. ¿Cómo era posible? «Mi mente» comenzó a proyectar pensamientos intrusivos de raciocinio y humillación. Me sentía frustrada y avergonzada de creer y estar allí.

Al salir de la consulta, mi hermano, de manera «casual», volvía del *office* en dirección a su despacho y, de nuevo, con aire de «aquí no ha pasado lo que sabes que iba a pasar», me preguntó:

—Que, ¿cómo ha ido? ¿Ya te han hecho «fufú»? —hizo un gesto de aspaviento.

—Fufú van a hacer los cincuenta euros que me va a cobrar la semana que viene —respondí irónica.

—¿La semana que viene? ¿Qué te va a hacer? —me dijo extrañado.

—Un exorcismo —contesté en tono seco y levantando una ceja.

—¿Pero eso se lleva aún? ¿Por qué te va a hacer eso? ¿Tienes un demonio? —dijo entre risas. Risas que, en realidad, eran un ¿WTF? (expresión *New Age: What The Fuck*).

Empezaba a hacer preguntas sin parar, y yo no tenía respuestas. Solo lamentos.

Pero a la semana siguiente volví, sí sí, no sé cómo, pero volví. Esta vez estaría junto a su compañero, que era la persona que iba a realizarme la extracción, el que salía a su lado en las fotos. Era un chico joven, muy alto, sin pelo. Ya en la consulta, ni me miró a los ojos. Su actitud era un tanto soberbia, como si se sintiera superior. Cuando me hablaba, parecía sentirse incómodo, y eso no me dio ninguna seguridad. Y otra vez la misma canción, misma aura en la sala, mismas conversaciones y misma actitud.

—Túmbate en la camilla —ordenó el chico.

Marian sacó un tambor chamánico y me explicó que íbamos a proceder a hacer la extracción, que únicamente tenía que relajarme y seguir las instrucciones que él me diera. Como si una pudiera relajarse en un momento como ese.

El tambor comenzó a sonar. El chico posó las manos en mi vientre y me pidió que visualizase el momento en el que creía haber atraído aquella entidad. Lo primero que me vino a la mente fue el ritual de aquella tarde en casa, pero no lo tenía claro.

El tambor sonaba cada vez más fuerte. Mi cuerpo sentía electricidad de pies a cabeza. Comencé a tensarme y a sentir hormigueo en las palmas de las manos y a final de todo un leve mareo. De golpe, el tambor comenzó a bajar la intensidad y el chico descansó sus manos en la camilla.

—¿Estás bien? —le preguntó Marian.

—Si sí, estoy... —comenzó a tener arcadas.

Me incorporé de golpe.

—No te levantes —me dijo Marian mientras acompañaba al chico fuera de la consulta.

A los pocos minutos entró ella.

—¿Qué ha pasado? —quise saber.

—Ha sido demasiado para él, pero ahora se recuperará —contestó sonriendo.

—Pero ¿qué ha pasado? ¿Qué ha visto? ¿Por qué iba a vomitar? —le pregunté.

—No lo sé, ni lo sabremos, nunca comparte lo que ve —me dijo mientras toqueteaba cosas en su estantería—. Ten, tienes que poner una vela de miel cada día, deja que se apague sola. Hazlo durante una semana.

—Me siento muy rara, como si me hubierais amputado una extremidad —comenté mientras hacía movimientos con los hombros.

—Es normal, ahora no debes pensar en ella, si no, volverá —aseguró mientras me entregaba las velas.

—¿Que no piense en ella? ¿Cómo quieres...?

—No pienses —me interrumpió—. Vamos, él nos espera fuera.

Salimos de la consulta. Esperaba el pago y supongo que la despedida.

—Son cincuenta euros, ¿no? —le dije mientras él asentía con la cabeza—. ¿Qué has visto? —volví a insistir.

—¿Para qué quieres saberlo? Si te digo que he visto una luz resplandeciente salir de tu corazón, eso solo alimentará tu ego. Si te digo que había gusanos en el corazón, te pondría más nerviosa. No sirve de nada decir que lo que he visto, tú pon las velas. —Guardó el billete y se fue.

Busqué consuelo en Marian. Me sentía como si me hubieran operado de manera clandestina, y nadie iba a darme explicaciones de lo que había ocurrido ni de cómo había ido la operación. Pero no supe expresarlo, y me quedé con un sentimiento sucio, triste y de abandono, lo que llamo síndrome de Estocolmo cuántico (cosas que me invento para entenderme).

Volví a casa con la vela en una mano y la angustia en la otra. Caminaba por la calle con esa sensación de que algo se había movido dentro, pero sin saber si para bien o para mal. Como cuando sales de un sitio en el que supuestamente te han ayudado, pero lo único que sientes es un vacío raro, como si alguien hubiera abierto un cajón dentro de ti y lo hubiera dejado desordenado.

Llegué a casa, dejé las cosas sin orden encima de la mesa, encendí la vela como me dijo Marian y me fui directa a la cama. Me pesaban los hombros. Me dolían las sienes. El cuerpo entero me vibraba, pero por dentro. Era como si algo me caminara debajo de la piel.

Me puse el pijama y me metí en la cama. Los ojos me pesaban como plomo y entré rápidamente en el sueño. Era un sueño muy ligero. Me iba despertando muchas veces. Me levantaba, iba a la cocina y cuando me disponía a beber agua me daba cuenta de que no podía beber y que estaba soñando, y de golpe volvía al cuerpo. Una y otra vez, hasta que entonces pasó. El cuerpo no respondía, pero la conciencia estaba despierta. No era exactamente parálisis del sueño. No tenía miedo. Solo tenía la certeza de que estaba a punto de salir. Y así fue.

Me desdoblé. Sentí que mi conciencia se despegaba del cuerpo con ese tirón sutil, como si una sábana muy fina me quitara de encima la carne. Me incorporé, me miré las manos para asegurarme de que estaba allí, y me dirigí hacia el pasillo. Avancé lentamente, como si cada paso moviera energía estancada. Y al girar para entrar en el salón..., ahí estaba.

Ella. Otra vez.

Estática, inmóvil, tiesa como un palo. Con el cascarón de mi madre, esta vez en su adolescencia. Su pelo estaba enredado, seco, como si llevara años sin lavarse. Iba vestida con un trapo sucio, algo entre bata de hospital y camisón de orfanato. Pero lo peor era su sonrisa. No era una sonrisa humana, nunca lo eran. Era una curva tensa, rota, que se estiraba de más en los extremos. La piel de su rostro parecía cera derretida, como si la hubieran moldeado a mano con saña. Y los ojos..., los ojos opacos, negros sin un ápice de vida. Solo estaban ahí para ver cómo me rompía.

—Vete —le dije. Firme, sin temblor.

Ella no habló. Pero comenzó a retroceder. Un paso por cada uno de los míos. Como si cada palabra mía le hiciera perder poder.

—No tienes lugar aquí. Sal de mi casa. No vuelvas nunca más.

Salió por la puerta de casa y retrocedía por el rellano con su sonrisa deforme, bajaba las escaleras de espaldas, lenta pero constante, mirándome sin parpadear. Y cuando llegué a la puerta, la cerré de un portazo. Un portazo energético. Un corte. Un «hasta aquí».

Y desperté, volví al cuerpo. El cuerpo seguía temblando. Pero algo por dentro se había asentado. La vela seguía encendida. Y por primera vez en mucho tiempo, sentí que esa presencia no estaba. No sabía si me la había quitado de encima, pero sentí alivio por una vez en mi vida y, a la vez, una tristeza horrible.

Aquel ser me perseguía año tras año, noche tras noche, en cualquier momento y lugar, no importaba cuán feliz o tranquila estuviera. Pero, aunque en ocasiones era muy cruel conmigo, en otras muchas fue mi única acompañante. En los momentos oscuros de mi soledad podía sentir su compañía.

Me dio las palabras adecuadas para ser persuasiva ante el maltratador. Sopló mis brasas cuando necesité hacer llamas de ira. Abrazó mi tristeza en las noches oscuras del alma y me dio la llave de mi inconsciente cuando todo parecía perdido.

Cierto es que crecí y me desarrollé a través de ella, podría decir que la amaba, pues era la única seguridad que tenía para Ser, la única versión de mí que conocía. Al igual que una niña ama a una madre cuya responsabilidad maternal es nula, tenía la misma sensación con ella. El miedo a cortar el único vínculo de protección conocido, por negativo que fuera, daba auténtico pavor. ¿Cómo podía el amor doler tanto? Pero el precio que había que pagar era muy caro. Sostener su energía era demasiado para mi cuerpo físico y energético. Como en todo vínculo tóxico que acaba generando dependencia por carencias, llega un momento que es insostenible y al final has de escoger, y yo me escogí a mí.

Aún sigo sintiendo su vacío, como si me hubieran extirpado parte de quien era o soy. No quiero decir que la necesite, pero no voy a negar que la echo de menos. Quizás en algún momento volvamos a encontrarnos, y si así fuera espero estar preparada para abrazarla de manera simbiótica, en la que ambas obtengamos la una de la otra lo necesario para poder seguir transmutando la esencia a través de la sombra, porque hay vínculos que no se rompen, solo se transforman.

Entre una cosa y otra, lo que quedó claro es que el ritual no fue lo que me liberó. Lo que me sacó de aquel vínculo no fue la extracción. Fui yo. Fue mi decisión de sostener el proceso desde otro lugar. Porque puedes rodearte de tambores, rezos y símbolos, pero si no hay voluntad real de soltar, no hay magia que funcione. Lo energético no se impone, se activa. Y se sostiene desde lo terrenal.

Nada se va de ti si tú no estás dispuesto a dejarlo ir. Nada se extrae si antes no encuentras el motivo por el cual lo has sostenido tanto tiempo. Porque las entidades no aparecen por azar.

Se anclan donde hay una fractura, una fuga, un eco no escuchado. Y cuando no está trabajado, cuando no ha sido desnudado de sus capas heredadas, el ego es el campo más fértil para que estas energías se instalen.

He llegado a la conclusión de que las entidades no son ni buenas ni malas. Son conciencias arquetípicas. Forman parte de la biodiversidad energética que habita la cuarta dimensión, como los animales habitan la tercera. Operan según el estado vibracional del campo humano. Si vibras en incoherencia, en sombra, en necesidad de control o carencia emocional, ellas responden a eso. No te atacan, te reflejan.

Cuando no se reconoce, cuando se infla creyendo que es «el yo verdadero», el ego se vuelve su mejor aliado. Se convierte en un escudo defensivo que tapa la herida y justifica todo. Se hace pasar por la voz de tu autenticidad, pero solo está protegiendo la imagen que te inventaste para sobrevivir en un entorno que no supo acogerte.

Como decía Jung, el ego es necesario. Nos permite navegar el mundo. Pero también es el que crea la sombra: todo lo que tuvimos que esconder, callar, disociar para poder ser aceptados. El problema viene cuando esa sombra, que no desaparece, comienza a emerger proyectada en otros, o en experiencias que parecen externas, pero son espejos. Y ahí es donde las entidades encuentran su lugar, en el hueco exacto en el que no has querido mirar.

La soberbia no trabajada, la ambición reprimida, el deseo de ser visto que escondiste bajo el traje de la humildad... Todo eso crea un campo energético incoherente que se vuelve terreno fértil para que esas conciencias se instalen. No porque seas «malo», sino porque has sostenido una vibración desordenada que ellas pueden aprovechar. Lo hacen sin juicio. Como un rayo cae donde hay diferencia de potencial.

Y aquí está la clave: la fenomenología de estas entidades no cambia. Lo que cambia es cómo se relacionan contigo. Si llegas a ellas desde la conciencia, desde el trabajo interno, pueden volverse aliadas simbólicas. No porque te quieran ayudar, sino porque tú puedes sostener las emociones de fuerza que ellas potencian. Pero no bajes la guardia, ya que, si te desordenas, si el ego toma el timón, si vuelves a la vibración de carencia..., ellas también cambian de rol.

Es como tener un tigre en casa. Puedes alimentarlo, entenderlo, convivir con él. Pero nunca olvides que es un tigre. Si le das la espalda o lo provocas en el momento equivocado, te devora.

Las entidades mayores no se integran por deseo, se integran por coherencia. No puedes pactar con ellas desde el ego. Bueno, poder sí puedes, pero lo que obtendrás es poder sin conciencia. Y eso, al final, es una bomba. Lo he visto. Lo he vivido. Se puede hacer simbiosis, sí, pero solo cuando sabes sostener la propia sombra sin proyectarla. Solo cuando entiendes que la energía que das y la que recibes tienen que pasar por el filtro de tu Ser, no por el de tu herida.

Por eso para que este trabajo tenga sentido, primero hay que llegar ahí, al hueso, a la raíz, al origen. Hay que dejar de vivir desde el personaje del ego herido y empezar a vivir desde el Ser que puede ver su herida sin identificarse con ella. Desde ahí, las entidades no desaparecen, o sí, si ya has trascendido ese dolor, pero si forman parte de tu esencia, se quedarán, pero ya no mandarán.

Para entonces ya había hecho mucho trabajo de sombra. Había bajado al sótano emocional más de una vez. Había mirado mi árbol con la lupa de la conciencia, no para juzgarlo, sino para entender qué piezas del puzle me tocaba colocar a mí. Ya había reconocido repeticiones, síntomas, silencios incómodos, y una larga cadena de mujeres que, generación tras generación, habían callado, cedido o sobrevivido a costa de sí mismas. Pero no había tomado acciones, y ese desdoblamiento me lo confirmó. Ver a esa figura con el cascarón de mi madre, tan joven, tan despeinada, tan rota y desafiante a la vez, me colocó frente a un reflejo que creía ya integrado, pero que seguía latiendo en sombra.

Era ella, pero también era yo. Era la adolescente rota, el linaje de mujeres que creyeron ser inválidas, desamparadas, insuficientes. La escena del desdoblamiento me hizo ver que la entidad no solo se anclaba en mí por mis propias heridas, sino por la frecuencia compartida que resonaba en toda mi línea materna. Aquella figura era portadora de una memoria, y me lo estaba mostrando.

No era suficiente con nombrar los nudos. Había que habitarlos, reconocer en qué punto exacto aún sostenía la herida por lealtad, por amor malentendido, por miedo a dejar atrás lo que no me correspondía sostener. Porque esas lealtades invisibles, las que se cuelan en la forma en que amamos, nos defendemos o nos rendimos, no se cortan con una constelación ni se sanan con una vela. Se transforman cuando podemos mirar a la cara esa parte del linaje que aún vive en nosotras... y decirle: «Hasta aquí». Y eso hice, por mí, por ellas y por las que nos siguen.

¡Vamos a sacar los demonios!

Corría julio de 2021 y estaba recién separada. Mi hermano llevaba una temporada llamándome o escribiéndome a diario para controlar que estuviera bien en mi proceso de duelo. Abro paréntesis para exponer un dato curioso: no soy la única que cuando ha decidido separarse tras muchos años de relación y siendo madre ha sido tachada de depresiva o de que se le ha ido la olla. Creo que todos esperaban una reticencia o arrepentimiento más o menos tarde de aquella decisión. Y no se trata de locura ni de depresión, quizás depresión sí, por estar muerta en vida en una zona de confort que te ahoga. Pero la cosa aquí es que romper patrones y haber mantenido en silencio tanto dolor trae estas cosas, y cuando una coge el toro por los cuernos, a todos les pilla desprevenidos. Más que locura, es sensatez, es coherencia y es amor propio ¡Hombre ya!

La cosa es que en uno de esos chequeos de control antisuicidio, mi hermano me contó que llevaba varias noches despertando a las tres de la mañana porque escuchaba que picaban tres veces a la puerta de su habitación.

—Nata, llevo varias noches despertando porque alguien pica a la puerta de mi habitación. Tres golpes. Siempre tres. A las tres de la mañana.

Que dijera «alguien» ya denotaba por dónde iban los tiros. No podía ser nadie que no fuera mi cuñada o, en el peor caso, el gato. Me quedé un segundo mirando la pantalla. Pensé que era broma, pero no. Lo conozco. Y él no bromearía con estas cosas.

—¿Has mirado si era el viento? ¿La madera dilatándose? ¿Un vecino? —pregunté sin saber muy bien por qué. Como si el cerebro necesitara aferrarse a lo lógico, aunque supiera que no tenía lógica.

—No hay corriente, Nata. La puerta está cerrada. Y es un puño. Se escucha clarísimo. Como si alguien quisiera que le abriera.

El pecho me dio un vuelco.

—¿Estás seguro de que no es parálisis del sueño?

—No. Estoy despierto. Lo escucho y me levanto. Pero cuando abro, no hay nadie.

Suspiré.

—¿Y qué quieres que haga? —le pregunté, sabiendo perfectamente adónde iba todo esto.

—Yo qué sé. Tú sabes de estas cosas.

Y ahí me congelé. Porque en el fondo sabía que podía hacerlo. Pero también sabía lo que implicaba. Me quedé en silencio mirando el mensaje.

—Vale. Dame un par de días. Lo haré.

Porque era mi hermano. Y porque, aunque no quería admitirlo..., yo también quería saber. Después de varias semanas, encontré el momento de llevar a cabo la petición de mi hermano. Lo pospuse todo lo que pude y más, pero al fin me dio un ataque de valentía y quise probar de nuevo.

Como siempre, accioné mi gesto ancla y tras un par de respiraciones, conecté con mi espacio seguro y la frecuencia de su hogar. Vi la casa de mi hermano y me movía por ella de manera lenta y muy pesada. A veces en estos trabajos no puedo ver con claridad o me cuesta mucho moverme por el espacio, pero al girar la puerta tras el pasillo, lo vi.

Estaba ahí, quieto, justo detrás de la puerta de la habitación de mi hermano. Era mi abuelo Manuel. No como en las fotos. Estaba envejecido, nervioso, despeinado, con ese gesto de tirarse del poco pelo que le quedaba. Iba y venía de un lado a otro, como si esperara algo... o temiera algo.

—Abuelo... —dije, intentando mantener la calma, sintiendo cómo todo mi cuerpo vibraba—. ¿Por qué estás aquí? ¿Por qué golpeas la puerta todas las noches?

No me miró. Sus ojos iban de un punto a otro del pasillo, evitando mi cara. Como si le costara verme. Como si le pesara estar ahí.

—No es su momento —murmuró.

—¿Cómo? —pregunté—. ¿A qué te refieres con que no es su momento?

—No es su momento —repitió más fuerte, casi desesperado—. No es su momento..., y tu madre no para, no para, no para...

Su voz era temblorosa, casi quebrada. Se agarraba la cabeza como si estuviera a punto de colapsar. Decía lo mismo una y otra vez, como si eso fuera lo único que sabía decir. Como si lo demás se le hubiese borrado. Me impactó profundamente verlo así. Desencajado. Agotado. Con esa carga que no entendía del todo, pero que pesaba. Mucho.

—¿Qué no para mi madre, abuelo? ¿Qué estás intentando decirme?

Pero ya no podía sostenerme más. El plano comenzaba a cerrarse. La energía era tan densa que me costaba incluso mantener la visión. Sentí que, si me quedaba más, algo en mí iba a romperse. Así que corté. Volví. Jadeando. Con el pecho encogido y la certeza de que aquello era importante, aunque no supiera bien por qué.

Más tarde, le conté a mi hermano lo que vi.

—Tete, he visto al abuelo en tu casa, creo que es él quien te pica.

—¿Y qué quiere?

Me sorprendió que no lo pusiera en duda.

—Realmente no lo sé, no pude hablar mucho con él, parecía preocupado por tu estado de salud y se quejaba de la mama. ¿Ha pasado algo que no sepa?

—Pues no... Es que no me dice nada esto que me cuentas —me sugirió.

Me decepcioné bastante. No habíamos sacado nada en claro y no tenía sentido para él este mensaje, aun así, insistí.

—Creo que tienes que cuidarte —le dije—. En serio. Comer mejor. Dormir más. Y, por favor, reduce el ritmo de trabajo. No me preguntes por qué..., solo hazlo.

Tenía la mosca detrás de la oreja. ¿Se habrían cabreado estos dos y nadie me decía nada? En esos días quedé con mi madre para averiguar qué quiso decir el abuelo con que «ella no paraba». Así que la llamé y le propuse ir a verla a su casa.

Hablar con mi madre era deporte de riesgo. En su CPU ella tiene cinco programas de supervivencia, y la acusación es uno de ellos. Le comenté de manera muy cuidadosa lo que mi hermano estaba viviendo por las noches, y ella entendió que un asesino en serie iba a descuartizarlo a las tres de la mañana.

—No, mama, escúchame. Te digo que el tete está escuchando ruidos por las noches. No hay asesinos ni nadie entra en su casa, es algo paranormal —le dije muy lentamente.

—¡Ah, bueno! Pues que sea paranormal, ¡que sea! —dijo aliviada—. ¿Y qué tiene que ver mi padre con todo esto? —me preguntó.

Si lo de la puerta era un asesino, imagina lo que iba a ser la historia de su padre muerto.

—Que creo haber visto a tu padre, que me decía que se tiene que cuidar. Y hablando con el abuelo, me ha dicho que tú no paras, pero no sé a qué se refiere.

—¿Qué culpa voy a tener ahora de que el abuelo esté dando por coño? —dijo de manera graciosa mientras no paraba de moverse de un lado a otro, arreglando la casa mientras hablaba conmigo. La seguía por toda la casa mientras ella iba despotricando, quitándose la culpa de algo que ni ella entendía.

—Bueno, no sé, madre, es lo que me dijo —aseguré dudosa de mi canalización.

En eso llegó a su habitación y abrió la puerta, y yo, que la seguía, me quedé ojiplática al ver aquella escena. Una mesilla individual al lado de su cama con un mantel morado, lleno de velas, estampitas, minerales, objetos de protección y fotografías de los ancestros. Y, cómo no, la mía y la de mi hermano en medio, bien rodeados.

—¡Nooo! ¿Qué vas a tener que ver, tú? —grité señalando la mesilla—. A ver, Mari Carmen —le dije con una sonrisa irónica—, ¿qué es exactamente esto que tienes aquí montado? —Le señalé el altar.

—¿Qué va a ser eso? ¡Nah! Las cuatro fotos de la familia para que os cuiden —dijo quitándole hierro.

Miré de nuevo la mesilla.

—¿Con cuatro fotos te refieres a las siete generaciones que tienes ahí puestas? —le dije. Ambas reímos.

Y ella también se rio. Pero en ese gesto se escondía algo más. Una mezcla entre fe ingenua, amor de madre y un deseo profundo de que alguien, desde el otro lado, le hiciera el favor.

Porque lo hacía por él. Porque no sabía cómo cuidarlo de otra forma. Y porque cuando no tienes herramientas terrenales, te agarras a lo que sea. A la estampita, al altar improvisado, al abuelo Manuel.

«¡Pobre Manuel!», pensé.

No solo le había tocado ser el guardián del clan en vida, ahora también lo habían puesto de portero en la otra. Pero no le di más importancia que esa. Peticiones de mi madre a los ancestros y la resonancia de ello en lo físico. Ya de por sí suena un poco *crazy*, pero echando un vistazo a cómo han sido nuestras experiencias, pues ni tan mal. O eso era lo que creía.

En esas mismas fechas, coincidió que llevaba apuntada algunas semanas a un curso de registros akáshicos. Curso que salía, curso que me apuntaba. Reiki con Marian, numerología con Danae y, ahora, registros akáshicos con Mari Luz. Mi pareja siempre se «burla» de mí cuando tengo que presentarme o escribir sobre lo que hago: Nathalie d'Arc: «Registros, biodescodificación, ocultismo, bodas, bautizos y comuniones», acaba diciendo siempre. Y tiene razón, me siento MOCATRIZ, como dicen los de Ojete Calor, modelo, cantante y actriz. En fin.

Y de cabeza me fui a aprender a hacer registros akáshicos. Ni idea de qué era, pero quería saber todo lo que pudiera sobre estos mundos holísticos y su funcionamiento. Conocí a Mari Luz a través de un perfil de espiritualidad que le dio voz como maestra en registros. Quería dominar la canalización, o los mensajes que me llegaban. Quería saber si ella podía ayudarme a entender por qué estas entidades hostiles me mostraban cosas futuras y no lo hacían los esperados «guías» o cómo se manifestaban los ancestros, si aquello de Manuel estuvo bien ejecutado, no podría haberlo interpretado de otras maneras.

Al llegar al local, entramos en una sala estilo cueva. Había cojines en el suelo a modo de medio círculo. Junto a ellos, una libreta y un bolígrafo junto a una *tote bag* con el signo del zodíaco de cada una, ¡más mona Mari Luz! Pasadas unas horas y tras la teoría, hicimos un ejercicio de canalización.

Me concentré, como siempre hacía, activé mi gesto ancla con el zumbido en mis oídos y *voilà*, comenzaron a llegar imágenes. Primero una flor de loto, brillante, flotando en agua negra, después el universo, estrellas formando lo que podía parecer un ojo, a continuación, un casco de guerra estilo espartano y, finalmente, un panda comiendo bambú tranquilamente. Me detuve unos segundos a observar al panda, esperando la siguiente imagen, pero algo detuvo la visión, algo denso de nuevo. Ya no había más imágenes, se quedó estática la del panda hasta que a los pocos segundos lo vi decapitado. Cabeza rodando colina abajo empapando todo de sangre. Abrí los ojos.

—¡Joder! —dije en voz alta. «¿En algún momento podrán mostrarme cosas menos agresivas?», pensé.

En medio de mi enfado, una duda me atravesó:

—Mari Luz, pero esto de los registros, ¿no es simplemente bajar información? ¿Es posible haberlo hecho siempre sin la necesidad de que nadie te inicie? Si somos energía y todos tenemos capacidades, ¿por qué alguien va a iniciarte en algo que ya es innato en ti? —le pregunté.

Se creó un silencio. Por un momento pensé que había sido impertinente o poco cuidadosa con las preguntas. Quizás pudiera haberse sentido desacreditada, pero no fue para nada mi intención, solo quería dar respuestas a mi pregunta del millón, pero no tuve respuesta aclaratoria o no al menos como la esperaba.

No me quedé tranquila tras aquello. Había algo que me molestaba soberanamente, como si supiera que algo no iba bien, pero, en realidad, no sabía qué. Me levanté y me dirigí a la taquilla en la que guardaba el móvil y lo llevé a la sala. Mientras esperaba que las compañeras acabasen el ejercicio, abrí el WhatsApp de mi familia. Veinte mensajes, algo pasaba:

Dani: Hola familia, estoy en urgencias y me van a dejar ingresado. Vine hace unos días porque no podía respirar bien y ahora me encontraba peor. Me van a dejar aquí ingresado para controlarme, pero estoy bien.

Lamentos de mi madre, preocupación de mi padre y algún comentario con la broma del abuelo y las fotos del altar.

Mama: Ves, hijo, tienes que cuidarte, ¿por qué no has ido antes al hospital? Con tu asma es muy peligroso el COVID —escribió mi madre entre otras muchas recomendaciones de madre de los años noventa—. Tiene que bajar tu abuelo para reñir —concluyó.

Para seguirle el juego, quise buscar un gif que simulase «darle una hostia» y enviárselo. Pero justo cuando escribí en el buscador «dar una hostia», mi pulso se detuvo al encontrar que entre los gifs aparecía un panda... dando una hostia. ¿Un panda dando una hostia? No pude evitar quedarme en *shock* un momento.

Ya era coincidencia, pero tras aquella visión del panda, no pude evitar vincularlo. ¿Me están hablando de él? ¿El panda decapitado es él? ¿No es su momento, como decía el abuelo? Mi pulso cobró de nuevo vida, pero ahora corría un maratón. ¿Se me estaba avisando de... su muerte?

Por primera vez en mi vida, deseé que todo fuera mentira. Que mi percepción estuviera distorsionada, que mi mente me estuviera jugando una mala pasada, que la historia del panda no fuera un mensaje, sino una absurda coincidencia.

Los días en el hospital iban pasando. Eran tiempos de COVID y no podíamos acompañarlo. Era muy duro sostener la sensación de desamparo y aquella visualización que me carcomía, así que acabé explicando a mis padres lo del panda, no todo, sin el final, sin la decapitación. Pero mi padre, viejo zorro y más brujo que yo, me preguntó:

—¿Cuánto tiempo le queda?

Ipso facto, en mi mente una voz. Mi cara descompuesta. Y mi respuesta fría.

—Diez días —dije sin titubear.

—Natalia, no me jodas, ¿eh? —se enfadó mi padre.

Mis ojos se llenaron de lágrimas y no era para menos. No podíamos ir a visitarlo ni estar con él. Únicamente hacíamos un par de videollamadas al día y cada día que pasaba lo veíamos peor. Al principio hablaba con normalidad, luego siempre con mascarilla de oxígeno y, al final, no podía comer y respirar a la vez. Ni siquiera caminar sin el oxígeno. La cosa pintaba muy muy mal. Pero no nos hablaba claro, simplemente decía que no podía hacer más videollamadas, que estaba cansado y que no nos preocupáramos, pero sí, se estaba muriendo y no lo quiso decir, no hasta que no pudo más y entonces me escribió:

—Nata, ¿hacemos algo juntos esta noche?

—¿Algo de qué, tete? —le respondí, extrañada.

—No sé. Algo energético. De esas cosas tuyas. Esta es mi última noche en la habitación... Mañana me bajan a intubación.

Me quedé muda. Literalmente muda. No podía escribir, no podía pensar, no podía reaccionar. El peso emocional que me cayó encima fue tan bestia que me dejó paralizada. Primero por la noticia, una intubación para producir el coma porque ya no podía respirar por sí mismo. Estaba en *shock*, ¿cómo puedes llevar este dolor tú solo? Y, segundo, por la impotencia de no poder ayudarle y la responsabilidad de hacer «una última cosa por él». No era moco de pavo meterse en el sistema energético de alguien, y mucho menos en ese estado. Y mucho menos si ese alguien es tu hermano. El miedo me carcomía. Me aterraba la idea de abrir ese canal y no saber cómo cerrarlo, de equivocarme, de no estar a la altura. Y lo más triste es que ni siquiera se me había pasado por la cabeza que yo podía ayudarlo.

Pero saqué fuerzas. Porque a la familia se la protege, se la sostiene. Porque cuando alguien que amas está a punto de perderlo todo, no hay miedo que valga. Le propuse hacer una meditación juntos. Algo simple. Solo necesitaba que se sintiera acompañado. Que supiera que yo estaba ahí. Y si algún mensaje de algún ancestro podía manifestarse, bienvenido sea.

Eran las doce de la noche. Preparé mi espacio. Le pedí que escucháramos a la vez una canción. Respiré. Activé mi gesto y mientras la voz sonaba de fondo, intencioné. Intencioné con todo mi cuerpo, con todo mi Ser, con todo mi miedo y mi amor. Y entonces... ocurrió. Algo me sacó de mi semitrance.

Me vi allí, en la habitación del hospital, junto a él, y en verdad fue algo que se salió de mi comprensión. No estaba preparada para ver lo que vi, ni para sentirlo. Ni mucho menos para sostenerlo. Pero lo hice.

La canción había acabado, pero yo seguía allí, envuelta en otra realidad, y en ese estado, aún en un semitrance, pedí una señal. Una confirmación terrenal.

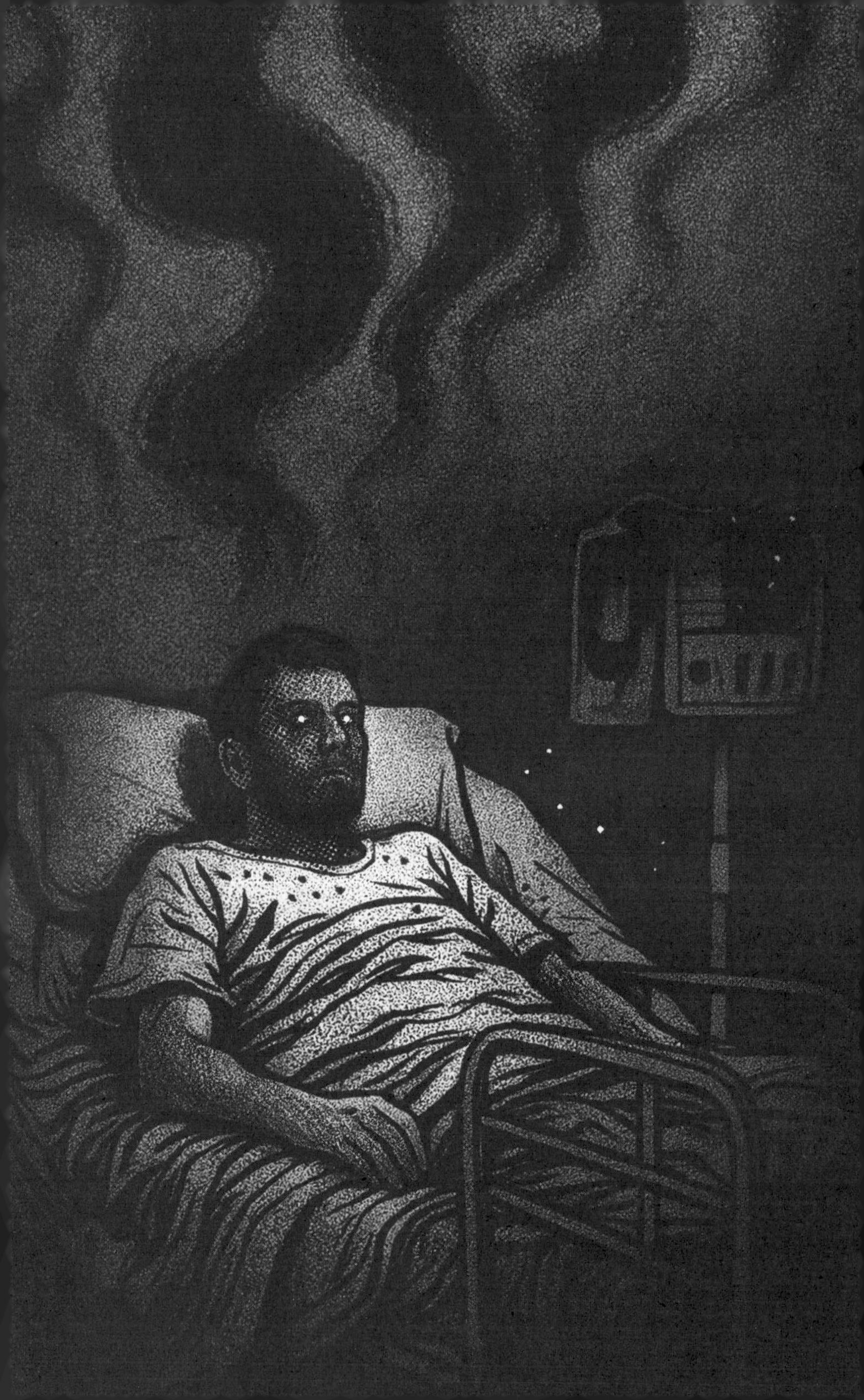

Algo, alguien que me sostuviera la mano en ese mismo instante. La extendí hacia delante, esperando notar el contacto sutil de algo intangible. Y a los pocos segundos, una manita me la cogió, y me dio un vuelco el corazón.

—¡Aaaah! —grité.

—Mami, ¡qué susto! —dijo mi niña mientras agarraba su perrito de peluche con fuerza.

—Mi amor, ¿qué haces aquí?

Me la quedé mirando como si acabara de aparecer la mismísima Virgen María. Otra vez ella. Siempre ella. Siempre manifestándose como canal de algo más grande. Se había despertado y vino a buscarme. ¿Casualidad? No lo creo. La abracé, culpable de haberla asustado. La besé y la acompañé a la cama. Y me quedé ahí, mirándola, con los ojos empapados y el alma temblando. Tuve que ducharme y relajarme un buen rato bajo los chorros de la ducha caliente. Sentía náuseas y vértigos. Como si hubiera estado operando a alguien a corazón abierto sin conocimiento, pero sabiendo exactamente qué debía hacer. Cuando salí de la ducha, le escribí a mi hermano. Quería saber cómo se había sentido y qué había visto y si coincidía con lo que yo le había hecho a su cuerpo energético.

—Solo he visto muerte, Nata, solo muerte —me escribió.

No esperaba otra respuesta. Su canal estaba muy saboteado, estaba bajo mínimos, estaba para disiparse...

Al día siguiente viví pegada al teléfono. Mis padres no sabían la noticia de la intubación, y yo estaba muerta de miedo porque eso sucediera. Hasta que sobre las doce del mediodía mi hermano escribió.

—Hola, todo sigue igual de momento, a ver si mejoro un poco.

Le escribí de inmediato por privado.

—Tete, ¿hoy no te iban a bajar a intubar? —le pregunté.

—Sí, pero parece que de momento no, voy manteniendo la saturación y van a esperar un poco más.

Los días pasaron así. Cinco días tras la petición que me hizo mi hermano y diez tras la pregunta de mi padre. Al décimo, le dieron el alta. Diez días, como me dijeron. No sería su muerte, sería su nueva vida. Otro García rozando el larguero y abriendo conciencia a través del dolor, como predijo la flor de loto, el ojo del universo y el casco de espartano.

Cuando por fin pudimos abrazarnos, lo primero que me dijo fue:

—Perdóname —posó la mano en mi hombro—. Ahora sé lo que debiste sentir en la cama del hospital. Jamás he pasado tanto miedo, no quiero ni imaginar lo que debiste sentir tú.

Cabronazo, pensé. ¡No me hagas esto ahora aquí delante de todos! «La tía» no se pone moñas nunca y ahora que había mirado a la parca a los ojos se había convertido en un osito amoroso.

Me tragué el nudo, como tantas veces. Me quedé con la espina de no abrazarlo. Solo me quedé estática, aguantando el nudo, y me da mucha pena. Me da pena no poder sentir la emoción del amor sin miedo, y me arrepiento de cada abrazo superficial que doy cada vez que me incomodo, cuando me tocan y cada vez que tengo que besar y lo hago sin ganas. Me duele mucho. Pero es algo en lo que estoy trabajando.

Dramas aparte. La extracción energética que realicé en el campo de mi hermano fue solo una primera intervención, necesaria pero insuficiente. Logramos desanclar una energía que afectaba su salud física, pero no tocamos el origen del problema: el miedo profundo, la culpa ancestral, las lealtades invisibles que mantenían esa energía anclada. Fue como arrancar una planta sin desenterrar las raíces. La frecuencia dañina seguía activa, y sin un trabajo interno profundo, el caos volvería a manifestarse.

El *marketing* del miedo

Este es el punto en el que mucha gente se pierde. Frente a tener «algo malo dentro», un espíritu en casa, lo primero que hacemos es acceder a lo que la cultura pop nos ha acercado: los amuletos. Aquí la primera que tuvo amuletos de toda clase fui yo. Empezando por el ojo turco y hasta la cruz de Caravaca (mi madre cuando se creyó que estaba poseída). Cuando tenemos una fenomenología extraña en casa o de manera individual, o nuestros hijos nos cuentan que han visto un señor asomando la cabeza en su habitación..., claro, la cosa se tensa muy rápido y más si proviene de la vulnerabilidad de un hijo. El primer instinto es protegerlo como sea y delante de lo que sea, a cualquier precio. Y de precios va la cosa.

En su apuro por querer protegerme, mi madre me pasó un enlace de una web de una médium famosa que vendía amuletos por 900 euros. ¿Qué son 900 euros ante la creencia de que tienes a la monja de *Expediente Warren* en tu casa? Ná. Y es que encima nadie nos habla claramente de lo que son estas entidades ni cómo operan ni cuál es su fenomenología, únicamente nos venden miedo y amuletos (por 900 lereles). Pero ¿por qué no se habla? Yo siempre digo lo mismo: el miedo da mucho dinero, y eso genera dependencia.

Lo primero que habría que entender es que lo que sentimos como «opresión externa» no es el origen. Es el efecto. Es el eco de una energía desbordada, de una vibración que ha quedado abierta, vulnerable, por dentro. Es el campo emocional hecho trizas, el cuerpo energético fragmentado, la conciencia desconectada. Y es inevitable que eso atraiga. Atrae como una lámpara encendida en medio del bosque. Y lo que llega no necesariamente es maligno. Llega por coherencia. Coherente con tu vibración. Con tu herida.

Así que lo que llamamos protección suele ser un intento desesperado por tapar un síntoma sin ver la causa. Encendemos velas, colgamos estampitas, colocamos cuarzos, recitamos oraciones..., y todo eso puede ayudar, sí, pero no desde donde creemos. No porque «funcionen», que también, sino porque nos ayudan a enfocar la intención. Y eso es muy distinto.

El verdadero poder no está en el objeto, sino en la energía que proyectamos sobre él. No es el amuleto el que protege. Es tu intención condensada en un acto simbólico. Es psicomagia. Y como toda psicomagia solo funciona si estás presente. Si sabes para qué lo haces. Si hay conciencia detrás del gesto. Si no, solo estás haciendo ruido. Decorando tu miedo.

Nos empeñamos en matar las cucarachas que vamos viendo salir, pero nadie nos enseña a encontrar el nido. Usamos oraciones como ibuprofenos. Encendemos velas como quien enciende un cigarro para calmarse. Y eso está bien, si lo usas en el momento adecuado y con la energía adecuada. Pero no sirve si lo haces para evitar mirar el origen. Porque eso..., eso sí que te deja expuesto.

¿De qué sirve blindarte con protección energética si tienes veinte fugas abiertas? Limpias con la escoba sucia.

La verdadera protección empieza en la conciencia. En saber quién eres. En conocer tus sombras. En tener claro cuándo te desbordas, cuándo te disocias, cuándo te dejas arrastrar por lo que no puedes sostener. Porque solo desde ahí puedes usar una herramienta externa como complemento. No como salvación. Como recordatorio, no como escudo.

Protegerte sin conciencia es como poner un candado en la puerta principal mientras dejas todas las ventanas abiertas. O como ir al tanatorio con un rosario en el bolso y creer que eso basta para que no se te pegue nada. No, no basta. La energía se mueve por vibración, por coherencia. Y si estás con miedo, ya puedes ponerte lo que quieras, que lo que afectará es tu vibración, no la historia que te cuentas.

Entonces ¿hay que tirar todos los amuletos? ¿Apagar las velas? ¿Dejar de sahumar? No. Claro que no. Las plantas tienen su conciencia y propiedades que interactúan con la tuya, al igual que los minerales y los metales, pero si los usas estando energéticamente infestada, puede ser incluso contraproducente, además de ineficaz. Ante una infestación, la «protección» más fuerte es la conciencia. El resto son aliados. No protagonistas.

Hay momentos en los que una protección concreta sí es útil: cuando entras en un hospital, cuando participas en un ritual colectivo, cuando sabes que vas a exponerte a un campo denso, cuando viene tu madre a casa... (es verdad y lo sabes). En esos casos, la preparación energética puede ayudarte a mantenerte presente, a sostener tu vibración, a no dejarte arrastrar. Puedes usar protocolos de prevención y drenaje, con minerales, plantas y disciplina energética previa, pero no puede sustituir el trabajo interno.

Lo importante no es qué usas, que también, pero es más importante desde dónde lo haces. Si lo haces desde el miedo, desde la urgencia, desde la superstición..., la protección se vuelve otra fuga. Si lo haces desde la conciencia, habiendo hecho previo trabajo de sombra, entonces sí. Entonces es una herramienta. Una extensión simbólica de tu voluntad.

Pero es más importante aún ¿de qué te estás protegiendo exactamente? ¿Sabes qué entidad está interfiriendo en el campo energético? ¿Qué origen la detona? ¿Quién la sostiene? ¿A qué «te enfrentas»?

Las demás protecciones sirven para adelantarte a la exposición que sabes que repercutirá en tu campo, pero ¿qué pasa cuando ya ha repercutido? Si ya hay infestación de entidades mayores, ¿sirve una protección? Evidentemente no. Cuando hay una infestación de entidades mayores, el campo ya está saboteado y es probable que también la conciencia local. Aquí no valen rituales de protección.

Las limpiezas energéticas convencionales pueden ayudar a disolver residuos, larvas o entidades menores que se hayan anclado en el campo. Pero no sirven para desanclar un egregor o una entidad mayor. Porque estas conciencias no solo se sostienen en un lugar, sino en la psique de quienes habitan ese lugar. Operan a otro nivel. Se camuflan como patrones mentales, se disfrazan de emociones arraigadas, se filtran en la percepción de la realidad. No se van porque reces. No se disuelven porque sahúmes.

Un egregor no es una presencia flotante. Es una conciencia colectiva que se retroalimenta de lo que piensas, sientes y haces. Y un demonio mayor ya no te rodea: te habita. Se mete en tu conciencia, sabotea tu voluntad, fragmenta tu percepción.

¿Y qué se puede hacer frente a este escenario? Drenar, trabajo de sombra y mucha disciplina energética. Encontrar el origen de esa atracción que sostiene a la entidad anclada en tu campo. Porque es aquí es donde más se mete la pata, porque cuando una ya medio controla o cree controlar el cuerpo energético u otros lares, tira de trabajo energético para desterrar, expulsar o «limpiar». Muchas veces me he encontrado personas que, con grandes problemas para sostener la vida, depresiones graves, carentes de inteligencia emocional y poseedoras de grandes dotes de ego, creen que pueden contra todo: «Yo con mis guías y mis ancestros expulso todo». «El amor todo lo puede y la luz siempre ganará.» Para empezar, esto no va de ganar o perder, sino de sostener. La luz prevalece cuando la puedes sostener, pero si tienes el barro hasta el cuello porque no puedes lidiar con una vida terrenal coherente, perdona que te diga, solo vives en Narnia.

Ante entidades menores, como larvas o colapsos energéticos, sí, usamos limpiezas convencionales con conciencia y sin dar energía externa. Ante una entidad opresora mayor, no hay limpieza, hay drenaje y extracción mediante un trabajo energético no sin antes haberlo hecho de manera terrenal. Y solo entonces las protecciones vuelven a tener sentido como sostén, no como salvación.

Entonces ¿cómo se protege una de verdad? No se protege. Se conoce. Se observa. Se sostiene. Se planta. Se habita. Porque no hay nada más poderoso que alguien que sabe quién es, qué siente, qué necesita y hasta dónde llega. La conciencia no necesita defensa. La conciencia es la defensa. De ahí nace tu frecuencia, la del Ser.

Así que no, no se trata de blindarte contra la oscuridad. Se trata de dejar de alimentarla sin darte cuenta. De apagar las fugas. De cerrar los pactos inconscientes. De volver a ti. Porque cuando vuelves a ti, cuando limpias tus demonios, cuando habitas tu cuerpo como un templo en paz..., entonces ya no hay nada que proteger.

Solo algo que sostener: tu propia esencia.

¿Los sacamos o no?

Muchas veces me encuentro con personas que vienen desesperadas buscando que les saque lo que sea que sienten encima. «Hazme algo, por favor, límpiame, sácalo ya.» Y lo entiendo. Pero no funciona así. Aquí no hay pociones mágicas, hay trabajo terrenal, en su prioridad, principalmente porque no se puede extraer nada de ti sin que estés dispuesto a dejarlo ir. Y para eso, primero hay que encontrar el origen. Si no, es como fumigar una casa por ver una cucaracha..., pero sin revisar por dónde entran. Siguen saliendo. Y, a veces, más grandes.

Yo misma caí en esa trampa. Pensar que, con un ritual, un huevo, una vela, iba a liberar algo que llevaba años (¿o vidas?) anclado en mi sistema. A veces sirve, sí. A veces calma. Pero es un parche. Una tirita. Si tu campo sigue vibrando en incoherencia, si hay fuga energética constante, si no has entendido el mensaje emocional que esa presencia viene a mostrar..., volverá. Cambiada, más sutil. Pero volverá.

Desde entonces entiendo que entrar en el canal de alguien es algo delicado. Porque cuando accedes, ves. Y lo que ves no es solo una entidad. Es una emoción. Una herida. Un símbolo encarnado. Los bronquios, la tristeza no llorada. Los riñones, el miedo a perderlo todo. El hígado, la rabia acumulada. El cuerpo hablando desde donde nadie lo escucha.

Y eso hay que saber leerlo. No puedes expulsar algo sin mirar por qué estaba ahí. No puedes hacer una limpieza si la persona no ha puesto orden dentro. Porque por oscura que sea, esa entidad responde a algo. Fue sostenida, alimentada. No apareció sola.

Por eso antes de mover la energía, hay que poder sostenerla. Antes de centrarnos en lo energético, hay que sostener la vida terrenal. Los problemas no se van con rituales, o mantras o meditación, estos te ayudan a ordenar tu frecuencia para estar estable y coherente, pero el verdadero trabajo es la acción, es conducir el coche y dejar de ser copiloto.

Durante mi camino he encontrado mucha gente que evita esto por completo. Huyen de su sombra como si fuera contagiosa. Llenan la casa de turmalinas, repiten decretos..., pero viven en incoherencia. El cuerpo enfermo, intoxicado de adicciones o comida basura, la mente colapsada, llena de ideas extremistas sin posibilidad de autocrítica ni tolerancia. ¿Quién puede sostener una buena frecuencia con su vida patas arriba? Eso es una espiritualidad impostada, no es conciencia, es un paliativo, una historia que te cuentas para seguir sin mirar.

Pongo la mano en el fuego, y no me quemo, que muy a menudo hacemos juicios basados en sistemas de creencias retrógrados. Creemos que el ser de luz es aquel que viste con colores alegres, que tiene su casa llena de artículos del todo a cien de budas y elefantes y que, por el contrario, las personas atormentadas son el colectivo opuesto, los *heavies* o góticos que visten de negro. Y no es así. Esos que parecen vivir en sombra, muchas veces son los que más claridad tienen. No fingen encajar. No pretenden iluminarse. Saben muy bien las fugas de energía que tienen, probablemente son los excluidos del clan y de la sociedad. Portan un duelo que se ve reflejado en su música y en su modo de vida. Pero son conscientes y al menos no mienten.

En cambio, las señoras bien (esas que no elegirían este libro), las que te insisten en hablar solo con guías de luz (¡importante decir «de luz» en voz alta, no vaya a ser que venga otro!)..., esas sí que están infestadas por vivir en incoherencia. Sosteniendo su ansiedad con tarot, cuarzos y decretos como el yonqui con su dosis. A menudo me las encuentro en mis conferencias juzgando: «¿Por qué pactar con la oscuridad? Siempre hay que ir hacia la luz», dicen. A lo que les contesto: «¿Qué es ir hacia la luz? ¿Decir a todo que sí? ¿Perdonar cuando, en realidad, quieres vengarte? ¿Victimizarte de lo que te sucede sin hacerte cargo? ¿Hablar con tus guías, pero no hablar las cosas con tu marido?». No se han molestado ni en escuchar lo que tengo que decir ni en preguntarse siquiera si hay algo nuevo que les pueda aportar a sus conocimientos. Ven la oscuridad y cierran la puerta. Pues, Remedios, tenemos un problema.

El trabajo energético es una herramienta, pero no sirve si no va acompañado de trabajo terrenal. No puedes sacar nada de ti si no sabes ni cuál es su origen de anclaje y mucho menos si no sabes ni quién eres. No puedes sanar una infestación si no entiendes qué parte de ti la permitió. Y, desde luego, no basta con repetir «yo soy luz» para hacer el trabajo real.

He visto a muchas personas que después de años de cursos, talleres, rituales siguen infestadas. Porque nadie les dijo que el verdadero trabajo energético no es «limpiar» lo que te molesta, sino atravesarlo. Y que cuando una entidad de verdad se ancla, no hablo de larvas o residuos menores, hablo de una entidad opresora mayor, no basta con poner una vela o invocar a los «guías». Aquí ya no hablamos de rituales de domingo, hablamos de extracción. Y eso no es cualquier cosa.

Una extracción energética no se hace con una terapia amable, ni con el simple deseo de que el amor todo lo puede. Lo puede, sí. Pero primero hay que aprender a vibrar con fuerza en ese amor. Desde tu intoxicación con el tabaco, tu adicción a la bebida, tu apatía y tu ira mal gestionada... no vas a sacar ni al perro a pasear.

Para extraer algo que está anclado en la cuarta dimensión necesitas un método que te permita entrar en esa frecuencia. Los minerales, las velas, son solo potenciadores. No son la herramienta. Se necesitan protocolos. Y una gran potencia psíquica. Esa potencia nace del nivel de conciencia, de la frecuencia del Ser. No del ego. No de creerte canalizadora porque te vibra la cabeza. Que no, Remedios, que dejes a tus guías tranquilos y arregla lo que tienes estancado en tu vida. Deja de poner altares y hablar con tus «guías», y arregla el vínculo con tu madre, que a esa sí la bloqueaste en WhatsApp, y aun así quieres desbloquear tu tercer ojo.

No hay luz sin oscuridad. No hay alegría sin tristeza. No hay ascenso sin bajada al infierno. Y esa bajada no se hace con incienso de fresa. Se hace con silencio. Con soledad. Con terapia. Con un espejo. Y sí, a veces, con una entidad encima que te hace sentir que no puedes más..., pero que si sabes mirar también te muestra justo lo que no te has querido ver.

Capítulo XV

Cuidado con la luz, no te vayas a cegar

Durante años quise creer en la imagen de un guía superior, protector, amoroso. Alguien o algo que me cuidaba desde la luz, eso que llaman tu ángel de la guarda. Pero cuanto más profundizaba en dar forma a mis experiencias, más me daba cuenta de que esa idea no era más que otra trampa del ego, de lo «bueno» y lo «malo» de nuevo.

Sentir que hay alguien al lado cuidándote es reconfortante. Te hace sentir validada, menos sola. Te hace sentir «especial». Y lo entiendo. Muchas personas se aferran a esa imagen luminosa, con nombres familiares o angelicales. A veces funciona como consuelo, como refugio simbólico. Y aquí es cuando Remedios se me revuelve en la silla, con el péndulo en una mano y el Metatrón en la otra, diciendo: «¡Mi padre me protege desde el más allá! ¡Yo lo siento! ¡Él me cuida!». Y oye, yo no te lo niego, Remedios. Sentir a los ancestros contigo es precioso. Y si te da paz, adelante. Pero eso no quita que también haya otras presencias a tu alrededor, que aun no teniendo una vibra brillantina, pueden hacer de potenciadores. ¿O solo dejamos pasar a los que nos caen bien?

No todo lo que brilla es luz, ni todo lo que acompaña es protección. Principalmente porque eres humana, y eso implica tener emociones, experimentar la densidad. Implica pasar por duelos de muerte, de padres, hijos o parejas. Perder amistades, caer en los cánones de belleza y juzgarte por no ser la mejor. Pasa por tener imprevistos económicos, verse quizás en la ruina o lidiar con las expectativas. Y todas esas experiencias tiran de emociones de fuerza. Así que nadie, absolutamente nadie, puede sostener estados emocionales elevados de forma continua y prolongada. Porque cuando crees que lo tienes todo atado y estás en paz, ¡zas!, sucede otra cosa. ¿Sabes por qué? Porque si fueras un ser de luz dominarías el ego nada más nacer, y con ello todas estas emociones, serías Jesucristo, un Ser completamente evolucionado, y no necesitarías habitar este plano. No tendrías nada que aprender ni que reparar y, por lo tanto, para ti estas experiencias no serían evolutivas.

Pero no es el caso. Estás aquí, encarnada, y eso implica que vas a sentir emociones de fuerza. Me atrevo a decir que esas emociones dominan el 80 por ciento de tu experiencia vital. Y te pasas ese 80 por ciento intentando ignorarlas o gestionarlas como puedes. Desde ahí, desde la desconexión, no vibras en la luz. Vibras en la sombra. En la oscuridad.

Y solo cuando estás lista para mirar eso sin juicio, comprendes que un Ser de luz no es quien lo aparenta, sino quien ha atravesado su infierno. Así que mientras las señoras de la luz disfrutan de sus guardianes luminosos y sus mensajes angelicales, nosotras estaremos aquí para recordarles que el verdadero ser de luz es quien cruzó el abismo, dialogó con su infierno y volvió entero, no limpio, sino consciente.

Pero por mucho que tengas contacto con entidades luminosas o de poder, hay una trampa con la que no siempre cuentas: el ego.

El ego es la entrada principal. Da igual si lo que recibes viene de una entidad opresora o de un supuesto «ser de luz», lo importante es cómo te afecta lo que estás canalizando. Porque si el mensaje que llega te hace sentir especial, elegida, con una misión superior al resto, si te infla más que te calma... ahí ya no estás recibiendo, estás proyectando.

Y ese es el verdadero peligro, pensar que por recibir algo «luminoso» estás automáticamente protegida. Como si el mensaje fuera más importante que desde dónde lo sostienes. Pero no es la entidad quien determina el nivel de conciencia del vínculo, sino tú. Tu energía. Tu ego.

Porque sí, puedes creer que estás canalizando a un ser de luz. Puedes sentir paz, palabras bonitas, imágenes elevadas. Pero si tu campo está fragmentado, si no has hecho el trabajo de sostenerte con claridad, de mirar tus heridas, esa canalización no viene de donde crees. Viene de una entidad de fuerza disfrazada. Una que toma la forma que tú necesitas ver para validar tu estado emocional. Y como no has trabajado el ego, te lo crees. Y ahí el mensaje ya no es guía, es distorsión. Porque, aunque el contenido suene elevado, la frecuencia no lo es. Porque la verdadera luz no necesita adornos. Y la verdadera guía no te infla: te confronta. Te hace responsable.

Aquí es cuando muchos se pierden, creen que canalizan «alta vibración» porque escuchan palabras bonitas. Pero si el mensaje te hace sentir superior, especial, elegida... no estás canalizando. Estás proyectando. Y si sigues por ahí, tarde o temprano se cuela una entidad opresora que sabe perfectamente cómo manipular tu necesidad de sentirte conectada, especial o protegida.

No se trata de eliminar el ego. Esa es otra de esas frases bonitas de la espiritualidad moderna que confunden más de lo que ayudan. «Matar el ego» no es evolución, es represión. Porque el ego, aunque esté desbordado, es una herramienta. Es el avatar que nos permite jugar en este tablero, con esta expansión en este presente. Es lo que nos permite orientarnos, protegernos, ponernos límites, dar forma a nuestras decisiones. Sin él no podríamos sostenernos ni siquiera en la cotidianidad.

El problema no es tener ego, sino identificarte solo con él. El problema es cuando el ego se convierte en el director de tu vida, cuando tu sombra lo alimenta desde lo inconsciente, y tú crees que eres eso que proyectas, cuando, en realidad, es solo una parte.

El inconsciente se comunica en lenguaje simbólico. No habla castellano ni inglés. Habla a través de sueños, sincronicidades, enfermedades, sensaciones, imágenes. Habla a través de metáforas. Y por eso no basta con analizar desde la lógica. Porque en el inconsciente no hay diferencia entre lo real y lo imaginado, entre lo que pasó y lo que temimos que pasara. Todo se graba igual. Todo se vive igual.

La biología responde igual a una amenaza real que a una simbólica. Y lo mismo ocurre en el plano energético: una herida emocional abierta se convierte en campo fértil para atraer determinadas entidades, no porque «sean malas», sino porque resuenan con esa vibración. Son manifestaciones que nos invitan a mirar. No a huir.

Por eso, lo importante no es eliminar el síntoma. Es descifrarlo. Ver qué está gritando ese símbolo. Qué parte de tu sombra lo ha convocado. Qué patrón ancestral, creencia limitante o fidelidad inconsciente lo ha sostenido. Solo así el síntoma puede transformarse. Solo así la entidad deja de tener espacio para anclarse.

Y es desde ahí, desde esa lectura simbólica del síntoma y del inconsciente que podemos empezar a entender que lo que llega, sea un ataque onírico, un vínculo con una entidad, una aparición o una canalización, no está «fuera» del todo. Es parte del mismo juego. Es reflejo. Es mensaje.

Por eso digo que el ego es el canal de entrada para todo. Si eres capaz de sostener lo que te muestra esa entidad sin identificarte con el ego, y la lees desde el símbolo y no desde la herida, entonces su aparición se transforma en guía. No porque lo sea, sino porque tú estás lista. Y es aquí cuando se cruzan el ego, el inconsciente, el mapa de creencias y las entidades.

El inconsciente proyecta un símbolo, que no siempre es una imagen como tal, a veces es una experiencia entera. Por ejemplo, una pareja que te abandona justo cuando empezabas a confiar. No es casualidad. Es la forma que tiene tu inconsciente de poner delante una herida que aún no se ha mirado. Ese símbolo nace del archivo interno que contiene tu mapa de creencias: lo que viviste, lo que heredaste, lo que creíste verdadero y no cuestionaste.

El ego lo filtra con lo que tiene. Lo interpreta según sus heridas, y ahí se genera una emoción. Y dependiendo de si esa emoción te coloca en el miedo, la rabia o la dignidad, emitirás una vibración distinta.

Esa vibración es lo que atraes. Por coherencia. Tanto en el plano físico como energético. Si tu emoción nace desde la fuerza (reacción, impulso, supervivencia), aparecerá una entidad que se ancle en esa frecuencia. Si nace desde el poder (presencia, conciencia, acción interna), se acercará una entidad que lo sostenga o lo potencie.

Lo que define si se vuelve guía o trampa no es lo que aparece, sino desde dónde lo sostienes. Si lo miras desde el ego, es alimento para la distorsión. Si lo miras desde la conciencia, es espejo. El mismo espejo que vi literal en el sueño lúcido con aquella entidad de las peonias y el espejo. El de los cascarones de mi abuela envuelta en vendajes, en mi madre con su cuello largo y ropajes rotos, en la entidad con la cara cortada...

Pero, entonces ¿una entidad opresora puede convertirse en guía?

He aquí el quid de la cuestión. En los planos sutiles no existe la moral. No hay buenos ni malos. Hay coherencia vibratoria. Y esto nos rompe todos los esquemas, porque nos han enseñado a mirar lo espiritual como una batalla entre ángeles y demonios. Como si tuvieran bandos. Como si vinieran a protegerte o a dañarte. Pero no, su verdadera misión, o al menos la que yo considero, es la expansión de tu conciencia sea la entidad que sea.

Una entidad opresora o de fuerza puede actuar como guía no porque lo sea, sino porque su presencia refleja lo que tu frecuencia genera a través de tu inconsciente. Si tienes la voluntad de sostener esa incomodidad, esa presencia densa se convierte en detonante de conciencia. Una entidad que parece «de luz» o de poder puede ser el detonante de una nueva forma de ego si no tienes las herramientas para sostener lo que canalizas. La intención no forma parte de su naturaleza. El discernimiento sí, y depende de ti.

Por eso, no hay guías como tales, hay reflejos. Hay vibraciones que encajan con lo que tú estás emitiendo, y que cuando llegan te muestran algo. Algo que a veces incomoda, y otras veces calma. Y no, no es tan importante si lo que se te presenta viene de una «fuente luminosa» o de un «astral denso», porque en tu eterna perfección eres ambas cosas.

Lo importante es qué te despierta. Qué te remueve. Qué te invita a ver. Por eso decidí nombrarlas como entidades de fuerza y entidades de poder. Las primeras vibran en frecuencias bajas según la escala de Hawkins: miedo, culpa, odio, carencia. Las segundas, en frecuencias elevadas: amor, aceptación, presencia. La polaridad no es moral. Es vibratoria. Y esa distinción lo cambia todo.

Lo que pasa es que nos enseñaron mal. Nos metieron en la cabeza que, si una entidad te confronta, te hace sentir mal o te asusta es porque es oscura. Que, si un sueño te genera rabia, es porque está contaminado. Y ahí, en ese juicio inmediato, perdemos el mensaje. Porque lo que estás juzgando no es la entidad, ni el sueño, ni la emoción. Es tu sombra. Tu dolor. Tu herida. Eso que aún no has querido mirar y que, en cuanto aparece con otra cara, tú decides que es «malo».

Y no es que esté mal tener juicio, somos humanos, no iluminación flotante. Pero cuando tu moral se convierte en filtro de todo lo que recibes, dejas de percibir lo que realmente hay. Lo etiquetas. Lo juzgas. Y te pierdes el mensaje.

La moral filtra desde lo aprendido. El ego, desde lo herido. Y entre los dos... a veces no queda espacio para lo que simplemente *es*. Ya no canalizas: interpretas. Ya no sientes: evalúas. Ya no preguntas: decides lo que deberías estar viviendo.

Siendo seres energéticos con experiencia terrenal, muy pocas veces conseguimos sostener una alta vibración por tiempo prolongado. Requiere de mucho trabajo personal y conocimiento de uno mismo, por eso la gran mayoría de las personas, por no decir casi todas, vibran en frecuencias muy bajas, y desde ahí solo se canalizan entidades de fuerza, constantemente generando confusión ante la iluminación que crees sostener.

Las entidades no eligen ayudarte o hacerte daño. Simplemente aparecen en coherencia con lo que estás sosteniendo. No cambian su naturaleza. Cambia lo que haces con ellas. La entidad de las peonías me mostró mi propio reflejo. Me imitaba. Era una entidad de fuerza, sí, pero, aunque su naturaleza es el anclarse a mis fugas de energía como ataque psíquico, este me hizo de espejo, literal. Me puso delante lo que aún no había querido mirar: yo misma, repitiendo mis propios patrones. Yo misma, negando mi sombra. Yo misma, sosteniendo la frecuencia exacta que permitía su presencia. Y ahí fue cuando cambió todo. Porque la guía no estaba en ella. Estaba en mí. En mi disposición a ver. A sostener la incomodidad. A descifrar el mensaje. Y esa voluntad fue la que convirtió esa manifestación en un hito de transformación y me dio un hilo del que tirar. No porque ella quisiera guiarme como naturaleza..., sino porque yo quise ser guiada.

Y no, no siempre lo hace una entidad de poder. A veces lo hace una entidad de fuerza. Una presencia densa, oscura, que se ancla en tu cuerpo mental para que sientas rabia. Que se mete en tu campo emocional para mostrarte el dolor que sigues reprimiendo. Que aparece en sueños con una escena de venganza que no te permites vivir en vigilia, y que luego acaba estallando como una amigdalitis de repetición.

¿Y sabes qué? Eso también es guía. Porque mientras tú te aferras al mantra de «hay que vibrar alto», esa entidad te está mostrando exactamente por qué no puedes. Porque hay una herida, una lealtad, un patrón que sigue operando en silencio. Y no viene a salvarte. Viene a evidenciar. A confrontarte. A decirte, en su lenguaje simbólico y brutal: esto sigue aquí.

Realmente, un guía no es una entidad. Es una función. A veces, esa función la cumple una entidad de poder. A veces, una de fuerza. A veces, un sueño, una enfermedad, una palabra de alguien al azar. Guía es todo lo que te enfrenta a lo que ya estás lista para ver. Como el mensaje de Claudia, que no era una persona, sino un hilo simbólico entregado por una entidad que, sin tener intención, reflejaba mi voluntad de seguir.

No era guía, era proyección. Porque no hay guía si no hay voluntad real de ser guiada. Y la voluntad de verdad no pide consuelo, pide verdad. Aunque duela.

Capítulo XVI

La esencia del Ser reside en la sombra

Qué poca magia hay cuando entiendes que no eres especial. Y, sin embargo, cuánta libertad hay en ello.

Este libro ha sido un largo exorcismo. Un exorcismo de todas esas versiones de mí que aprendieron a disfrazarse para ser aceptadas. De la niña que se ponía el vestido de flores, aunque prefería el chándal, que sonreía con un codazo en las costillas para no incomodar. De la mujer que se casó por cumplir el guion, que se dejó convencer de que su esencia era demasiado ruidosa, demasiado rara, demasiado inconveniente.

Porque todo este tiempo, no fueron las entidades las que vinieron a perseguirme, ni la enfermedad la que llegó a joderme la vida. Fui yo pactando con cada uno de esos fragmentos rotos de mi historia para sostener un sistema que me negaba. Fui yo alimentando a mis demonios, permitiéndoles ocupar mi casa, mi cuerpo, mi mente, porque de algún modo creí que eso me mantenía a salvo. Que eso era amar.

Pero no era amor. Era miedo. Y ese miedo tuvo un precio.

Las entidades más densas que me visitaron no eran otra cosa que la manifestación cruda de mi propia vibración o las que llevaba por lealtades al clan. El eco de mi inconsciente gritándome lo que no quería ver. Cada una de ellas fue un espejo distorsionado que me mostró dónde estaba el verdadero abismo.

Y el abismo no estaba afuera. Estaba dentro. Estaba en todas las veces que dije que sí queriendo decir que no. En cada vez que callé lo que dolía para no perder el amor de otros. En cada respiración contenida para no parecer demasiado. En cada gesto torcido con el que traté de encajar en un molde ajeno.

Y ahora, al llegar aquí, me doy cuenta de algo que nunca quise admitir: morí. No como temía cuando me diagnosticaron a los veintiocho. No como pensaba aquella niña frente al televisor, convencida de que los treinta y dos serían el final literal. Morí, sí, pero de la única forma en que realmente importa: morí a lo que no era. Morí a ser la buena mujer. Morí a ser la hija modelo que cargaba el linaje sin chistar. Morí a la que pedía permiso para existir, para desear, para elegir su paz, aunque decepcionara a todos.

Por eso si algo me llevo de todo este camino es que la verdadera magia no está en los rituales, ni en las canalizaciones, ni siquiera en los mensajes que llegan del más allá con el nombre Claudia escrito en la arena. La verdadera magia está en atreverse a mirar. En sentarte con tu propia sombra sin intentar iluminarla enseguida, sin querer arreglarla ni disfrazarla de luz.

Está en rendirte a lo que eres, pese a que duela. En permitirte sentir la rabia, la vergüenza, el miedo, la herida. En dejar de huir de lo que llevas dentro, aunque sea más cómodo culpar a lo externo. Porque solo ahí, en ese descenso íntimo a tus propios infiernos, ocurre la verdadera alquimia.

No se perdona al otro. Se perdona a uno mismo. Se honra tu dolor sin hacerlo identidad. Porque lo que te ocurrió era necesario. No se trata de si lo merecías o no, porque la energía no tiene moral, solo coherencia. Todo lo que vibraste, todo lo que sostuviste en silencio, terminó manifestándose para que pudieras verlo. Lo que no mereces es quedarte atada a esa herida toda la vida, y eso solo depende de ti. El perdón, entendido así, no es olvido. Es liberación. Es mirar de frente y decir: esto también me hizo ser quien soy, pero ya no me define. Y desde ahí, desde ese vacío limpio de resentimiento, es desde donde se puede volver a elegir vida.

Aquel diciembre de 2017, cuando la noche cayó y el diazepam comenzaba a hacer efecto, me pregunté: «¿Natalia, ha merecido la pena vivir?». La respuesta fue instantánea: «No». Nada de lo que había conseguido o experimentado era suficiente para sentir que la vida había valido la pena. Eso me sumergió en un llanto desconsolado, escondida entre las sábanas, en medio del silencio tan característico de un hospital, deseando que nadie me escuchase para no interrumpir ese abismo. Y eso es, hasta la fecha, lo más difícil que he tenido que aceptar.

En ese llanto lamenté cada pérdida nacida del rencor, del orgullo, de la soberbia. Lamenté cada vez que dije no queriendo decir sí, y cada sí que brotó cuando dentro gritaba no. Lamenté no haberme sentido plena en lo que hacía. Y en ese instante desconsolado, todos los conflictos se desvanecieron. Cada lágrima suplicaba perdón a quienes herí, lamentaba cada abrazo que negué por miedo al dolor, al abandono, al rechazo. Deseaba con toda mi alma que la vida me dejase volver a empezar para hacerlo bien, sin mentiras. Me moría con un deseo ferviente de vivir. Pero vivir sabiendo que tu muerte está próxima es tan desolador como liberador. Aprecias cada palabra de amabilidad, cada sonrisa que un desconocido te brinda al cederte el paso o al pedirte disculpas por un choque. Aprecias tener los sentidos activos y en funcionamiento. Aprecias algo tan simple como mirar por la ventana del bus y conectar con todo lo que sucede alrededor, sin distracciones, solo observando y difuminándote con el todo, perdiendo casi la noción del tiempo.

Cuando sabes que vas a morir, muchas cosas pierden importancia. Ya no importa el reconocimiento. Ya no importa tener razón. Ni cuánto sabías. Ni lo que tienes o dejaste de tener. Importan las cosas que no hiciste por miedo. Adónde no fuiste. A quién no besaste y lo que no le dijiste. Darías lo que fuera por unos años más, por unos meses o incluso días, solo para atreverte con aquello que no te atreviste a hacer.

Han pasado ocho años desde aquel diagnóstico. Y si hoy me encontrara en la misma situación, si la muerte me rozara de nuevo a temprana edad, sonreiría con orgullo. Porque he vivido estos últimos años siendo esencia. Sin máscaras. Sin concesiones. Sin pedir permiso para Ser. Haciéndome cargo de mi sombra y poniendo al servicio de los demás este conocimiento.

Hoy es 7 de julio de 2025. El día en que acabo de firmar el contrato con la editorial que llevará estas páginas al mundo. La misma fecha en la que, hace trece años, me casé. Trece. El número de la muerte en el tarot, ese al que la creencia colectiva le ha colgado siempre un eco de mala suerte, pero que, en realidad, habla de algo mucho más profundo: la muerte simbólica, el fin de un ciclo para dar paso a otro, la transmutación. Hace trece años firmé para no quedarme sola, sin saber que aquel acto sellaba mucho más que un papel: sellaba la negación de mi voz, la entrega silenciosa de mis propios límites. Hoy, trece años después, vuelvo a firmar. Pero esta vez no por miedo a la soledad, sino por amor a mi verdad.

Toda la experiencia del dolor contribuyó al ego, como capas que me fueron envolviendo hasta que me quedé ciega. Y solo entonces, cuando no quedó más remedio que desear ver, se encendió algo. Porque el deseo de ver es lo único que inicia el cambio. Lo que activa esa resonancia interna que llamamos misión.

La misión de vida, para mí, es reconocer la esencia. Entender que no eres nada y lo eres todo, y desde ahí experimentar la vida terrenal y energética con los más altos grados de conciencia, viendo la belleza en todo lo que te rodea y reconociéndote en ello. Y ahí, en esa mirada, empieza la verdadera transformación cuando comprendes que cada vínculo, cada suceso, cada herida, no es castigo ni azar, sino oportunidad de ver, de verte y de ver a través de ti.

Porque ese dolor, tan feroz, tan injusto a veces, tan asfixiante, es precisamente la materia prima de la expansión de la conciencia.

Este libro podría haber sido solo sobre el ego. Sobre las capas del personaje, las herencias familiares, las creencias que nos habitan. Pero no quise dejar fuera a las entidades. Porque negar su presencia habría sido negar una parte esencial de lo que viví, de lo que me transformó, de lo que me llevó a ver el fondo de mi propio abismo.

Cada ataque psíquico que viví me abrió un camino. Un hilo del que tirar para entender lo que residía en mi inconsciente. No eran solo manifestaciones externas, eran detonadores. Señales de algo más profundo que no quería mirar. Me empujaban a abrir puertas que mantenía selladas por miedo, por costumbre, por lealtad. Cada vez que una entidad me atravesaba, me mostraba una parte de mí que aún no había integrado: una emoción no expresada, una herida negada, una verdad enterrada. Y, aunque me desgarraban, también me daban una llave. Y elegí usarla.

A mí no me lo mostró un ser de luz. Me lo mostró la entidad que pudo tomar su forma a través de mi caos para enseñarme lo que necesitaba ver. Y, finalmente, decidí escuchar y ser guiada.

No sé cuánto tiempo me queda. Puede que poco. Puede que mucho. Pero lo único que quiero, lo único que me importa ya, es ser coherente con lo que hago, lo que digo y lo que pienso. Vivir con la paz que da saber que al menos ahora, por fin, me pertenezco. Que, si mañana algo me arranca de este plano, no me iré debiéndome a mí misma.

Sin promesas vacías de iluminación eterna, sin fórmulas mágicas para ser feliz, sin garantías de que el dolor no vuelva a visitarme.

Cierro este libro con la única certeza que me queda después de todo este descenso:

La esencia del Ser reside en la sombra.

BIBLIOGRAFÍA

BOEWEN MURRAY- *La terapia familiar en la práctica clínica.*

BRANDEN, G.- *La curación espontánea de las creencias.*

BOURON, ENRIQUE- *Libro azul de la decodificación biológica.*

CAILLOIS, ROGER- *Los demonios del mediodía.*

CAREY, NESA- *La revolución epigenética.*

CAPRA, FRITJOF -*El Tao de la Física.*

GABOR MATÉ- *Cuando el cuerpo dice NO.*

—, *El mito de la normalidad.*

—, *El precio del estrés.*

CHOPRA DEEPAK- *Sincrodestino*

—, *Cuerpo cuántico.*

CIENTIFICOS SOBRE RUEDAS- *Como explicar física cuántica con un gato zombi.*

CORBERA, ENRIC- *El observador en Bioneuroemoción.*

—, *El arte de desaprender.*

DOLTO, F- *Las etapas principales de la infancia.*

DURÁN V., JOSÉ.F- *Tratado de demonología.*

ESTEVE, PERE- *Manual práctico de kinesiología integrativa.*

EMOTO, MASARU- *Los mensajes del agua.*

FERENZCI, SANDOR- *Descodificación biológica de nuestras enfermedades.*

FORTEA, J.A- *Summa daemoniaca.*

—, *Exorcistica.*

FREUD, S- *Metapsicología.*

—, *Lo inconsciente.*

—, *Lo siniestro.*

GOSWAMI AMIT- *El Universo Autoconsciente.*

—, *Ciencia y espiritualidad.*

GROF, STANISLAV- *La mente holotrópica. Los niveles de la conciencia humana.*

—, *Psicología transpersonal. Nacimiento, muerte y trascendencia en psicoterapia.*

—, *Más allá del cerebro.*

GUTMAN, L- *La maternidad y el encuentro con la propia sombra.*

HAWKINS, DAVID R.- *El poder contra la fuerza.*

—, *Dejar ir.*

—, *Trascender los niveles de conciencia.*

—, *La explicación del mapa de la conciencia.*

—, *Yo, la realidad subjetiva.*

—, *El ojo del y.*

—, *Disolver el ego.*

JUNG, CARL GUSTAV- *La dinámica del inconsciente.*

—, *El hombre y sus símbolos.*

—, *Psicología y religión.*

—, *Psicología y Alquimia.*

—, *Recuerdos, sueños, pensamientos.*

—, *Encuentro con la sombra.*

LANGLOIS, DORIS & LISE- *Psicogenealogía, cómo transformar la herencia psicológica.*

ORTEGA, MEDINA- *Numerología.*

LIPTON, BRUCE H.- *La biología de la creencia.*

RAMPA, LOBSANG- *Usted y la eternidad.*

—, *El tercer ojo*

RAYMOND, MODDY- *Vida después de la vida.*

ROLF, ERIC- *La medicina del Alma.*

ROMAN, J- *Toque para la salud: guía práctica de salud natural. edición completa.*

SANS SEGARRA, MANUEL- *La supraconciencia existe.*

SCHRÖDINGER, ERWIN- *What is Life?" (¿Qué es la vida?).*

SELLAM, SALOMON- *El síndrome del yacente, un sutil hijo de reemplazo.*

—, *El yaciente II. ¡Vida bloqueada! ¿Duelo bloqueado?*

SELVIE, JOSEPH- *La física de Dios: la conexión entre la física cuántica, la conciencia, la teoría M, el cielo, la neurociencia y la trascendencia.*

SHELDRAKE, RUPERT- *The Presence of the Past" (La presencia del pasado).*

—, *Morphic Resonance" (Resonancia Mórfica).*

SIMARD, SUZANNE- *En busca del árbol madre.*

SCHÜTZENBERGER ANNE- *Ay mis ancestros.*

—, *Hijos enfermos de sus padres.*

TAHOCES, CLARA- *Cuaderno de investigación de fenómenos extraños.*

VASO, JOSÉ- *Descodificación cuántica I, Introducción transgeneracional.*

—, *Descodificación cuántica II, Duelo cuántico.*

WILBER, KEN - *A Brief History of Everything.*

—, *El Espectro de la Conciencia.*

ZOHAR, DANA- *La inteligencia espiritual.*